汽笛嘶鳴半世紀

中國近代鐵路企業報刊史

異日者，汽笛之聲遍於郊野，保全我桑梓，恢復我利權，諸公偉大之功，湘路慶幸，同人慶幸。臨穎神溯，無任依依。

——龍璋，〈公啟〉，《湘路新誌》

近代的戰爭可說是交通的戰爭，誰把握著交通的樞紐，誰就得到勝利。鐵路不僅是國防的長城，並且是國家經濟的動脈。我們黔桂鐵路是負荷這樣的一種使命。

職工們，努力吧！我們的車頭就是前方的坦克，我們敲一口釘等於前方將士向敵人放一口炮。

流血和流汗，國家同樣的需要。

——王淑范，〈創刊詞〉，《黔桂職工》

目錄

Contents

04 序言
08 第一章 緒論
20 第二章 東清鐵路首辦鐵路企業報
48 第三章 民族鐵路企業報刊在「保路風潮」中出世
70 第四章 首批官辦鐵路企業報刊湧現
84 第五章 北洋政府交通部頒令改良公報
100 第六章 北伐戰爭期間鐵路報刊的兩枝奇葩
118 第七章 南京政府鐵道部改良路報始末

第八章　鐵路企業報刊的十年繁榮　144
第九章　地方商辦鐵路公司的報刊　192
第十章　東省（中東）鐵路和南滿鐵道的報刊　208
第十一章　為爭取抗日戰爭勝利堅持辦報刊　224
第十二章　為侵華張目的日偽鐵路企業報刊　244
第十三章　抗戰勝利初期的鐵路企業報刊　258
第十四章　國共內戰時期的鐵路企業報刊（上）　268
第十五章　國共內戰時期的鐵路企業報刊（下）　286

附錄　張嘉璈與鐵道報刊——兼談張嘉璈的鐵道人生及其撰述　316
附表一　中國近代鐵路企業報刊名錄（一九〇三—一九四九）　356
附表二　南滿鐵道和日偽鐵路企業報刊名錄（一九〇七—一九四五）　374
附表三　中國近代鐵路企業報刊沿革一覽表　382

序言

研究和撰寫中國近代鐵路企業報刊的歷史，對於我來說，應該沒有資格。一是雖曾長期做企業工作且橫跨過幾個行業，但與鐵道系統不沾邊；對鐵路的體驗經歷同絕大多數人一樣，就是出行坐過火車。二是沒有受過鐵道學和新聞史學的系統訓練，在專業研究者面前，算是門外漢。

上世紀八〇年代初，我在央企工作時，受改革開放熱潮感召，工餘研究企業報刊。經過兩年多調查，撰寫了長篇論文〈中國企業報概況〉。承蒙我國新聞史學泰斗方漢奇先生閱後鼓勵，說我「從事的是開闢草萊的工作」，將拙文推薦到《報紙研究參考資料》第五期（新聞戰線編輯部、北京新聞學會編，一九八二年四月）上全文發表，並被收入當年創刊的《中國新聞年鑒》中。拙文將普遍存在於經濟組織的報刊的歷史概況和現實問題，首次較系統地展示在社會面前，並為此類報種定名為「企業報」；提出「企業報是中國社會主義報刊隊伍的重要方面軍」、「應當重視企業報」

的觀點，受到中宣部等主管機關的關注，直接推動了數萬企業報刊工作者得以參與當時國內開展的新聞職稱評定。方先生又舉薦我為《中國大百科全書・新聞出版卷》撰寫了〈中國企業報刊〉辭條；剛創刊的《中國新聞年鑒》，約我為一九八二至一九八九年的每卷撰寫一篇關於企業報的年度綜述文章。在前輩和社會的支持和鼓勵下，我撰寫了多篇文章發表在有關刊物上，為企業報在改革的春天裡蓬勃發展搖旗吶喊。後因脫產求學，崗位又轉換多次，遂中斷了兼職做此方面的研究。

三十多年過去，倏忽已過耳順之年，終於可以自主安排時間。當年囿於資料和調研能力，對企業報歷史研究很膚淺，僅寫了〈考略〉一章；因此決意由此入手，力爭為社會留下一份較完整的企業報近代史資料。從二〇一二年底始，我翻箱倒篋找出多年蒐集的資料，集中精力整理、研究隨機記錄資訊的卡片，跑國內藏有相關資料的圖書館繼續查閱。不久，攤開幾百張卡片，一幅中國近代企業報刊發展演進的歷史輪廓呈現在面前。我發現，在分佈於七、八個行業系統的千數種企業報中，鐵道和銀行是兩個歷史長、辦報普遍、數量大的行業。我決定先從這兩個行業入手，「解剖麻雀」，掌握一般概況，再及其他行業。

鐵道行業三百多種報刊的豐富史料、跌宕歷程吸引了我，一頭深紮進去就無法自拔。我邊研究各時期的鐵道企業報刊資料邊學習中國鐵道史，邊撰成稿件，投給中國鐵道學會，意在接受鐵道史專家和該行業知情者的檢驗。感謝《鐵道知識》編輯倪寒農先生的信任，《鐵路文史》專欄連刊數稿，竟沒有收到不同意見的反饋，這更堅定了我的信心。尤其是，隨著資料積累愈來愈多和研究的深入，發現理清頭緒後的鐵路企業報刊，如實記載了我國鐵道建設初期近半個世紀波詭雲譎的歲月，並如汽笛嘶鳴，為鐵道建設「鼓」與「呼」；它與中國近代鐵道發展相伴而行，絲絲相扣，聲氣呼應，是中國鐵道史不可或缺的組成部分。同時，感到其發展脈絡清晰、歷史完整，具近代企業報刊史的代表性。遂決定放下對其他行業的研究，將這部分內容先獨立成文。為此，我又到處跑圖書館查閱核對和充實完善資料，夙夜在茲，直至二〇一九年初完成本書初稿。

寫到此，不禁令我想起還是三十多年前，一個年輕人手持中央機械工業部政策研究室的介紹信到鐵道部調研路報，政治部新聞報刊處的同志熱情地向我介紹了全系統辦報情況；又應我要求，開介紹信給有關路局，使我得以利用公出機會，順路到鄭州、西安等路局調研早期報刊歷史。路局報社同志真誠地接待我，拿出珍藏的檔案原件供我查閱幾日，得以獲得一手資料。後來，鄭州路報總編輯鄧志宜先生還與我有多次書信往來，答覆我的問題，期待我在這個被忽視的領域早出成果。第一次與鐵道系統的「親密接觸」，給我留下深刻的印象！這可能也是冥冥中推動我將近代鐵路企業報刊史寫出來，以報答他們的動力吧！

書稿完成，似乎終於卸下了幾十年壓在心頭的包袱，但卻無法輕鬆；總有一個外行人在「魯班門前弄大斧」的憂慮、恐懼。開墾這一近代史的蠻荒之地，面對目前尚無人觸及——研究對象年代悠久、種類繁多、演進蕪雜——的課題，實非一己之力所能完成！遺漏桀誤之處，豈能少哉？還需識者匡正！我不揣譾陋，將從塵封檔案和故紙堆中挖掘出來的這些一手歷史資料梳理成幀，呈獻社會，如果能對完善近代經濟史和鐵道史、鐵道文化史乃至中國近代報刊史有所補益，為專業團隊及有心人進一步深入研究留下一點兒線索，也算了卻從青年時立下——卻直到晚年才得以實現——為文化傳承做點工作的夙願。

馬學斌

二〇一九年元月　於三亞富春山居

第一章 緒論

引言

中國企業報刊，目前已是中國大陸報刊隊伍的一支重要方面軍，在物質文明和精神文明建設中發揮了積極的作用，受到企業和社會各方面的重視。

企業報刊，同其他種類報刊不同，它是存在於經濟領域中的文化現象。因有企業經營活動，遂產生企業報刊。企業報刊，作用於經濟活動，是企業維持正常運轉、推動企業發展——其他管理手段不可替代——的重要工具。企業報刊與經濟活動，相互依存，相輔相成，是緊密結合的一個整體。從晚清出現到今天，中國企業報刊同中國經濟演進、發展一道，已經走過一個世紀多的歷程。研究它在近代產生、沿革的歷史，即研究近代經濟史的一個分支，無疑將彌補中國近代經濟史的文化部分缺失，從而進一步完善經濟史。

企業報刊，是報刊叢林中的特殊種類，其辦報宗旨、編輯方針、報刊體例、內容設置、發行方式等，同其他種類報刊比較，既有相同之處，更有其獨有的特質。梳理和展現這一數量龐大的報刊群體在中國近代的發展脈絡，追本溯源，不僅將豐富中國近代報刊史，還將對今天編辦企業報刊有所鏡鑒。

企業報刊，在中國近代刊行了近半個世紀，歷經朝代更替和其間發生的所有重大事件，目睹了社會政治經濟、文化習俗的變遷。這類數量龐大的報刊，從不同企業的角度，記載了以上歷史。整理、揭載這些珍貴的檔案資料，為後人留下文化傳統記憶，顯然也是十分必要。

遺憾的是，迄今尚未有關於這方面問題的系統研究論著面世。關於中國近代企業報刊，尤其是鐵路企業報刊——近代創辦最早、數量最多的企業報刊——較為完整的歷史論述仍付闕如，幾近空白。本書即為從鐵路企業報刊入手，追本溯源地進行較為系統研究的一個嘗試，爭取為今後中國企業報刊近代史的整體研究提供一基礎模組。

■ 企業報刊和鐵路企業報刊

中國近代鐵路企業報刊史，是考察和研究從清代末期到一九四九年這一段歷史時期，中國鐵路企業報刊產生、發展演變的歷史。

所謂「企業報刊」，是指由企業主辦，主要刊載同企業經營活動有關的內部消息，面向職工群眾及客戶發行的報刊。①

「報」與「刊」，是兩類不同的出版物。目前，新聞出版理論和法規依據其出版週期、版幅、內容等特徵，均對二者有比較明晰的界定。但十九世紀和二十世紀初處於萌芽狀態的近代化中文報業，其特徵之一是「報紙」與「雜誌」尚未嚴格區分。故有人稱之為「報紙雜誌混合型」，或泛稱為「報刊」。對企業主辦的出版物來說，「報」、「刊」不分的特徵更為明顯，從近代延續至今。因此，本書從中國新聞史學界的說法，將其稱為「企業報刊」，或簡稱為「企業報」。

所謂「鐵路企業報刊」，即指由鐵路管理局及所屬企業所創辦的，主要刊載同企業經營活動有關的內部消息，面向鐵路員工及旅客發行的報刊，本書亦簡稱為「路報」。中國近代歷史上鐵路管理局的主管機關郵傳部、交通部、鐵道部也辦有各類報刊，但因其為政府部門，不屬於直接從事經營活動的企業，所以其主辦的報刊，不在本書論述「路報」的範圍內。

■ 近代鐵路企業報刊概況

據考，鐵路企業報刊是目前發現中國近代最早出現的企業報刊。它之所以首先在鐵道系統產生，筆者認為，主要源於如下因素：一是鐵道建設是中國晚清時期「開眼看世界」的最初產物，在引入近代科學技術的同時，近代的企業管理方式也相伴而來。二是鐵路為中國近代史無前例的最大規模產業，相對於當時以手工業為主體的中國產業，具有資金密集、知識密集、員工密集、管理幅度大、管理層次多等特點，亟需有一近代的管理工具來溝通內部資訊、整合資源、指導運營。三是鐵路運營組織縝密，類「軍事化」管理，部門協調環節缺一不可，調度效果在生死之間，靠傳統的佈告、傳單和人工傳遞的公牘來「廣而告之」、協調動作已遠不敷需要；欲達傳遞資訊準確、迅速的效用，非近代傳媒手段莫屬。因此，鐵路企業報刊應運而生，並成為中國近代企業報刊的濫觴。

一九四九年之前，中國的各類企業報刊有報名可查者就有千餘種，分佈在鐵道、金融、商貿、工業、公路交通、郵電通訊、農場等經濟組織中。其中，由於鐵道系統規模最大、各路局及附屬企業普遍辦報，因此數量最多，據不完全統計有二百三十八種（詳見附表一〈中國近代鐵路企業報刊名錄〉），若加上日資南滿洲鐵道株式會社和日偽政權控制的鐵道企業所辦報刊一百一十一種（詳見附表二〈南滿鐵道和日偽鐵路企業報刊名錄〉），中國近代鐵路企業報刊有近三百五十種。實際數量還遠大於此，是中國近代企業報刊乃至於中國近代報刊叢林中數量龐大的一類報刊群體。

鐵路企業報刊較其他行業企業報刊，種類也最為繁多蕪雜。按企業屬性分，有官辦鐵路企業報刊、官商合辦鐵路企業報刊、民營鐵路企業報刊、外資鐵路企業報刊；按主辦部門分，有路局（包括工程局）報刊、黨部（國民黨）基層組織報刊、群工團體報刊、民辦社團報刊；按專業分，有運務報刊、機務報刊、車務報刊、電務報刊等；按版幅分，有對開大報、八開小報、大三十二開或十六開的期刊，版面則從幾頁到二、三百頁不等；從發行週期看，有日、兩日、三日、週、旬、半月、月、季不等，以月刊為多；按發行方式分，有內部發行非賣品、內部免費而對外公開訂閱、公開發行等。在國共內戰後期至中華人民共和國成立前後，還有中國共產黨掌管的鐵路管理局創辦的報刊。在各類鐵路企業報刊中，各時期的路局一級報刊始終為主體。

鐵路企業報刊自一九〇三年產生到一九四九年，歷經近半個世紀，綿延不絕，是中國近代刊行歷史最長的一類企業報刊。其發展、壯大，是經過幾代中國鐵路建設者的持續努力而實現。無論是軍閥混戰的年月，還是艱苦的抗日戰爭時期，路報因時局影響，也常常時辦時停，但一有機會就迅速復刊，即使在條件艱苦的環境下，刻版油印也堅持出版。縱觀近代鐵路企業報刊，有一些鐵路管理局，如粵漢、京（平）漢等路局，從晚清設立直到一九四九年，竟有四十多年的辦報史，這在近代其他種類企業報刊中為僅見，在一般社會報刊中也罕見。但其間——創刊、停刊、復刊——時斷時續，有的路報還歷經幾個循環，再加上歷史上主管機關對報刊的幾次整頓、改良，使路報的名稱、版幅、週期等也多次變化，因而導致路報歷史的嬗變、演進極為複雜。

概而言之，歷史最久、數量最大、種類最多、嬗變複雜、刊行時間最長，是中國近代鐵路企業報刊的顯著特徵。

■ 本書內容框架

本書以年代為序，論述了鐵路企業報刊從晚清（一九〇三年）誕生，歷經北洋政府（含北伐戰爭）時期、南京國民政府（含抗日戰爭、國共內戰）時期，至中華人民共和國成立的發展狀況。以近代中國國營鐵路管理局創辦的報刊歷史發展脈絡為主線，輔之以對地方民營鐵路企業報刊和東省（中東）鐵路管理局、南滿洲鐵道株式會社、日偽政權鐵路當局創辦的企業報刊的介紹；依據可查的歷史資料，進行實證研究，闡釋了每一時期的重要報刊、重要事件對鐵路經營以及報刊發展的影響和作用。將大量的報刊實例穿插其中，縱橫交織，意圖由此勾畫出中國鐵路企業報刊近代演進、發展的歷史全貌。

第二、三章，近代鐵路企業報刊歷史溯源。根據資料考證，由東清鐵路管理局於一九〇三年創辦的俄文《哈爾濱日報》，是中國近代出現的第一張鐵路企業報；一九〇六年創辦的《遠東報》是第一張中文企業報。如同「我國現代報紙之產生，均出自外人之手」一樣，②這兩份鐵路企業報紙作為近代西方經濟侵略、資本輸入的副產品，也是由外商在中國最早創辦。而先後由廣州粵漢鐵路總公司和湖南粵漢鐵路總公司湘路段等創辦的《粵路叢報》、《湘路新誌》等，是國人創辦的第一批鐵路企業報刊，它們在直接導致辛亥革命爆發的「保路運動」中應運而生，為「保路」搖旗吶喊，並成為中國民族鐵路企業報刊的濫觴。

第四至八章，及第十一、十三、十四章，是近代中國國營鐵路管理局創辦的報刊歷史發展的基本脈絡，也是中國近代鐵路企業報刊史的主線，論述了從北洋政府初期到南京政府末期各階段的路報情況。直轄國有鐵路報刊萌芽期，首先以「公報」形式面世；北伐戰爭時期的報刊，挾「革命」熱情，有「革故鼎新」之舉；南京政府成立後，中國鐵路建設的所謂「黃金十年」，也是鐵路企業報刊發展的鼎盛期；抗日戰爭期間，艱苦辦報，為抗戰勝利作出貢獻，留下重要史料；南京政府末期，路報整體由盛而衰，但卻有《粵漢半月刊》、《平漢半月刊》、《京滬週刊》等為代表的部分路報，探索路報「風格」，辦報品質竟為路報歷史高峰，惟最終還是隨著政權更替退出歷史舞臺。

在中國近代鐵路企業報刊發展史上，鐵道主管機關曾對全系統直轄國有鐵路辦報統一進行整頓、改良，這是影響路報面貌、發展進程的重要事件。本書第五、七章，分別詳細闡述了北洋政府交通部和南京政府鐵道部開展這項工作的歷史背景、過程，以及對辦報體制和路報名稱、體例、內容、版幅、發行、經營等方面的具體規定，論述整頓、改良的意義和作用，具體反映路報沿革的演進脈絡。

同國有鐵路企業報刊相比，地方民營鐵路企業報刊特色獨具，故單立第九章闡述。對中國近代存在的大量由東省（中東）鐵路管理局、南滿洲鐵道株式會社和日偽政權鐵路當局創辦的企業報刊，因其是一類在中國特殊歷史時期產生的特殊報刊群體，為區隔起見，也將其另立第十章，集中介紹。

第十五章，是由中國共產黨領導的鐵路企業，在中華人民共和國成立前後所辦早期路報的歷史概況。據現有資料，最早是以《西鐵消息》、《人民鐵路》等為代表的一批路報，它們產生於國共內戰中，為新型鐵路企業報刊的創辦進行預演，提供樣板，為路報進入新的歷史發展階段奠基。

後附文章和圖表。因本書的論域是近代「路報」，正文並未論及主管機關報刊。實際上，鐵路主管機關辦的各類報刊，是路報的「上級」報刊，其辦報刊方針，對路報有直接影響。張嘉璈作為南京政府最後一任鐵道部長的任期內，是鐵路主管機關歷史上辦報最活躍時期。筆者撰〈張嘉璈與鐵道報刊〉一文附後，為讀者更好地瞭解路報提供一點背景資訊，為研究近代鐵道系統報刊歷史全貌留下一份資料。

〈中國近代鐵路企業報刊名錄〉（附表一），是迄今為止海內外首份關於中國近代鐵路企業報刊基本情況的統計表。是筆者查閱北京國家圖書館、上海圖書館和天津、重慶、四川、湖北、遼寧、吉林、黑龍江、廣州等省市地方圖書館，以及中國社會科學院近代史研究所、北京大學、北京交通大學、上海復旦大學等院校圖書館所藏資料，依據《一八三三—一九四九全國中文期刊聯合目錄（增訂本）》有關條目和筆者所藏報刊，③經多年蒐集、分析，篳路藍縷，編輯而成。儘管多方反覆核對，囿於個人條件，資訊肯定尚有桀誤之處，僅為專業研究者提供一些線索，為有心整理一份更為全面、詳實的統計表者，提供一份基礎資料。編製〈中國近代鐵路企業報刊沿革一覽表〉（附表三），是為了幫助讀者能簡捷地把握鐵路企業報刊在近代產生、演進、嬗變的發展過程概況。

結語

中國近代鐵路企業報刊，從無到有，與中國近代鐵道建設血肉相連，緊密相關。它與鐵道建設一道，歷經晚清昏暗、辛亥震撼、軍閥混戰、抗日烽火、國共內戰的滄桑歲月，是中國近代鐵道事業艱難發展歷程的見證者和親歷者。

中國近代鐵路企業報刊，同一般社會報刊不同之處在於，它不僅僅是一個社會輿論工具，而且是鐵路企業文化建設的主要園地和企業管理的重要工具。尤其是在資訊閉塞、傳媒貧乏、管理手段落後的近代歷史時期，它對鐵路企業經營管理、維持日常運轉，對鐵路文化建設，乃至推動鐵道建設的發展，都發揮了其他手段不可替代的重要作用。

因此，如果說中國鐵道史是中國近代經濟史的重要分支，那麼中國近代鐵路企業報刊史，則是中國鐵道史不可或缺的重要組成部分。

中國近代鐵路企業報刊，刊行半個世紀，記載了各個時期發生的重要歷史事件，以及大量當時社會的政治、經濟、文化資料。本書的論述，是以挖掘、研究幾百種原始報刊資料為依據，揭載的史實，基本都為第一次面世。這些舊報刊，存放於國內各地圖書館，塵封多年，尚未發現海內外有研究機構系統地整理和研究這些資料。同時，在對原始資料實證研究的基礎上，本書訂正了一些現有研究文獻中關於報刊創（停）刊時間、原因等方面的桀誤、缺失。因此，系統地研究中國近代鐵路企業報刊史，對保存、記載這些珍貴史料，留下文化記憶以傳世，其歷史和現實意義不言而喻。

總之，中國近代鐵路企業報刊史，是中國鐵道史、經濟史、報刊史、企業管理史不可或缺的組成部分；或者說，本文是跳出囿於經濟談經濟、囿於報刊談報刊的窠穴，來跨界研究以上歷史問題而補充新史料、提供新視角的一次嘗試。

注釋

①筆者早年撰寫的《中國企業報刊》辭條曾為「企業報刊」定義，今天看來並不周延。請參見《中國大百科全書・新聞出版卷》（北京：中國大百科全書出版社，一九九〇年），頁五一一。

②戈公振，《中國報學史》（北京：三聯書店，一九五五年），頁六四。

③全國第一中心圖書館委員會全國圖書聯合目錄編輯組編，《一八三三—一九四九全國中文期刊聯合目錄（增訂本）》（北京：書目文獻出版社，一九八一年）。

第二章　東清鐵路首辦鐵路企業報

■ 近代中國鐵路企業的第一份報紙：《哈爾濱日報》①

《中俄密約》的副產品

十九世紀末二十世紀初，資本主義發展到帝國主義階段以後，西方列強為將中國變成其商品市場、原料基地，尤其是「過剩資本」的投資地，獨佔或瓜分中國，它們通過對中國發動侵略戰爭來攫取在中國的特權。其中之一，就是擁有在中國直接修築鐵路，或假以借款來控制中國鐵路的特權。

一八九四年中日甲午戰爭後，在遠東大肆侵略擴張的沙皇俄國，聲稱為防止日本侵略而趕修西伯利亞鐵路，同時希望中國修一條鐵路與之銜接，以便「兩收通商、調兵之利」。②光緒二十二

（一八九六）年，清朝政府派特使李鴻章赴俄祝賀沙皇尼古拉二世加冕典禮，而「連絡西洋，牽制東洋，是此行要策」。李鴻章父子在沙俄威逼利誘之下，與其簽訂了《中俄禦敵互相援助條約》（即歷史上簡稱的《中俄密約》），允許沙俄在我國東北修築鐵路。同年十二月，俄國將擬建設的鐵路定名為「滿洲鐵路」的決定，遭到李鴻章的反對。李鴻章堅持「必須名曰『大清東省鐵路』；若名為『滿洲鐵路』，即須取消允給之應需地畝權。」沙俄被迫讓步。由此，「大清東省鐵路」正式定名。辛亥革命後，被稱為「中國東省鐵路」；簡稱「東清鐵路」或「東省鐵路」。一九二四年，中國政府正式收回路權，改稱「中國東方鐵路」，簡稱為後人熟知的「中東鐵路」。

東清鐵路在建設期間，就在哈爾濱設立了郵局，開辦電訊業務，又於一八九三年從德國購進四臺鉛印平板機，設立鉛印室；在此基礎上，於一九〇三年在哈爾濱香坊區成立了東清鐵路印刷所。這是中國的第一家俄文印刷廠，黑龍江地區的第一家中文印刷廠。③東清鐵路創辦企業報有了必備的物質條件。

東清鐵路公司（又稱「東省鐵路管理局」）作為沙皇俄國推行遠東侵略政策的橋頭堡，將近代的資訊傳播工具——報紙，也引入中國，為其鐵路運營和侵略、擴張服務。根據現有資料，《哈爾濱日報》是最早出現在中國的鐵路企業報。如同著名報學家戈公振先生所說：「我國現代報紙之產生，均出自外人之手」；④這份鐵路企業報紙作為近代西方經濟侵略、資本輸入的副產品，也「出自外人之手」，成為中國近代企業報刊的濫觴。

「國中之國」的喉舌

東清鐵路於一八九八年八月破土動工，一九〇三年七月十四日全線通車，並開始正式營業。該路以哈爾濱為中心，分北部幹線（滿洲里到綏芬河）和南滿支線（寬城子至旅順）及其他支線，全長約兩千五百多公里，幹、支線相連，呈T字形，分佈在中國東北廣大地區。

在東清鐵路正式運營前的一九〇三年六月二十三日，《哈爾濱日報》創刊（有些文獻稱為《哈爾濱新聞》，實是日文譯名）。當時的主辦者是東清鐵路公司商務處，首任主編即商務處負責人拉紮列夫，商業代理人是普列伊斯曼。創刊前，原定該報的漢文譯名為《哈爾濱新報》，且為「俄漢合璧」，雙日刊。東清鐵路在當地報紙連載中文啟事稱：

> 大清東省鐵路商務公司新報謹白：於華曆（引者按，即光緒年）廿九年五月下浣俄曆一千九百零三年六月上浣，本公司在哈爾濱擬出華俄合壁日日新報，報名哈爾濱新報。現在修創伊始，館事未畢，暫擬每禮拜只出俄文版三次，……原為開廣中俄兩國商務起見，其詳細章程已登本報。

但該報辦「華俄合璧」的計畫並沒有實現，一直以俄文刊行。後來，東清鐵路又另辦了漢文的《遠東報》。

《哈爾濱日報》創刊號刊載的〈章程〉聲稱：「本報的宗旨是促進中俄貿易的發展。」初期，《哈爾濱日報》主要刊載東清鐵路在哈爾濱機構的公告、法令等文牘，以及東清鐵路班次和票價的資訊，也刊載一些時政新聞。除俄文稿件外，只發佈中文的商業廣告，但在《遠東報》創刊後，廣告就沒有了。

在腐敗的晚清政府屈辱默許下，隨著東省鐵路的建設和開通，沙俄在華的代理人——東清鐵路公司，在鐵路沿線強佔大量土地，濫採、濫伐煤礦、森林資源，侵犯內河、沿海航行權和警察、司法、

▲中國鐵路企業報的濫觴——俄文《哈爾濱日報》。

行政主權，其勢力已遠遠超出企業的範疇，東省鐵路儼然成了「國中之國」，而《哈爾濱日報》作為其「國中之國」之喉舌，其內容也相應發生變化。

一九〇六年二月，《哈爾濱日報》大改版，增加報紙欄目，擴大報導面。一九〇九年，該報聲明：著重對遠東的貿易、經濟和政治關係進行考察。一九一二年又提出「致力於報導滿洲、俄國阿穆爾河沿岸和遠東各國俄國僑民的工商活動，特別注意遠東各鄰國的政治事件。」其設立的欄目和內容有：

官方消息：主要刊載東清鐵路公司及其下屬機構、護路軍司令部、哈爾濱市自治公議會等官方文牘、公告、通知等。

西伯利亞消息：報導俄國遠東地區發生的重大新聞。

在國外：轉載當前的國際熱點新聞。

大事紀：主要刊載東清鐵路沿線發生的事件。

今日哈爾濱：報導當日哈爾濱新聞。

市場：報導中國各地主要是東北各地市場產品價格，以及糧油、毛皮及木材等在國際市場上的行情。

中國和日本：專門反映中日兩國關係。

戲劇與音樂：報導與評述俄國人在哈市經營的劇院演出劇目和演員，有時也報導中國人經營的劇場演出活動。

體育與賽馬：介紹哈爾濱運動場、賽馬場的有關活動。

該報還設有一類似今天「報摘」性質的欄目：報刊一覽。主要介紹俄國及中國主要報刊的內容，例如一九〇七年七月十一日一期，專門介紹了中國人在哈爾濱傅家店（華人聚集區）新辦《東方曉報》創刊號的社論以及國內外要聞、外省新聞、東省要聞等。

由上可看出，《哈爾濱日報》的報導內容，已遠遠超出東清鐵路企業經營活動的範疇。據載，其每年平均發行三百期，是當地有相當影響的大型綜合性日報，成為沙俄推行遠東侵略擴張政策的重要輿論工具。

雙龍「護佑」，命運多舛

《哈爾濱日報》是對開報紙，每期四版至十版不等，版幅較闊。現代的對開報紙一般為三九〇（寬）乘五四〇（高）毫米，而該報為四〇〇乘七〇〇毫米。進口白報紙印刷，純俄文稿件，無圖片。上端是俄文報名，對應其下的是中文「哈爾濱日報」報頭。中文報頭在俄文版面的襯托下，十分凸出醒目，尤其是報頭兩側各有一條騰空舞動的龍，吸引眼球。「龍」象徵大清帝國。這顯然是創辦者為了在形式上體現清政府與沙皇俄國所簽合同的規定——儘管實際上是由沙俄完全控制——東清鐵路是中俄合資，也是為了取悅於華人讀者。這種外文加「龍」的混搭編排為中國早期報刊所罕見，加中文的報頭一直刊用到一九一四年。

《哈爾濱日報》命運多舛。辦報過程，幾經波折，「雙龍」也無法護佑。該報的社址在東清鐵路公司辦公樓民政部內（今哈爾濱西大直街的哈爾濱鐵路管理局辦公樓）。一九〇五年十一月，哈爾濱的俄國鐵路工人在反對沙皇十月宣言時，五次火燒鐵路公司大樓，該報編輯部也被燒毀。經此多事之秋，為適應日俄戰爭後著力經營北滿地區的需要，東清鐵路董事會決定，從一九〇六年起，《哈爾濱日報》與商務公司脫鉤，正式成為東清鐵路機關報，並改由季中科任主編兼發行人。

一九一七年，俄國爆發二月革命，沙皇政府被推翻，《哈爾濱日報》對布爾什維克持反對立場，後曾一度停刊，主編季中科轉任東清鐵路控制的哈爾濱自治會會長。俄國十月革命勝利後，東清鐵路哈爾濱的俄籍工人、士兵成立蘇維埃臨時革命委員會，《哈爾濱日報》於一九一七年十二月，不得不改頭換面以《鐵路員工報》為名繼續出版。一九一八年一月一日，再度更名為《滿洲新聞》，在美、日、英、法、意等協約國出兵西伯利亞，阻擋蘇聯紅軍東進時，充當了沙俄殘餘勢力對抗蘇俄的輿論工具。在此期間，東省鐵路局局長霍爾瓦特在哈爾濱建立的白俄政權的「文告」，也多由該報發佈。

一九二〇年三月，東省鐵路全線大罷工，要求霍爾瓦特下臺；同年，中國政府開始收回東省鐵路主權。在這樣的形勢下，《哈爾濱日報》已無法繼續維持。關於《哈爾濱日報》的停刊時間，現有文獻語焉不詳，且常有矛盾之處，如《哈爾濱市志・報紙廣播電視》稱該報於一九二〇年初終刊；⑤而在同一文獻的〈俄文報紙一覽表〉中又載為一九二〇年十二月。⑥其準確停刊時間，有待新的研究成果來證實了。但其於一九二〇年停刊，似無異議。

與東省鐵路相生相伴十七載的《哈爾濱日報》停刊了，東省鐵路機關報只剩下中文的《遠東報》，但也沒有維持多久即停刊。

■ 中文鐵路企業報濫觴：《遠東報》

東清鐵路公司中文機關報

一九〇四至一九〇五年的日俄戰爭，使哈爾濱成為俄軍後方基地，人口猛增。戰後，戰敗國沙俄被迫將其在中國東北南滿洲地區的一切特權轉讓給日本，開始著力經營松遼分水嶺以北的北滿洲地域。

沙俄遠東總督阿列克塞耶夫在給沙皇尼古拉二世的奏文裡曾說：「作為省內緊急事項之一，不能不舉出版中文報紙的必要。此報不僅是在省內對居民公佈一切法律規則等的公開機關，而且必須成為使居民理解俄國的意見，對居民培養俄羅斯主義的『文明』思想的機構。」⑦

據此，東清鐵路公司決定，在改組俄文《哈爾濱日報》的同時，再辦漢文報紙與《哈爾濱日報》呼應，掌控輿論導向。一九〇六年三月十四日，中文《遠東報》創刊。於是，近代中國出現了

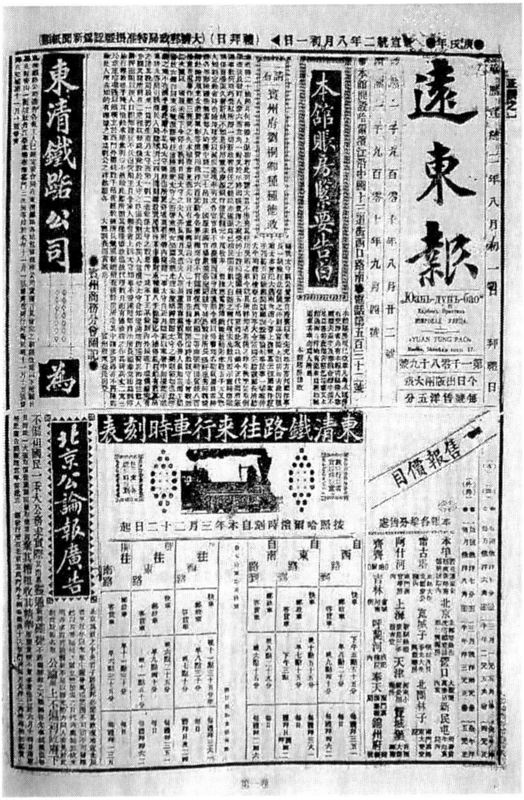
遠東報

本館賬房緊要告白

東清鐵路公司

東清鐵路往來行車時刻表

售報價目

北京公論報廣告

▲《遠東報》為中國第一份中文鐵路企業報。

第一份中文鐵路企業報。

作為東清鐵路中文機關報，《遠東報》並未注明編輯者和發行機關，報紙標注的報館地址，也不是東清鐵路機關所在地。館址幾度遷移，始終在外：創刊初在哈爾濱道里區寬街（今西十三道街）西口路南；一九一六年遷到道里區外國八道街（今端街）東口路北、時為日本橫濱正金銀行的樓上；後期又遷移到石頭道街前德昌源大樓三樓。報紙發行所，則設在東清鐵路用地以外的傅家甸（今道外區）延爽街路南的德興號院內。傅家甸是中國人居住聚集的區域。

俄文版《哈爾濱日報》不向中國政府申請就發刊，而《遠東報》則登記註冊：「大清郵政局特准掛號認為新聞紙類」。

《遠東報》的創辦人、總經理亞歷山大・瓦西里耶維奇・史弼臣（一八七六—一九四一年），畢業於海參崴即今符拉迪沃斯托克俄國遠東學院，為東省鐵路局長霍爾瓦特的心腹，曾任「鐵路交涉代辦」。其對俄國鞏固和擴張遠東勢力範圍的言論，受到沙俄首相斯托雷平的賞識，曾召他到彼得堡面談遠東問題；是推行沙皇俄國遠東擴張政策的重要人物之一。⑧

《遠東報》為四開四版，每日出刊兩、三大張不等。同時，經常贈發《遠東報附張》一、兩張，「分文不取」。該報和「附張」的首版，各期模式固定。主報以東清鐵路的啟事、公告和列車時刻表為主，配發社會廣告；附張則全部是社會各界廣告。其餘的版面，主報依次刊有：上諭、本報緊要專電、論說、時評、要件、要聞、本埠要聞、本埠新聞、來函等欄目；附張依次刊有：滿洲新聞、外洋新聞、奏稿、文苑等欄目。後期，欄目名稱變化（如「論說」改為「社論」），版面位置也有變動，但所刊內容基本沒有大的改變。顯而易見，其讀者對象也不僅僅是鐵路員工，而是當地社會各界。

《遠東報》刊載新聞圖片，當時在哈埠報業為獨家，欄目設置、版面編排也是比較成熟的，為當地後辦報紙者提供了可以效仿的樣本。其注重新聞的時效性，對當時發生的一些小至百姓吃喝拉撒，大到重要事件，一般均能即時報導。這與該報在本埠招聘有訪員，在世界部分國家的首都、通商港岸也派駐訪員是分不開的。據載，「遠東義俠」安重根在刺殺日本首相伊藤博文時，正是《遠東報》一九〇九年十月二十二日的一則新聞為他提供了重要資訊。他在行刺前留給友人的信中說：「《遠東報》所載，則該伊哥（引者按，指伊藤博文）今月十二日（西曆十月二十五日）自寬城子出發，搭乘俄國鐵路總局特送花車，同日下午十一點到達哈爾濱云云。故弟等與曹友道先氏稱以弟之家眷迎接。弟等欲去距寬城子幾十里之某站行事。」⑨

掩人耳目，聘國人辦洋報

《遠東報》雖為沙俄出資，負責人也是俄國人，但從創刊到終刊，始終以重金聘華人為報紙主筆。這實際是為其宣傳遠東侵略擴張政策做遮掩，爭取華人讀者，實現其「以夷制夷」的目的。而所聘之人，均非等閒之輩。

首任主筆顧植，上海南匯人，同盟會員。一九〇三年《蘇報》案剛發，顧植和黃炎培在上海南匯縣新場鎮發表革命演說，雙雙被縣官府逮捕，釀成歷史上的「南匯黨獄案」。保釋出獄後被迫出走日本，一年後回國遠赴東北，受聘《遠東報》。一九〇八年，應邀離開哈爾濱到吉林，先後擔任《公民日報》、《吉林日報》、《吉長日報》的主筆。顧植不僅是個報人，從清末到民國，他先後擔任吉林都督府顧問、吉林中立辦事處顧問、政治討論會副主任兼秘書、吉林省公署兼軍署參議（負責外交事務）、東省特別區行政長官公署顧問等。九一八事變後，日本侵佔吉林，顧植易服逃回上海。

繼任主筆連夢青，江蘇人，同盟會員。曾在上海《世界繁榮報》和《南方報》任記者，極力鼓吹反清排滿。其間，他以「憂患餘生」為筆名發表〈鄰女語〉，在《繡像小說》半月刊上連載，以最早反映義和團運動的小說，載入中國文學史。清末著名小說《官場現形記》序言亦他所撰，被現

遠東報

本館緊要啓事(一)

本館緊要啓事(二)

濱江時報出版宣言

▲《遠東報》停刊啓事和《濱江時報》出版宣言。

代文學史家稱為是一篇很有見地的文學評論。一九〇八年初，他受同盟會的派遣來哈爾濱，翌年就任《遠東報》主編，雖「毫無言論之權」，但他的排滿思想卻為報館主事人接受。後來，他蛻變為《遠東報》扼殺國人報紙《東陲公報》的打手，上海《神州日報》和《申報》曾激烈抨擊他。他任《遠東報》主筆大約三年。

奉天人楊楷，於一九一三年繼任主筆，直到終刊。他應聘《遠東報》時，曾與俄方約定：「凡於俄國有利於中國有害者，概不登載；於中國利於俄國無害者，隨意編入。」他公開表示：絕不「發喪心蔑理之論，撥弄我國是非；作狂犬吠主之言，侵害我國權利。」但他對沙俄心存幻想，稱「俄人非日人可比」，「最為光明正大」。⑩因此，上述約定並沒改變《遠東報》既定方針，「於俄國利於中國有害」的言論，仍不斷見諸報端。

顧植和連夢青在《遠東報》雖可激烈反清排滿，但他們在報上抨擊清政府及地方官員的文章，又多被國人視作是俄人報紙干涉中國內政，不免處境尷尬。有人認為，正基於此，致兩人均時間不長就辭職。而楊楷心口不一，惟命是從，就受到俄國人賞識，故能主筆八年。

由中國人主筆的《遠東報》，版式設計完全「本土化」。楷體中文報頭豎排在報紙的右上角，小字號俄文譯名和俄曆日期排列其下。報紙文字敘述，從新聞到言論都是華人口吻；廣告圖樣，也是典型的中國風格。

經過一系列的巧妙包裝，這份實際上被東清鐵路控制，一言一行無不仰俄人鼻息的「洋報」，就以中國報紙的面目粉墨登場，連續刊行十五載。

隨著俄國十月革命的衝擊，《遠東報》逐漸夕陽西下。一九二〇年起，中國開始回收中東鐵路樞紐站哈爾濱以及沿界的主權，為此專門成立了警察總管理處，主管哈爾濱的中外報刊。一九二一年二月二十七日第四七〇六九號的《遠東報》刊出〈本館緊要啟事〉：「現奉鐵路公司令，於陽曆三月一號停止出版」，宣佈停刊。

■ 沙俄侵略擴張的輿論工具

東省鐵路當局先後創辦的《哈爾濱日報》和《遠東報》，雖打著「開發北滿之文明，溝通華俄之感情」的發刊宗旨，實際上，都是沙俄在遠東侵略擴張的喉舌，尤以主要面向華人發行的《遠東報》為甚。

一、為沙俄侵華行徑辯解：沙皇以武力奪去黑龍江以北、烏蘇里江以東中國大片土地，該報卻說：「觀之俄國雖強，苟無確實據者，雖一尺之地亦不能謀奪於中國也。」⑪且謊稱：「查俄國本意確不願與中國起事，其一舉一動無不欲維持兩國和平交誼。」甚至反誣「中國堅執反對俄國在滿蒙條約之權利，以至兩國的邦交至於如此危險之地位也。」「先時俄國並未以軍力對付中國，殆後事機日迫，中國實有反對俄國之心，而擬將俄國排斥於滿洲境外，俄國於是增兵於邊境，以保護遠東自有之權利也。」⑫對於哈埠任何不利於沙俄的議論和報導，該報都立即組織稿件應對，掌控輿論方向。

二、干涉中國內政：辛亥革命發生，《遠東報》誣之為「內亂」，猛烈抨擊革命黨。一九一二年二月三日，該報刊載〈論中國總統〉社論，汙稱孫中山先生「不是中國人」，「常有帝制自為之意」，「覬覦總統之名位」，並說：「新中國大總統，汝誠誤人不淺。」在其「論說」和「時評」欄目中，經常刊文指責清廷和哈爾濱地方事務，甚至發號施令。一九一六年，中國政府在黑龍江訓練軍隊，本是中國內政，該報竟質問中國政府「如此佈置，其命意如何」。俄國十月革命後，《遠東報》反對中俄重新建立外交關係，反對蘇俄過問中東鐵路，主張遠東地區中立化。為了抵制十月革命對中國的影響，《遠東報》經常刊載言論，稱中國為千年古國，社會主義不合國情，並恫嚇中國當局：「蓋中國物產雖多，人民之困窮不在俄國之下，如該黨散佈傳單式運動，無業遊民不難以星星之火燎及大原，豈非政府當軸不知慎之於始已禍乎。」⑬其「來函」、「小言」和「咫聞尺見」專欄，更將指名道姓抨擊東北當局官員作為家常便飯。

三、為沙俄利益保駕護航：每當華俄利益產生衝突，都必有《遠東報》出面為俄方站臺。受十月革命影響，一九一八年初，鐵路員工的罷工浪潮此起彼伏。該報從一月至三月罷工風潮平靜，連續刊載文章。先是「利誘」：「本報以為長此罷工，各工人亦無利益可言，況俄國工人紛紛代替華人做工，……華人未必有能要脅之能力，徒以數人之蠱惑，多人皆受其累，未見其可也」；⑭繼而恐嚇：「惟華工始終執迷」。鐵路公司則批准俄工來哈，「如此罷工之華工當在淘汰之列，恐追悔亦無及矣。」⑮同時，該報還煽動輿論，挑唆不滿，給罷工施加壓力：「鐵路公司不得已停裝糧食、貨品，本埠之糧商亦受一打擊。然則華工此舉未必不有害於哈埠商務也。」⑯當有華人報紙披露俄幣低落，以致中外商人受損時，《遠東報》即反駁：「滿洲實業之發達及人民之富庶，不得不歸功於魯布（引者按，俄國貨幣）之流通」，並責「該報信口胡云」。⑰

這兩種報刊，因成為沙俄侵略擴張和保護在華利益的得力工具，而受到當局的褒揚。一九一六年，《遠東報》紀念創刊十週年時，東省鐵路局特別嘉獎該報「收效甚大」，「不無微勞」，並揚言該報將「萬古消暢」，「來日無窮」。⑱

■「拒俄報」與《遠東報》交鋒

《哈爾濱日報》和《遠東報》——特別是後者，鼓吹沙俄擴張政策，干涉中國內政的行徑，激起了當地愛國華人的憤慨，他們創辦「東陲系」報紙與其頑強對抗。但《遠東報》依仗沙俄官方勢力，對抵制者不擇手段予以打擊。於是，曾上演了「拒俄」與「捧俄」的報紙大戰。⑲

一九〇三年，中國曾爆發全國性反對沙俄侵佔東北的愛國運動。在「拒俄運動」的鼓舞下，一九〇七年七月十九日，哈埠第一家由中國人出資、「專為抵制《遠東報》而設」的報紙——《東方曉報》創刊，打響抵制《遠東報》的第一槍。

創辦人奚廷黻，曾任職於吉林省交涉局。他目擊哈爾濱隨著東清鐵路的興建成為沙俄「經營遠東之中心點」，特別是《遠東報》對中國的路礦、市政、糧食、航業、界約等問題，均捏造黑白，淆亂是非。他上書官署，要求「速設報館以期抵制」。為此，他多方奔走，廣招股本。《東方曉報》聲言「與《遠東報》建對峙之旗」，被《遠東報》視為眼中釘。

但由於經費困難和人事變動，《東方曉報》刊行不久，無奈停刊。奚廷黻不甘失敗，「心火如焚，痛舊業之不捨，日思有所振興。」新任濱江廳同知何厚琦，對《遠東報》之狂悖也甚為不滿，贊助籌備經費四千盧布，奚廷黻就《東方曉報》舊底又創辦了《濱江日報》，繼續與《遠東報》對峙，揭露沙俄侵華的行為，如一九〇九年八月五日，曾披露東清鐵路派出俄軍強迫華資富華製糖公司停工，令沙俄官方和《遠東報》十分惱火。

《遠東報》為東清鐵路出鉅資所辦，自有印刷廠，又可利用鐵路專用電訊設備，條件優越；同時還有俄文版《哈爾濱日報》與其呼應，消息靈通。因此在哈爾濱報業中居優勢。而《濱江日報》經費捉襟見肘，版面只及其一半，時人即認為它「魄力為不雄，至於內容則不問也。」為此，奚廷黻主張「非急增章幅，則抵制徒托空談。」然而又力所不及，尤其是一個陰謀之網已經將其籠罩。

《濱江日報》地屬哈爾濱濱江商務分會，該會「坐辦」姚岫雲，曾因在另一商會私吞公款後被《遠東報》收留，做了編輯，逃脫了懲罰。正當《濱江日報》陷入困境之時，給了姚岫雲報答《遠東報》庇護之恩的機會。他誣指奚廷黻「盜賣」報館印刷設備，接著又利用坐辦的職權，操縱《濱江日報》股東大會，煽動股東們呈請濱江廳警察廳，逮捕了奚廷黻。

一九一〇年十月三日，《濱江日報》更名《東陲公報》繼續出版。姚岫雲作為商務分會的代表，出任報館負責發行的經理。但報紙編務仍由原主編周浩主持，他繼續堅持《東方曉報》和《濱江日報》「抵制《遠東報》」的方針。當得知俄國邊防軍喬裝進入蒙古地區招兵，即派記者跟蹤採訪，即時揭露沙俄侵犯中國主權的行徑；消息見報後，輿論譁然，俄軍被迫撤離。一九一〇年底，哈爾濱流行鼠疫，沙俄在哈的殖民機構企圖趁機奪取中國人聚集區傅家甸的疫病防檢權。該報又即時載文抗議，揭露「俄人種種之陰謀毒計及違背公法之蠻情」，致俄方對其恨之入骨。沙俄首相曾屢次發電鐵路總辦，問《東陲公報》探有俄人秘密消息否，令《遠東報》日作詆毀《東陲公報》之詞。

一九一一年春節期間，《遠東報》趁《東陲公報》休刊之機，載文鼓吹國家「主權輕而疫禍重」等謬論，為沙俄借檢疫之機殘害中國人民的罪行辯解。《東陲公報》節後復刊，即刊〈討《遠東報》奴檄文〉，痛斥該報主筆連夢青賣身投靠沙俄，為虎作倀，並將其在上海參加革命黨等歷史和盤端出，置連夢青於被動。

在兩報激烈論戰期間，沙俄駐哈總領事和鐵路公司，先後七次照會中國當局，要求下令干涉《東陲公報》。清政府外務部屈從俄國駐北京公使要脅，把支持《東陲公報》的吉林省西北道臺于駟興撤職。新任郭宗熙按照沙俄的意圖，派軍警於一九一一年三月十二日夜查封了《東陲公報》，並趕走了愛國報人周浩。

查封《東陲公報》在國內新聞界引起公憤，成為歷史公案。事發後幾天的三月十七日，上海《神州日報》發表社論〈論摧殘報館之適以速亡〉。《申報》於四月三日和四日，連續刊載長篇文章〈東陲公報被封之悲憤錄〉，詳細揭露了沙俄殖民者勾結中國當局查禁《東陲公報》的始末。

民國成立後，原《東陲公報》編輯王德滋，又與前濱江廳禁煙所長尹連元合作，在哈爾濱招股五千元創辦《新東陲報》，仍與《遠東報》對峙。但在沙俄和北洋政府的壓迫下，《新東陲報》不久又停刊。王德滋利用該報人馬，再創辦《東陲商報》，仍然繼承「東陲系」的拒俄傳統，令《遠東報》頭疼不已。直到一九二一年《遠東報》終刊，這場沒有硝煙的戰爭才告結束。

從《東方曉報》到《濱江日報》、《東陲公報》、《新東陲報》，最後到《東陲商報》，「東陲系」報紙前仆後繼，頑強地抗拒《遠東報》，體現了近代報人不屈不撓反抗侵略的愛國精神。

■ 經營有道，開列車售報先河

《遠東報》生財有道，經營很活躍。報館內設庶務部、編輯部、發行部、編譯所和印刷所。庶務部又稱「帳房」，除管理該報的財物外，還負責廣告經營。經常在報紙的首版左上角，刊載〈本館帳房告白刊例〉。編譯所，除為本報翻譯俄日英等文稿外，還在報紙刊載廣告，承攬翻譯業務：「本館編譯所聘有中西文字通家，凡俄中英三國文字之契約函稟等均可代為翻譯，絕無錯誤。」印刷所也對外「代排印各種書籍仿貼」。

該報還利用採訪的便利條件，對外開展「代客調查」業務。一九一〇年八月二十八日一期的一則廣告稱：「本報為發達中俄商務起見，特與彼得堡工商報內附設之調查局商定，如有願調查以下所開之事者，本館可以代辦：一調查法律之情形，即俄國外國現行及新頒之工商農法律；二調查政治情形，即俄國及哈埠各種宣告及一切佈置；三調查工商訴訟之情形；四調查工商專件如各市場之情形，貨價之高低，輪船稅關及各種雜捐徵收稅腳之表。」

《遠東報》的發行，範圍之廣，數量之大，在哈爾濱報紙中居首位。除哈爾濱和中東鐵路沿線外，逐年將發行範圍擴大到新民、瀋陽和蒙古一帶。它還先後在遼、吉、黑三省一些城鎮建立了分館，既是推銷中心，亦是招攬廣告、蒐集資訊的基地。該報實行「訪員售報即為訪員之費用」等辦法，促使「訪員皆力圖售」。這種做法在經濟上雖無利可圖，政治上卻收效頗大。當時在「別無可閱之報」的蒙古旗縣，出現了「一切議論皆以《遠東報》為趨向」的時尚。

《遠東報》創刊十週年時，將報紙全部委託華人范介卿總經銷。范氏將該報發行帶入黃金時代。范介卿（一八八六—一九四七年），河北省人，出身貧寒，幼年讀私塾，後隨其塾師赴海參崴謀生。因乃兄范聘卿就任哈爾濱警察教官，他也於光緒末年歸國，先任方正縣警務局馬巡緣巡官兼拘留所長，繼任哈爾濱自治會第一選舉調查主任。後來，范介卿在哈爾濱傅家甸開設派報社，包銷《遠東報》，後又包銷俄文《哈爾濱日報》。

范介卿極具商業頭腦，他打破原來只是坐等訂閱的「坐商」模式，轉為「營銷」，分銷給報販沿街叫賣。從此，哈爾濱街頭有了零售報紙。同時，他在東清鐵路沿線車站與客車車廂內，設專人零售，開東北三省在火車上零售報紙之先河。這些營銷措施大大促進了發行量，對擴大《哈爾濱日報》、《遠東報》和沙俄的影響，立下汗馬功勞。為此，他受到鐵路官方的青睞，聘其任東清鐵路商務代辦處長。

范介卿利用這些關係，圍繞東省鐵路做生意。他在發行所辦公地成立了華俄運輸公司，承辦鐵路貨運、代售火車票等業務，搞得風生水起，還開設了幾個分公司。令人感興趣的是他在《遠東報》作廣告稱：「本公司代理紙張，無不俱全」；⑳想必東清鐵路兩報的印刷用紙，也是由他供應的。他依靠鐵路和兩報，聚財有方。後來，還相繼在哈爾濱開辦了英美煙公司東三省專賣處和協昌金珠店。

《遠東報》停刊後，范介卿從俄人手裡接過該報的設備，創辦了《濱江時報》。就在《遠東報》發佈停刊的〈本館緊要啟事〉旁，同時刊出〈濱江時報出版宣言〉。㉑范介卿任社長，其兄任經理。一九二四年《濱江時報》附出小報《消閒錄》，翌年又附出石印《濱江畫報》。如此由一家報館同時出版「一大二小」三份報紙，在二十世紀三〇年代，不僅為哈爾濱各報館所僅有，在國內也罕見，儼然構建了一個報業集團。

回眸范介卿的一生，除其個人天資和奮鬥外，實是《哈爾濱日報》和《遠東報》成全了他，使其由賣報紙轉身為富商，還被後人冠以「著名報人」之名。

■《遠東報》在歷史事件中的表現

《遠東報》在保證維護沙俄利益的前提下，為博取華人讀者的好感，也經常施小惠於國人。在事涉中國利益而又對俄利益無損甚至間接有利的情況下，它往往選擇站在中國政府和中國人民一邊，對當時發生的歷史事件做相對客觀的報導。

《遠東報》曾多次舉辦賑災募捐活動，救濟水、火和風雪災民，如一九一〇年八月二十七日（宣統二年七月二十三日）一期〈本館協酬湖南義賑廣告〉稱：「本館歷年協籌各省義賑頗著成效。今歲湘省災情尤較歷年為最荷，承奉天湖南同鄉官商函，托代辦義賑。本館同人願竭棉【綿】力，無論多寡，款到即登，廣為勸募。本報論前廣告，以徵憑信。乞慈善諸君子，早賜仁漿，以憑匯解災情為幸。」同期，該報又發〈通告本報各埠分館協籌湘賑廣告〉：「本館現在協籌湖南義賑，務乞諸君協同共籌賑捐，如有成數即寄至本館，以憑匯解災區。務乞見此告白後共分熱心，極力勸募，及早報告本館是幸。」類似的賑災廣告，《遠東報》在其頭版上部醒目位置，經常連載。

《遠東報》對中國國內一些政治事件的報導有時也是客觀的。五四學生運動爆發後，《遠東報》採取支持、讚揚態度。一九一九年五月九日起，該報連續正面報導運動實況。首篇以〈北京學生之愛國潮〉為題，詳細記述了學生遊行示威的全過程。十一日發表題為〈論北京學生之大活動〉的社論，稱該運動「此誠痛快人心之事」，抨擊北洋政府鎮壓學生的罪行，並連續報導全國各地和哈爾濱支持學生運動的群眾活動。

一九一〇年十月至一九一一年四月，哈爾濱發生震驚中外的鼠疫，該報關注事件進展，有時一天見報五篇之多，報導了從發生到防疫、救助的全過程。市民得以即時瞭解疫情，做好防疫，也間接協助了地方政府安定民心和籲請外界援助。據統計，該報半年之中發稿四百多篇。

二十世紀初期，為表達對外敵侵入的憤慨和保護剛剛萌芽的民族工商業，中國曾持續爆發多起「抵制外貨運動」，㉒如一九〇九年東北掀起抵制日貨運動，一九一九年因反對中日簽訂「廿一條協議」的抵制日貨運動也在全國爆發，而《遠東報》都選擇站在中國人民一邊。這當然有日俄在瓜分東北利益方面本為宿敵的因素，但客觀上也起到為運動推波助瀾的作用。

該報從一九一九年五月一日起，連續刊載〈電請力爭青島〉（一日）、〈關於力爭青島之電報〉（十四日）、〈各界電慰學生〉（十五日）、〈各界籌議救亡策〉（十六日）等，聲援學生抗議「廿一條協議」，並呼籲「同心協力，一致對外」（十六日，〈電致南北議和代表〉）。接著，該報高密度地進行「抵制日貨」的評論和報導，從隱晦的「某國」到直指「日貨」，如〈抵制某國貨之動機〉（十八日）、〈會議抵制某國貨辦法〉（二十日）、〈排外貨之醞釀日甚〉（二十二日）、〈不用日本酒令〉（二十九日）、〈奉商會抵制日貨辦法〉（六月六日）、〈抵制日貨之反響〉（六月十日）、〈女學亦倡抵制日貨〉（六月十九日）、〈愛國者注意國貨〉（七月四日），等等。還刊文〈電賀學生之勝利〉：「勸其毅力堅持，務達到目的而後已」（六月二十日）。報導活動連續三個多月，可謂聲勢浩大。

綜上所述，東清鐵路公司先後創辦的機關報——俄文《哈爾濱日報》、中文《遠東報》，伴隨外資的入侵進入中國鐵路，同當時的歷史糾纏在一起，是瞭解中國鐵路早期發展史、鐵路企業文化史的窗口，也是研究二十世紀初中國政治、經濟、文化、社會生活，及中俄、中日關係等近代史問題的重要文獻。尤其，兩報作為中國最早出現的鐵路企業報，翻開了近代鐵路企業辦報刊歷史的第一頁，為新興的民族鐵路企業——在引進西方鐵道建設技術、管理經驗的同時——創辦報刊提供了樣本。

注釋

①本節引文除注明者外，參見林怡，《哈爾濱的外國報刊（一九〇一—一九四五年）》；《外國人在哈爾濱》（哈爾濱政協文史和學習委員會編輯，黑新出圖內字A〇二四號，二〇〇二年），頁一九九—二〇一。

②金士宣、徐文述，《中國鐵路發展史（一八七六—一九四九）》（北京：中國鐵道出版社，一九八六年），頁三五。本段引文出處相同。

③黑龍江省地方誌編纂委員會，《黑龍江省志第五十卷・報業志》（哈爾濱：黑龍江人民出版社，一九九三年），頁三〇七。

④戈公振，《中國報學史》（北京：三聯書店，一九五五年），頁六四。

⑤哈爾濱市地方誌編纂委員會，《哈爾濱市志（二十五）・報紙廣播電視》（哈爾濱：黑龍江人民出版社，一九九四年），頁一七六。

⑥〈俄文報紙一覽表〉，《哈爾濱市志（二十五）・報紙廣播電視》，頁一八一。

⑦程維榮，《近代東北鐵路附屬地》（上海：社會科學出版社，二〇〇八年），頁二七。

⑧同注三，頁十八。

⑨李寧，〈安重根刺殺伊藤博文——亞洲第一義俠〉，《縱橫》（北京），二〇〇九年第三期。

⑩同注三，頁二〇。

⑪〈中俄劃界情形〉，《遠東報》（哈爾濱），一九一〇年十月六日。

⑫〈中俄交際關係〉，《遠東報》（哈爾濱），一九一一年五月三十一日。

⑬〈中國與多數主義〉，《遠東報》（哈爾濱），一九一九年九月四日。

⑭〈華工罷工風潮〉，《遠東報》（哈爾濱），一九一八年一月十三日。

⑮〈華人罷工之影響〉，《遠東報》（哈爾濱），一九一八年一月二十日。

⑯〈三十六棚罷工風潮〉，《遠東報》（哈爾濱），一九一八年一月六日。

⑰〈東陲報記載失實〉，《遠東報》（哈爾濱），一九一九年十一月二十日。

⑱〈紀念辭〉，《遠東報》（哈爾濱），一九一六年三月十四日。

⑲本節參見：趙永華，〈俄蘇在華辦報追溯〉，《國際新聞界》（北京），二〇〇一年第一期；《黑龍江地方誌第五十卷・報業志》，頁二一；林怡，《哈爾濱的外國報刊（一九〇一—一九四五年）》，頁二〇七—二一〇。

⑳〈華俄運輸公司〉廣告，《遠東報》（哈爾濱），一九二一年一月十二日。

㉑〈濱江時報出版宣言〉，《遠東報》（哈爾濱），一九二一年二月二十七日。

㉒近代中國工商經濟叢書編委會，《中國近代國貨運動》（北京：中國文史出版社，一九九六年）。

第三章　民族鐵路企業報刊在「保路風潮」中出世

■「保路風潮」催生中國民族鐵路企業報

十八世紀中葉，西方發生工業革命，英國發明了蒸汽機，又於一八二九年九月二十七日開通了世界上第一條鐵路。由於生產技術的重大變革，使資本主義工業獲得迅速發展。而閉關鎖國、腐敗昏庸的清政府，此時卻還視鐵路為奇技淫巧，不合「祖宗成法」，為是否建設鐵路一直爭論不休。第二次甲午戰爭後，清朝政府被迫簽訂《馬關條約》，維新派首領康有為立即在一八九五年五月二日（光緒二十一年四月八日）率領一千二百餘名應試的舉人發起著名的「公車上書」。他在說到「立國自強」的根本大計時，力主興建鐵路。①清政府為了維護其搖搖欲墜的封建統治，開始意識到修建鐵路是國家自強要策，於一八九五年七月十九日（光緒二十一年五月二十七日）頒佈上諭，在宣稱「力行實政」的措施時，首要一條就是「修鐵路」。②於是，各地興起由地方政府、鄉紳籌資興建鐵路的熱潮。

但西方列強企圖通過借款給晚清政府築路，來控制我國鐵路主權，如：一八九八和一九〇〇年，籌建粵漢鐵路時，美國華美合興公司與清朝駐美公使伍廷芳先後簽訂了《粵漢鐵路借款合同》、《粵漢鐵路借款續約》；一九〇四年十一月，美國華美合興公司背棄《借款續約》規定，私售股票給比利時東方萬國公司。藉此時機，湘、鄂、粵三省紳民強烈要求廢約，收回粵漢鐵路修築權。一九〇五年八月二十九日，由湖廣總督張之洞與美國華美合興公司訂立了《收回粵漢鐵路美國合興公司售讓合同》後，主張鐵路官辦，遭到粵湘兩省人民強烈反對。在強大的輿論壓力下，清政府被迫同意粵省鐵路商辦。為此，廣州總商會及九大善堂集股兩千二百二十六萬元，於一九〇六年五月十七日成立了「商辦廣東粵漢鐵路總公司」，繼續承擔起建設粵漢鐵路廣東段的工程。③接著，湖南省也成立了粵漢路湘段的商辦湖南粵漢鐵路總公司。但其後直至辛亥革命前的一段時間，圍繞著「官辦」還是「商辦」，「借款」還是「自籌」的鬥爭始終沒有停止。川漢鐵路籌建過程中的「路權」之爭，更為激烈。歷史上稱以粵漢鐵路和川漢鐵路為代表，抗拒「簽約借款」，收回路權的風潮為「保路運動」。

這一中國近代史上的重要事件，不僅是近代民族資本與西方列強對中國經濟掠奪進行對抗的前奏，也動搖了晚清王朝的基礎，成為辛亥革命的預演。同時，「保路運動」還催生了中國民族鐵路企業最早的報刊。

「刊行獨先而最久」的《粵路叢報》

為宣傳收回路權的意義，招徠民間資本集資築路，商辦廣東粵漢鐵路總公司的輿論工具——《粵路叢報》應運而生。

《粵路叢報》，月刊，版幅為大三十二開。初期，用連史紙單面豎排鉛印後折疊成兩版，每期約三十頁共六十個版面，書冊式裝訂，封皮素面，中為豎排刊名《粵路叢報》，左為「商辦廣東粵漢鐵路有限公司發行」，右為發刊時間和「郵政局特准掛號認為新聞紙類」，下為橫排「某年（卷）某期（號）」。後期，從第十三卷第一號（一九二三年四、五月合刊本）始，改用品質較好的白報紙雙面鉛印，並每期配有銅板照片插圖，封面則為進口道林紙，上印套色美觀的粵漢鐵路線路地圖。由公司「辦報處」（後期名為「編輯股」）負責發行兼編輯，主編為沈文蔚，「所登文件向由編者按期彙集，編繕成帙，分送總理、協理核閱應否刊佈，然後付印。」④

《粵路叢報》從創刊始，就對外公開發行。發行的一個突出特點，是十分重視面向股東，這是由它的企業性質決定的。〈閱報定章〉中，明確對股東的發行辦法：一、「凡屬本路創辦人、各埠代理收股、僑商、公地，以本人名字占股一千份以上之股東等，均免收費」；二、「緣本路股東眾多，勢難一一贈送，且為節用起見，不得不略示限制」，因此，除上述人員外，「須先交全年報費，方能送閱」；三、「免費之股東，訂閱本報須將其股票姓名、號數並居址，詳列函知本辦報處」，然後經「股冊處查對相符方能照送」；四、為避免投送錯誤，「閱報人如有移居、遠遊，應行改寄或停閱，……應隨時函知辦報處」。

該報的創辦，是「為宣佈全路事實，俾股東隨時查覽，並以輔年結之不逮而設。」

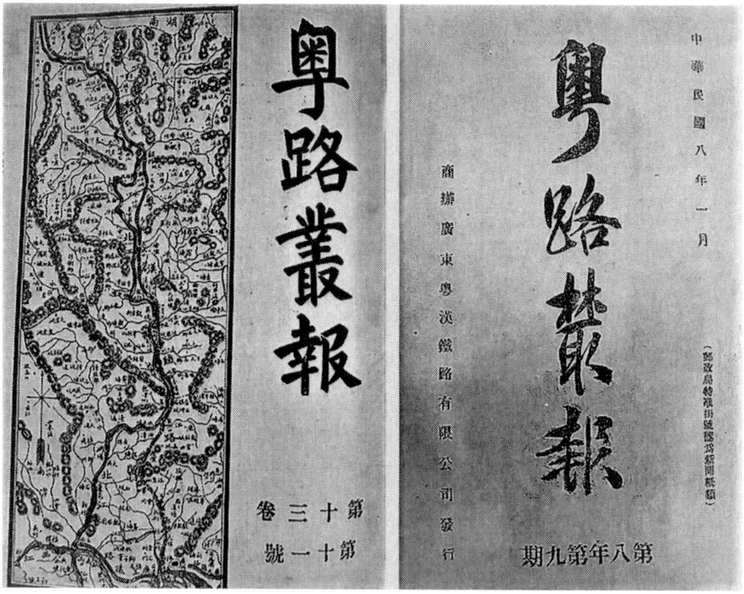

▲商辦廣東粵漢鐵路總公司創辦的《粵路叢報》。

說明它創辦之初，主要是為了向股東即時報告粵漢路建設情況，便於股東掌握進度，監督經營，免得年底算總帳時有遺漏。說白了，在某種意義上，一是為了讓投資股東放心；二是為了使經營者事後不擔責。而後期，隨著工程的進展和通車經營，其辦報宗旨發生了變化，從主要是對外（股東）披載「事實」，轉變為對內要求「按期分送本報至各處、課、股、廠、段、站、車，作公文保存備考」，開始強調企業報指導經營管理的作用。

由於其前後的辦報宗旨發生變化，因此在報刊的欄目設置和內容上，前後期也呈現出不同的特點。前期，欄目簡約，且與晚清、民初的報刊類同，通篇不用標點符號。「不設諧部」（即文化娛樂方面內容），僅闢四項公文性質的欄目。內容如下：

呈文：一是請求沿線軍政部門提供保護的公文，如「呈督軍源潭滇軍調省請撥隊前往填防保衛」、「呈督軍奉元電宣告保衛治安各節經轉行一體遵照」。⑤二是因粵漢路由開始的商辦已改為「官督商辦」，故需向民國政府交通部提交的報告，如「總協理呈交通部文，為遵飭速籌補築粵路北段未竟工程准董事會議函複應俟股東大會提出公決覆請鑒核由」。⑥

公函（牘）：對外界聯繫業務等方面的函件，如「總協理致北京郵務總局函——為請核撥廣州郵局積欠車費二十八萬餘元，以後按月結算由」。

報告：披載路內各機構的經營運轉情況，主要是財務方面內容，如「本路會計處六年二月份進支四柱清冊」、「本路工程處五年十二月份各段已完未完工程情形」。⑦

廣告：同現代意義上的「廣告」不同，是對內發佈消息，廣而告之，如「本公司申報報失票應照章補繳股銀廣告」。

後期，欄目逐漸增多且不再囿於公文。以第十三卷第一號為例，新增的欄目和內容如下：

論著：主要刊發普及鐵路知識的文章，有〈敬告鐵路同人〉、〈鐵路與戰爭〉、〈可注意之南滿鐵道附帶事業〉、〈科學的養路工作〉等四篇。該報十分重視此欄目，有時一期就連發十幾篇文章。

交通要聞：本期有一則為〈國際鐵路聯合會之重要規章〉。

紀事：刊〈本路臨時總協理就任之經過〉。

叢談：載〈中國鐵路近況〉，同時內插「江北轉運館」（即「轉運倉庫」）和木材的廣告——現代意義上對外發佈的廣告從本期開始出現，分別刊載在兩頁紫粉色草紙上。

從第十三卷第十一號始，該報面向外界約稿：「對於路政有所規劃或其他雜著投刊者，無限歡迎」；要求「投稿文字，以通俗為主，……並加標點符號」；強調要「惟以路政為主體，不涉他項政治」。⑧

至此，《粵路叢報》的欄目和功能要素基本完善，構成了後來大量出現的官辦和民營鐵路企業報的基本辦報模式。

關於該報的創辦時間，目前有三種說法：一是《一八三三—一九四九全國中文期刊聯合目錄（增訂本）》載為「一九一一年一月」；⑨二是《中國近代報刊名錄》載為「一九一一年三月五日（宣統三年二月初五）」；⑩三是《粵路叢報》本身稱為「辛亥年正月」。⑪「辛亥年正月」為一九一一年一月三十日至二月二十八日之間，因「正月」何日不詳，現從第一種「一月」說，即一九一一年一月。

實際上，該報是由一九〇三年三月創刊的《鐵路公言報》更名而來。因現有文獻、期刊目錄等均以《粵路叢報》為該路創辦的第一份報紙，故暫從眾說，後節專敘筆者觀點。《粵路叢報》自己也曾不無得意地說：

比年，大部注重路報。故國有各路如京綏、京奉、京漢、津浦、滬寧、滬杭甬、廣九等均經辦報。惟本路報則刊行獨先而最久。⑫

所以從目前考證看，《粵路叢報》可稱為中國近代民族鐵路企業報的嚆矢。

《粵路叢報》與《鐵路公言報》的關係及停刊辯

根據現有史料，發現晚清在廣東粵漢鐵路總公司名下辦的報紙共有兩種，除《粵路叢報》外，在此之前還有一種稱為《鐵路公言報》。關於《鐵路公言報》，據載：

一九〇七年（光緒三十三年）春創刊，在廣州出版。發起人為黎國廉、鍾錫璜。該報因粵漢路風潮所引起，代表鐵路股東的利益。欄目分：論說、路事要聞、本省路事、本國路事、本省要聞、京省要聞、外國要聞等，不設諧部。宣稱：「俟風潮既息，大局已定，即行停刊」，估計出刊時間不長。⑬

因年代久遠已無法看到《鐵路公言報》的詳細資料，目前所見文獻言及該報者都據上文。研讀這些文字，似乎該報與《粵路叢報》沒有關係，但據筆者查閱《粵路叢報》，發現該報曾刊文稱：

初由股東提倡，政府飭行，於戊申年二月（引者按，一九〇八年三月）開辦星期報，辛亥年正月改辦叢報，按期出版，以迄於今。⑭

這就說明粵漢路在辦《粵路叢報》月刊之前，就曾辦有「星期報」，而且兩報具有承繼關係。據考，在此期間，粵漢路除曾先後辦有《鐵路公言報》和《粵路叢報》外，沒有第三者，且上文所說《鐵路公言報》的「發起人為黎國廉」正是粵漢鐵路粵段代表，並曾因力爭「商辦」被拘捕。⑮因此筆者認為，「星期報」應該就是《鐵路公言報》；因其刊期為「週」，故亦稱「星期報」。

廣東粵漢鐵路總公司的股東成分複雜，當時各方利益集團紛紛利用輿論工具鼓吹各自利益，且「厥後主其事者，辦理不善」。⑯《鐵路公言報》的面世，是為了對抗立場偏向粵路公司的他報，代表股東監督公司運作：「當道之見聞，有時求諸輿論報紙者，所以代表輿論者也。公言報尤所以代表公正股東也。」⑰在廣東粵路總公司草創初期，先由股東集資辦報，假輿論監督公司運行；待公司進入正軌後就接辦，應在情理之中。

由此看來，粵漢路辦的企業報是先由股東發起創辦，名為《鐵路公言報》，後由公司經營團隊續辦，更名為《粵路叢報》。因前者「俟風潮既息，大局已定，即行停刊」，而以後者為名延續辦報十幾年，影響較大。所以，人們說到粵漢路的報紙，往往就只知《粵路叢報》，而忽略了《鐵路公言報》這個前期先行者。

關於《鐵路公言報》的創刊時間，光緒三十三（一九〇七）年的《時事畫報》第四期曾刊載

〈鐵路公言報出世之感言〉一文，也證明其創刊於一九〇七年。粵路總公司成立於一九〇六年五月十七日，翌年即創辦報刊，應合情理。因此，《粵路叢報》刊文稱「戊申年」（即一九〇八年）——推遲一年——是否時隔十年後追記有誤？

綜上，《粵路叢報》的創刊時間，如從其前身《鐵路公言報》算起，應為一九〇七年三月。

關於《粵路叢報》的停刊時間，現有資料說法各異。筆者試厘清，以便把握與後期該路續辦報刊的沿革脈絡。

一九二五年一月，孫中山先生在廣州任大元帥時，以粵漢鐵路管理腐敗為由，由政府派員接管，加以整頓。⑱一九二九年十一月五日，國民政府發佈命令：「廣東粵漢鐵路應即收歸國有，其原有商股著由鐵道部發行公債限期收回。」⑲至此，粵漢鐵路已完全成為國有鐵路，公司由「商辦」改為「官辦」，作為民營企業喉舌的《粵路叢報》也完成歷史使命，約在一九二九年初停刊。繼之而來的，是由政府統合粵湘鄂三省鐵路公司成立的武昌粵漢鐵路管理局創辦的《粵漢鐵路叢刊》，於一九二九年四月問世。

目前有文獻將《粵路叢報》的停刊時間定於一九二五年十二月，且因因相襲，所見資料均持此觀點，⑳大概是因大陸館藏該報的最後一期就發行在這一時間。這樣結論似有不妥：一、該報於一九二五年十月起改版，期數另起，㉑不大可能只辦兩期就停刊；二、商辦廣東粵漢鐵路總公司直至一九二九年底才最終收歸國有，一九二六年至一九三〇年間，很難想像該公司沒有一個輔助複雜鐵路運營管理的宣傳工具，而目前也尚未發現粵漢路曾在該時段辦有其他報刊來代替；三、同期的其他鐵路線段均辦有企業報，粵漢路難處例外；四、縱觀鐵路企業報史，任一鐵路線段報刊時有更名或改刊期、版幅和偶有停刊一段時間的情況，但至今未發現有停刊多年的案例。

▲粵漢鐵路收歸國有後辦的《鐵路公報・粵漢線》。

《粵漢鐵路叢刊》的刊名，也反映出同《粵路叢報》有承繼關係，且表明其並非國營鐵路

企業報。因為當時的國有鐵路管理局的企業報，有統一的命名規則，一般都命名為《鐵路公報・〇〇線》，如同期的《鐵路公報・長吉敦線》（一九二七年）、《鐵路公報・津浦線》（一九二八年）等；或命名為《〇〇鐵路公報》，如同期的《京漢鐵路公報》（一九二八年）、《京綏鐵路公報》（一九二八年）等。史實證明，《粵漢鐵路叢刊》僅是粵路公司由「商辦」改為「官辦」過程中使用的一個過渡性刊名，在它創刊的短短半年後，《鐵路公報・粵漢線》就於一九二九年十月一日正式創刊了，後也曾幾度更名，連續刊行到一九四九年。

因此可以推斷，《粵路叢報》停刊於一九二九年四月前，《粵漢鐵路叢刊》接續了《粵路叢報》，前者的創辦宣告了後者的停刊。當然，這一結論也有待新發現的史料來進一步確認。

■ 為「拒款集款」築路而辦的《湘路新誌》

創刊時間和宗旨

在晚清的粵漢路保路風潮中，為抗拒西方列強通過簽約借款給腐敗昏庸的晚清政府築路，來控制我國鐵路主權，當時國人還創辦了幾份以民間集資籌款築路為宗旨的鐵路報刊。比較著名的有民國名人龍璋主編的《湘路新誌》。

據載，在《湘路新誌》之前，曾有《湘省鐵路週報》，故稱「新誌」。但目前關於《湘省鐵路週報》的詳細資料不可得，無法做出判斷，只能先留一線索。《湘路新誌》由粵漢路湘段的湖南粵漢鐵路總公司湘路集股會事務所，於一九〇九年（宣統元年）創刊，具體日期，現有關於《湘路新誌》的文獻記載較混亂，如《中文期刊大詞典》載「宣統元年十一月」；㉒《中國近代報刊名錄》和《新聞傳播百科全書》等則都認為是「一九〇九年十一月二十二日（宣統元年十月初十）」。㉓然而以上均有誤。可能因該刊現存第一期原件封面缺失（封面上有出版時間），則將第二期的發行時間——宣統元年十一月初十，且「每月發行一回」簡單倒推一月算出來所導致。實際上，該刊創刊號內載文，明確說明了創刊時間是「宣統元年九月朔」，㉔即農曆九月初一，一九〇九年十月十四日。第二期則解釋了創刊後沒有做到「每月發行一回」的原因：「本報發起伊始，籌款徵文在在維艱，現經全省士紳熱心贊助，足以自立。除十月因經營一切停止發行外，以後按月一冊，不再愆期。」㉕

發刊詞詳細申明了四項辦報「主張」：

今鐵道借款問題一出，湘人咸知危機存亡，呼號奔走，以求自救。而政府獨不能一左右於其間，更以存中國者湖南者乎？此本報對於鐵道拒款問題之特別主張者一。

蓋金錢銖積揮霍於無用之地或買置田地，春秋有水旱之憂。較之，投資鐵路，權利千倍，其智其愚，豈可以上下狀計乎？是則，魄力既大，資本自充，草約不廢而自廢，外資不絕而自絕矣。此本報對於集股問題為應有之主張者二。

官辦者每里需銀二萬一千五百元有奇，商辦者每里需銀一萬六千八百元有奇，是官辦不如商辦。……商辦五年之後，全路不成，則吾總協理可以服罪於吾湘人，眞不足與有為矣。此本報對於商辦問題為應有之主張者三。

西人譏中國一十八省行為一十八國。蓋謂其乏合群之力也。……以如此渙散之民情，物競天擇，其能久乎？……詩曰：兄弟鬩於牆，外禦其侮，願我紳商界一省。斯言，此本報對於化除各界意見為應有之主張四。㉖

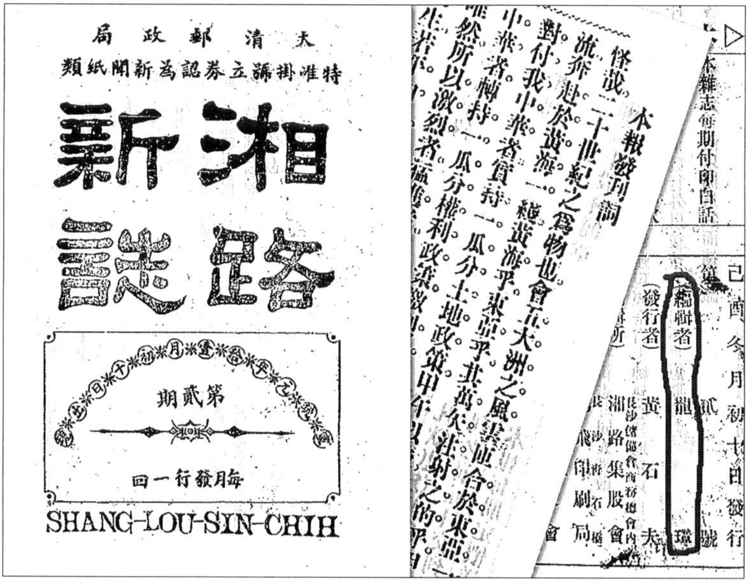

▲商辦湖南粵漢鐵路總公司湘路集股會事務所辦的《湘路新誌》。

綜上，四項主張即為：拒絕外資、籌借民款、要求商辦、合力築路。概言之，該報宗旨是「專主鼓吹集股免借外債，使湘路早告成功！」㉗

《湘路新誌》的內容

《湘路新誌》為月刊，大清宣統紀年。從第二期始，每月初十日發行，封面標示：「大清郵政局特准掛號立卷認為新聞紙類」，楷體刊頭，前兩期為兩列豎排，後改為一列。十六開本，書冊型式，每期三十幾頁至七十幾頁不等，頁碼連期排序。其先後開設的欄目有：論說、奏議、專件、公司報告、文牘、路事近紀、路電匯誌、來函、要聞附錄、文苑等。以第一年第五期為例，可窺全豹。

奏議：〈湘路拒借外債呈都察院代奏稿〉，〈法部會奏遵議匪徒竊毀鐵路要件明定治罪專條承緝處分專摺〉。

路事近聞：〈鐵路工程接展〉，〈公舉拒款代表入都〉，〈入股諸君注意〉。

要電匯誌：共計二十一通，為與籌款築路相關的簡明新聞。

專件：〈湖南粵漢鐵路公司工程處現行規則廣告滙錄〉。

文牘：〈鐵路公司移請各廳州縣代發官息文〉。

公司報告：〈英商怡和洋行承攬鋼底平車頭、鋼底箱型車合同〉，〈德商瑞記洋行甲（乙）火車頭二（三）等客車合同〉，〈各州縣解到公司租股數目特記〉，〈公司核定各廳州縣代收股處簡明章程〉。

《湘路新誌》還「每期附送白話一張，分文不取」，從其總共刊行的十八期看，實際做不到「著為定例」每期都送。「附張」名為《湘路勸股白話報》，正反兩頁，同主刊頁碼連排，「專以開通愚蒙，俾知路事，勸令入股為宗旨」。每期只有一篇文章，如第三期的標題是〈入股和買業的比較〉。同裝訂成冊的《湘路新誌》相比，《白話報》更像傳單、佈告，便於向大眾傳播，因此希望閱報者「宜將附張撿出，順手送人或張貼通衢，庶廣傳佈」。㉘以主、輔報刊互為補充、呼應，應該是該報精心策劃的宣傳戰略。

《湘路新誌》的內容，以鼓吹社會各界「拒款集款」為目的，可概括為兩部分：一是即時公佈集股情況、賬款細目；一是詳細披載築路工程進展。反映出其辦報活動公開、透明的顯著特點，對粵漢路湘段的籌款和建設，顯然發揮了重要的作用，稱得上是早期國人民主辦報的成功嘗試。

《湘路新誌》公開發行，「分發本城紳學各界及本省各廳州縣勸學所代銷，外省各同鄉處均有寄售」。「代派例」規定：「五份，九五折」，「一千份，六五折」。㉙但因該報往往先發報後收費，就有很多報費收不回來。無奈，該報刊登啟事：「惟冀閱報諸公毅力熱心，共謀公益，仰懇於此次第一年十二期閱滿後，希將全年所收到的路誌如干冊，按酌定價目寄交敝社」，以防因資金問題導致辦報夭折。㉚結果如何，不得而知。

主編龍璋

《湘路新誌》的創辦和能在湘路建設中發揮獨特作用，與其主編龍璋是分不開的。

龍璋（一八五四—一九一八年），字研仙，是著名的民主主義革命家、實業家、教育家。出生於湖南攸縣一個世代為官的封建官僚家庭。其曾祖龍彬為秀才，祖父龍友夔為貢生，父親龍汝霖為舉人，曾任知縣、知州等職。他本人亦為光緒舉人出身，是左宗棠的外孫女婿、譚嗣同的親家。龍璋追隨孫中山、黃興參加辛亥革命、二次革命、護國戰爭，出生入死，毀家紓難，厥功甚偉。孫中山高度讚譽，曾手書「博愛」二字送給他。與其有鄉誼之情的革命家何叔衡，曾做了三副輓聯紀念他，其一：「滿清名縣令，共和大功臣，生而定論；銅像表焦陳，國葬獎黃蔡，死與同歸」。㉛

一九〇七年，在江寧知縣任上的龍璋，因母丁憂而辭官回籍。他利用其曾擔任湖南巡撫會議廳參議等職的社會地位和家族影響，積極推動湖南政治變革。時當發生保路風潮之際，龍璋作為湖南著名鄉紳，發起組織了「鐵路股東集股會事務所」，積極推動集股拒債，維護路權。他深諳輿論工具的重要，遂立意刊行《湘路新誌》，並以其字「龍研仙」為名親任編輯。

龍璋辦報的舉措，曾為時人不解並遭嘲諷，為排除障礙，他在《湘路新誌》撰文，慷慨陳詞：

> 湘路借債問題之發見，本報同人鑒覆轅於既往，傷滅國於方來，因特組織斯報，冀憑熱血一腔，抵禦奔瀾千丈庸關之未審，故大雅之所譏也。惟是十室之邑，尚有忠信，衡湘山高而水清，豈無志士聞風興起者乎？㉜

為勸湘人集資，他曾動情地說：

> 異日者，汽笛之聲遍於郊野，保全我桑梓，恢復我利權，諸公偉大之功，湘路慶幸，同人慶幸。臨穎神溯，無任依依。㉝

拳拳愛國之心，躍然紙上。因其有顯赫的家族背景和出仕經歷，言行極具號召力，《湘路新誌》也成為湖南保路運動的利器。

《湘路新誌》以集股會的名義創辦發行，但其經費主要來自湖南粵漢鐵路總公司。創辦一年後，該報稱：「因經濟艱難，所有印刷、郵票（引者按，給各地股東寄報用）各資暫出公司及同人等籌款墊用，迄今一祀，所費不貲。」㉞因此，實際是由公司出資。集股會的章程注明：「凡公司執行之事，概不干預」，又表示「本會章程得隨時酌量增改，但必得公司之承認。」㉟

在這樣複雜的局面下，該報既要超然物外，保持獨立，又要確保跟從公司行為，履行監督職能。要在兩者間平衡關係，拿捏分寸，實屬不易！可能也只有龍璋可以做到。《湘路新誌》的辦報實踐，也在不經意間，成為早期民族工商業探索「所有者」和「經營者」分離的典型案例。

《湘路新誌》曾在發刊詞中表示：「誓言與湘路相終始，路不亡，本報長在。」該刊只有第二期本應十月（西曆十一月）發行，因故拖至十一月才發行，其餘均按月出版。待至滿一年時，該刊還信心滿滿，「擬自第二年第一期起，厘定體裁，改良規則，務求於雜誌中樹一赤幟，放一榮光。」㊱但世事難料。在辛亥革命的隆隆炮聲響起，腐敗的晚清即將終結之時，一九一一年初，清廷宣佈鐵路國有；五月，《湘路新誌》在歷經十九個月，出版了第十八期後停刊，完成了它「拒款集款」、鼓吹商辦的歷史使命。

另外，廣西北海人民為抗拒法國殖民者的強壓威迫，在開展集資募股修建北海鐵路的活動中，由廣西鐵路公所於光緒三十四（一九〇八）年間創辦了《桂報》，宣稱：「以振興本省路礦，提倡地方自治」為宗旨。目前，沒有該報可查，原件可能已軼，僅見於《東方雜誌》一九〇八年七月二十三日第五卷第六號上對該報的簡單記述，具體情況不詳。

在保路風潮中應運而生的《粵路叢報》、《湘路新誌》、《桂報》等，成為中國近代出現由民族企業創辦的第一批企業報刊。它們的創辦、刊行，不僅與保路運動一道，成為辛亥革命的前奏而永存史冊，而且也為二十世紀初葉日益增多的中國企業如何辦報刊進行了預演。

尤其是《粵路叢報》，它誕生於風雨飄搖的晚清末期，作為民營企業的輿論工具，竟能渡過朝代更迭、戰事頻仍和內部糾紛不斷的滄桑歲月而不廢，應屬不易；進入民國後，在官辦鐵路企業報林立的環境下，還力圖「惟以關於路政為主體，不涉他項政治」，㊲委曲求全，獨樹一幟，堅持連續刊行二十餘年，在企業報史上亦屬罕見。它作為中國民族企業辦的第一張鐵路報刊，在沒有前例可資參照借鑒的歷史條件下，實為開闢草萊，是中國鐵路企業報的拓荒者和奠基者。

注釋

①康有為，《上清帝第二書》，《中國近代史資料叢刊：戊戌變法（二）》（上海人民出版社、上海書店，二〇〇〇年），頁一八五。

②《德宗實錄》（北京：中華書局，一九八七年），卷三六九，頁二三。

③參見：〈粵路最新之風潮〉，《東方雜誌》（上海），一九〇九年第四期，頁三七—四九；中國近代史編寫組，《中國近代史》（北京：中華書局，一九七九年）；楊珍主編，《中國近代經濟史》（北京：新華出版社，二〇〇一年）；《廣東省地方誌系列叢書：廣州市志・卷一》（廣州出版社，一九九九年）。

④〈閱者注意〉，《粵路叢報》（廣東），民國六年九月。後兩段引文出處相同。

⑤同注四。

⑥〈呈文〉，《粵路叢報》（廣東），民國九年九月，頁一。下段引文出處相同。

⑦同注四。下段引文出處相同。

⑧〈本叢報投稿辦法〉，《粵路叢報》（廣東），民國十三年四月。

⑨全國第一中心圖書館委員會全國圖書聯合目錄編輯組編，《一八三三—一九四九全國中文期刊聯合目錄（增訂本）》（北京：書目文獻出版社，一九八一年），頁一一一七。

⑩史和、姚福申、葉翠娣編，《中國近代報刊名錄》（福州：福建人民出版社，一九九一年），頁三二一。

⑪同注四。

⑫同注四。

⑬同注十，頁二八五。

⑭同注四。

⑮〈大事記〉，《廣東省地方誌系列叢書：廣州市志・卷一》。

⑯〈粵漢鐵路之現狀〉，《中外經濟週刊》（廣州），民國十五年第二〇五期，頁三八。

⑰陶陶，〈鐵路公言報出世之感言〉，《時事畫報》（廣州），光緒三十三年第四期，頁九。

⑱廣東省建設廳編，〈粵漢鐵路局文件〉，《廣東建設公報》（廣州），民國十六年第三卷第三期，頁一一一—一二三。
⑲參見：《行政院公報》（南京），民國十七年第九十八號，頁二；《中國鐵路發展史（一八七六—一九四九）》，頁三二八。
⑳同注十，頁二八五。
㉑同注九。
㉒《中文期刊大詞典》（北京：北京大學出版社，二〇〇〇年）。
㉓《新聞傳播百科全書》（成都：四川人民出版社，一九九八年）。
㉔〈湖南諮議局開幕頌詞並序〉，《湘路新誌》（湖南），宣統元年九月初一日，頁十一。
㉕〈本報徵文廣告〉，《湘路新誌》（湖南），宣統元年十一月初十日，頁七七。
㉖〈發刊詞〉，《湘路新誌》（湖南），宣統元年九月初一日，頁六—十。
㉗〈本報啟事〉，《湘路新誌》（湖南），宣統元年九月初一日，頁三三。
㉘同注二七。
㉙〈本報特別廣告〉，《湘路新誌》（湖南），宣統二年七月初十日，頁四一三—四一四。
㉚〈本社緊要廣告〉，《湘路新誌》（湖南），宣統二年十月初十日，頁六一九。
㉛龍永寧，《從紳士到革命家：我的祖父龍璋》（北京：榮寶齋出版社，二〇一一年）。
㉜〈本報徵文廣告（一）〉，《湘路新誌》（湖南），宣統元年臘月初十日，頁一四〇。
㉝〈公啟〉，《湘路新誌》（湖南），宣統二年八月初十日，頁四七二。
㉞〈本社徵文廣告〉，《湘路新誌》（湖南），宣統二年二月初十日，頁一九三。
㉟〈湘路集股會章程〉，《湘路新誌》（湖南），宣統元年九月初一日，頁三〇—三一。
㊱同注三〇。
㊲〈本叢報投稿辦法〉，《粵路叢報》（廣東），民國十三年四月。

第四章　首批官辦鐵路企業報刊湧現

■ 應運而生的國有鐵路企業報刊

孫中山先生是偉大的革命先行者，同時也是熱情發展中國鐵路事業的創導者，他認為「今日之世界，非鐵道無以立國」。①一九一二年元旦，中華民國臨時政府成立，二月十二日清帝被迫退位。孫中山認為建立共和制度的目的已達到，遂辭去臨時大總統職務，在上海成立中華民國鐵道協會，親自督辦全國鐵路建設，從而迎來中國鐵路建設歷史上的一個高潮。與此同時，隨著中國兩千多年的封建君主專制制度的崩潰，「人民有言論著作刊行之自由」寫入中華民國臨時約法中，「一時報紙，風起雲湧」，出現了「一商店有報，一工廠有報」的局面。②

由於鐵路企業具有跨地域、多層次、專業繁複等特點，在近代交通、通訊等手段落後的情況下，通過創辦報刊來溝通資訊、指導工作、輔助企業管理，就成為不二選擇。因此，在民國初年的辦報熱潮中，同其他行業相比，鐵路企業創辦報刊的積極性更高，中國歷史上第一批國有鐵路企業報由此應運而生。迄今恰好剛過百年。

民國元年，北洋政府在原清代郵傳部改組的交通部之下設「路政司」主管全國鐵路。首批鐵路企業報刊最先在交通部直轄的京漢、津浦、滬寧、漢粵川、隴秦豫海、正太、道清、吉長、廣九等國有鐵路管理局、鐵路總公所、工程局中創辦。據不完全統計，民國初年，國有鐵路企業報刊約有十五種左右。

這些剛破土而出的報刊，一般定名為《○○鐵路管理局局報》，如：《京漢鐵路管理局局報》、《津浦鐵路管理局局報》、《廣九鐵路管理局局報》、《滬寧鐵路管理局局報》、《滬杭甬鐵路管理局局報》等。

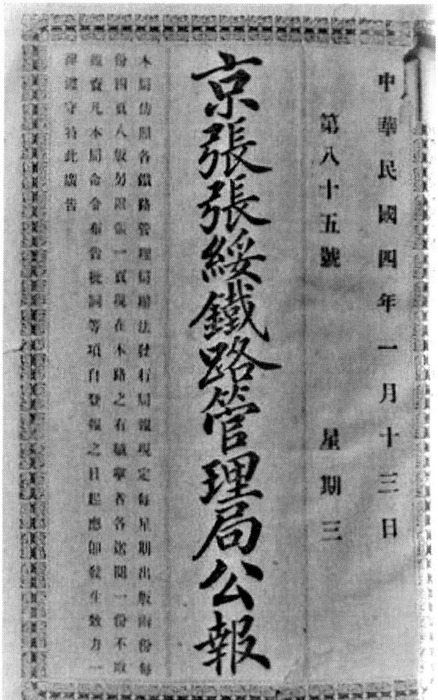
京張張綏鐵路管理局公報

中華民國四年一月十三日

第八十五號 星期三

▲《京張張綏鐵路管理局公報》為北洋時期鐵路管理局所辦之公報。

這一時期，除官辦幹線鐵路外，官辦支線鐵路也陸續開始創辦報刊，如《京張張綏鐵路管理局公報》稱：

本局仿照各鐵路管理局辦法發行局報。現定每星期出版兩份四頁八版，另附張一頁。現在本路之有職掌者，各送閱一份，不取報資。凡本局命令、佈告、批詞等項，自登報之日起應即發生效力，一律遵守，特此廣告。③

隨著北洋政府逐漸收回東清鐵路、南滿鐵道附屬地的管轄權，在東北特別區新成立的鐵路企業也開始創辦報刊，如《西部鐵道管理局報》（月刊，興安省西部鐵道管理局，一九一八年）、《四鄭鐵路局局報》（月刊，奉天四鄭鐵路管理局，一九一八年）、《長春管區鐵道月報》（長春管區鐵道監理官事務局，一九二〇年）等。其中，四鄭鐵路（四平至鄭家屯鐵路）只轄十幾公里線路，也辦報刊，顯見當時鐵路企業的辦報熱情。

另外，由於民國臨時政府剛從清政府手中接管鐵路，處「整頓路政」時期，因此，有的路局還辦有業務指導刊物，如滬寧鐵路管理局於一九一二年二月一日創辦《滬寧鐵路時刻表》月刊。該刊非當下通常所見面向旅客發行的列車時刻表，而是定期印發員工的工作指南，由外籍專家「烈德代車務總管奉命訂」，是該局「車務總管」的「調度指令」。封面標明：「所有從前之一切時刻表一概作廢」，「現在行車時刻以此表為准」。每期有十頁，除後面幾頁的列車時刻表外，前面是各種工作要求和注意事項，如：「各開車人、車守暨各車站員役人等，務須謹慎留心遵守所定時刻，切勿有誤。凡火車行經有車相遇之站或徑行經過之站，其經過鎖閉之各岔道時，無論如何其車行速率，每點鐘亦不得逾十五英里」；再如，「凡開車人於停車時運用汽車（引者按，指蒸汽為動力之火車）上之樞紐杆或扳轉握住，務須合度。」等等。④

■ 鐵路公報名稱的由來

一九一三年底，交通部路政司發佈電

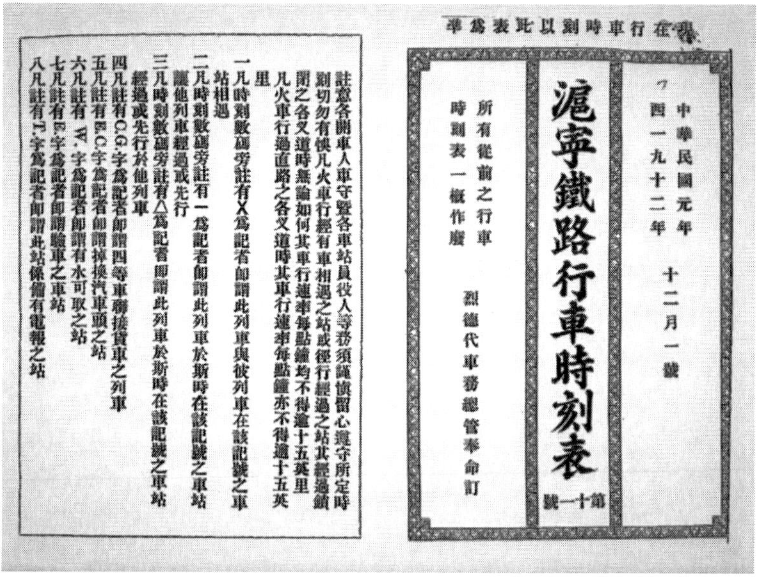

現在行車時刻以此表爲準

中華民國元年 十二月一號
西一九十二年

滬寧鐵路行車時刻表

第十一號

所有從前之行車
時刻表一概作廢

烈德代車務總管奉命訂

註意各開車人車守暨各車站員役人等務須謹慎留心遵守所定時刻切勿有悞凡火車行經有車相遇之站或徑行經過之站其經過鎖閉之各叉道時無論如何其車行速率每點鐘均不得逾十五英里

凡火車行過直路之各叉道時其車行速率每點鐘亦不得逾十五英里

一凡時刻數碼旁註有X爲記者即謂此列車與彼列車在該記號之車站相遇

二凡時刻數碼旁註有一爲記者即謂此列車於斯時在該記號之車站讓他列車經過或先行

三凡時刻數碼旁註有△爲記者即謂此列車於斯時在該記號之車站經過或先行於他列車

四凡註有C.G.字爲記者即謂四等車聯接貨車之列車

五凡註有E.C.字爲記者即謂掉換汽車頭之站

六凡註有W.字爲記者即謂有水可取之站

七凡註有B.字爲記者即謂驗車之車站

八凡註有T.字爲記者即謂此站係備有電報之站

▲由滬寧鐵路管理局車務部門為行車人員編印的《滬寧鐵路行車時刻表》。

令，要求「局報應於一月一日（引者按，一九一四年）起一律改稱公報，仍冠以本局局名」，並在前面冠以「交通部直轄」幾個字。⑤當時交通部直轄鐵路計有十七條線（表一），基本都辦有公報。據查，這是中國鐵道系統歷史上第一次關於辦報刊的統一規定。

我國歷史上的所謂「公報」，產生於民國成立前後，是由古代的官報沿襲而來。辛亥革命時，武昌軍政府發行《中華民國公報》；南京臨時政府成立，又發行《臨時政府公報》；待正式政府成立，乃由印鑄局仿照《內閣官報》，擬定《政府公報》條例及發行章程。由此，「民國以來，事務日繁，部有部公報，省有省公報，一省之內，廳局又各有公報」，⑥辦「公報」呈一時之盛。

鐵路系統的官辦體制決定了它也不能免俗，所辦報刊亦稱「公報」，如著名報學家戈公振所謂：「亦時勢所要求也。」

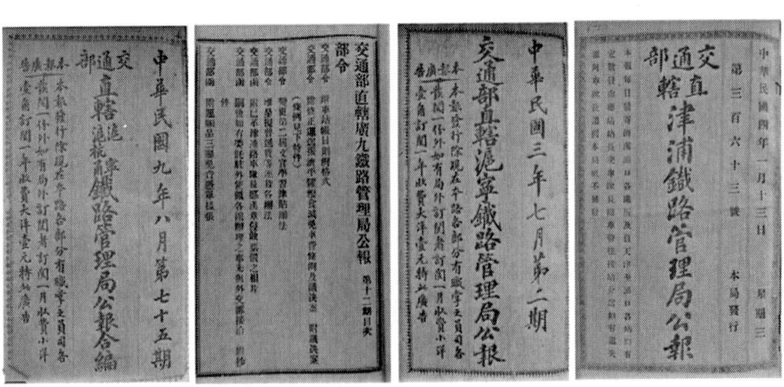

▲中國近代第一批由北洋政府交通部統一名稱的官辦公報封面及版式。

由此，公報作為鐵路企業報刊的名稱沿用了二十來年，直到南京國民政府鐵道部為區別於部辦公報，而將路局報刊統一更名為止。但在後來的歷史時期，即使中華人民共和國成立前後，大陸鐵路企業報刊還不時地以公報之名出現。熱衷於此，顯然是為顯示其正統出身及體現其權威性。

於是，從一九一四年一月一日起，除路局名稱有別外，各報刊名稱全部統一，如：《交通部直轄京漢鐵路管理局公報》、《交通部直轄津浦

表一、交通部直轄鐵路一覽表

路別	名稱	所在地
漳廈	管理局	廈門
廣三	管理局	廣州
滬楓	管理局	上海
株萍	管理局	醴陵
廣九	管理局	廣州
道清	監督局	新鄉
吉長	管理局	長春
附張綏	附京張局內未立局	北京
京張	管理局	北京
正太	監督局	石家莊
滬寧	管理局	上海
津浦	管理局	天津
京奉	管理局	天津
京漢	管理局	北京
同成	總公所	北京
浦信	總公所	北京
附汴封	隴秦豫海附汴封段	鄭州
隴秦豫海	總公所	北京
粵漢川	總公所	漢口

注：摘編自《交通部直轄京漢鐵路管理局公報》，民國三年三月第三三三號。

鐵路管理局公報》、《交通部直轄滬寧鐵路管理局公報》、《交通部直轄廣九鐵路管理局公報》等。其後幾年，對名稱的要求就不嚴格了，如：京奉鐵路管理局的局報名為《京奉鐵路公報》、株萍鐵路管理局的局報稱為《株萍鐵路管理局月報》等。

各路局的公報都登記註冊：「中華民國郵政局特准認為新聞紙類」。除內部贈閱外，公開向社會發行，但不零售。其發行辦法如《交通部直轄滬寧滬杭甬鐵路管理局公報合編》（月刊）廣告所載：「本報發行，除現在本路各部分有職掌之員司各發閱一份外，如有局外訂閱者，訂閱一月收費小洋一角；訂閱一年，收費大洋一元。」⑦

因其具有公文的屬性，所以對內部發行有嚴格的規定，如《交通部直轄津浦鐵路管理局公報》每期封面都刊文稱：「本報每日發寄濟南、浦口各處所及自天津至浦口各站均有定數。發由總站站長交車隊長隨車帶往，挨站分送。如有遺失，應向車隊長追問，本局概不補發。」這一發行規定，在公報歷史上貫徹始終且不斷補充強化。

根據現有資料，除京漢路、津浦路的公報是日刊外，其餘多為月刊。個別也有週二刊、旬刊。日刊一般每期四頁八版，月刊則有二十幾頁五十版上下。據目前所見，只有《京奉鐵路公報》和《交通部直轄滬寧滬杭甬鐵路管理局公報合編》有目錄且有導讀頁碼；《交通部直轄津浦鐵路管理局公報》等少數幾種只有目錄；大多數公報，則既無目錄也無導讀頁碼，將各類文稿依序堆砌，今天讀來不勝其煩。負責編輯公報的部門，有編查處（課）、公報所等，各路不一樣，交通部並未做統一規定。有的公報在欄目下，特別標明編輯員的姓名，以示分工負責。

早期公報的內容及特點

當時政府公報的體例，大致可分為：

（一）法律，由國會議決經大總統命令公佈之一切法律屬之；（二）命令，大總統命令、軍令、及國務院令、各部院令屬之；（三）佈告；（四）公文，京內外各官署呈文、諮文、諮呈、公函等屬之；（五）批示；（六）公電；（七）通告；（八）判詞；（九）外報，……；（十）附錄，凡不屬於上列各類之文件屬之。⑧

交通部仿政府公報以上模式，結合鐵路的具體情況，合併、縮減欄目——如，將「法律」併入「命令」欄——確定了路局公報的編排體例。其具體欄目和主要內容，以《交通部直轄京漢鐵路管理局公報》為例，可窺全豹：

命令：大總統或交通部門首長任免令、重要事項批覆及法規，如「中華民國二年十二月二十九日大總統令：任命葉恭綽為交通部路政局局長、龍建章為交通部郵傳局局長。」（第一七四號）

局令：本局關於業務、人事等日常經營管理事務的指示、規定，如「飭六十八號：為飭知事，茲派該員試充總務處文書課二等書記，酌支月薪三十元。仰即遵照此飭。」（第三三二號）

公牘：本局向上級呈報的公文和下發各處的公函，如「總管理處詳路政局函：詳為查明大灰廠添築支路並無改線事」，又如「總管理處批易懷遠詳：為籌議罰辦棧夥登車攬客辦法事。」（第三三三號）

局務：本局內部獎懲等方面的簡訊，如「定州二等警陳松林在車內撿獲皮包一個交還失主具領，遇事尚屬留心，准記功一次，以示鼓勵。」（第三三六號）

選錄：本局重要人物的活動和演講等內容，如〈張調查課長唐副段長乃倉赴日本北海道視察枕木旅行筆記〉。（第三三四號）

雜錄：同本局相關的一些沿線消息，如「鄭州本月初旬雨澤霑足，蝗蟲頓滅，瘟疫亦退，米價因之一跌。」（第三三五號）

各路局公報的版面格式、欄目設置基本一致，只因刊期不同而有內容多寡之區別。可能囿於條件，公報沒有圖片。一些路局的公報還有附張，刊載〈列車時刻表〉以及反映幹支線開工、竣工、里程、車站數量等方面的表格。

綜合言之，此時期路報的內容，凸顯如下幾個方面的特點：一是各種「命令」位置突出，且佔據公報很多篇幅。公報的命令分為「大總統令」、「部令」、「局令」。以「命令」的方式發佈工作指示，是鐵路企業區別其他類型企業的一個顯著特點。這一方面是因行業的特殊性所致。由於鐵路運營對各環節在時間等方面的要求十分嚴格，需要極其嚴密的類似軍隊的組織形式。另一方面，民國初期是軍人當政，可謂軍政府；處於軍閥混戰狀態中的鐵路，是戰爭工具；一些路局的局長也都是軍人出身或為現職軍人。大概這些因素再加上引進蘇俄鐵路管理模式，就是導致中國近、現代鐵路實行軍事化管理的淵源。

但有的公報上，以大總統和交通部長名義簽發的一些命令，往往與本企業並沒有直接關係。例如，《交通部直轄滬寧鐵路管理局公報》在第二期就刊載了——〈大總統策令交通總長呈據秘書李杜芳等辭職照準令〉、〈大總統策准交通總長呈請任命劉洪禧等為秘書照準令〉、〈大總統策令交通總長呈擬秘書劉洪禧等敘列四等照準令〉等——十來條與路局無關或關聯不大的命令。有的路局則有選擇地發佈命令，如《交通部直轄京漢鐵路管理局公報》就以發佈局令為主；而《交通部直轄津浦鐵路管理局公報》則採取變通方式，將命令稱為部文、局文，少些居高臨下、強悍的命令味道。

二是頒佈各種整飭路政的規章制度多。例如〈各鐵路客貨票價概收大洋修改規定辦法〉、〈修改軍用執照條例〉、〈鐵路職員服制規則〉、〈官吏犯贓治罪條例〉；⑨另如〈交通部直轄京漢鐵路局職制草案〉和京漢路定崗定編的〈機務處全路機器廠人員職稱額數表〉、〈津浦鐵路全路警備隊現行編制調查表〉；⑩再如〈中華國有鐵路客車運輸通則〉、〈交通部訂定公務電報規則〉等等。⑪連篇累牘地刊載各項規章制度，意在建立正常運營秩序。這些內容成為記載鐵路企業管理發展史的重要組成部分。

三是由於民國初期尚處軍閥混戰、盜匪橫行、社會動盪的歲月，因此鐵路經常發生的掘毀路基、盜竊鐵軌、運轉混亂、跌傷摔死的報導，和如何處置這些問題，以及與各方軍閥周旋的公牘，成了公報的重要內容，如《交通部直轄廣九鐵路管理局公報》（月刊）竟每期都有固定的幾頁〈本路軌道、橋樑、電杆暨各項設備損失詳明表〉和〈本路行車事變報告表〉。由於軍閥爭鬥的雙方都要利用或破壞鐵路，鐵路局夾在其中，無奈之間也經常刊載致粵、桂、滇軍閥的函件，懇求通融；甚至發表〈本路宣佈中立之辦法〉，將為築路貸款的英國領事搬出來為其交涉，申明「定廣九全路為中立區域」，「只載客貨不載軍實炮械」，「無論任何方面皆不能強迫本路代運軍隊，但在二十人以內及卸載武裝者不在此限」。⑫

此外，公報還開始出現「廣告」這種傳播形式。公報篇尾往往設「廣告」欄，刊載如「京漢鐵路新店車站雞公山旅館開辦廣告」、「京漢鐵路取用交通湘行鈔票擬定價值廣告」等。⑬所謂廣告，是為了某種特定的需要，通過一定形式的媒體，公開而廣泛地向公眾傳遞資訊的宣傳手段。現代人們說到廣告，往往同推銷商品和服務的商業廣告聯繫在一起，其實這是狹義的廣告。上述公報所發廣告，前者即同現代的商業廣告，而後者則為「廣而告之」的內部通知。由於商品經濟和意識落後，再加上資訊傳遞手段缺乏，所以公報刊佈更多的是後者——廣義的廣告。說明公報還有將與員工日常生活緊密相關的事項「廣而告之」的作用。

有時，公報在通常設廣告的位置還闢有傳單欄目。辨其內容，發現是路局下屬處、課一級發佈通知、通告的園地，顯示「廣告」與「傳單」的應用區別。

綜上所述，由於鐵路企業的官辦性質，決定了中國鐵路企業報刊的官辦公報屬性。創辦初期的公報具有鮮明的時代特徵，內容基本是上指下派的鐵路行政公文，內部橫向溝通的資訊還很微弱。儘管辦得不免粗糙、幼稚，但卻是無法逾越的歷史「通病」。官辦鐵路企業報的版幅、刊期、內容和風格，在各階段雖曾多次變化，但它創辦之初確立的這一屬性和發行方式，在民國期間保持始終。正是從此出發，官辦鐵路企業報刊開始其百年發展的歷程。

注釋

①〈孫中山先生在歡迎會上的演講辭〉，《鐵道》（上海），民國元年十月十日，頁十三。
②戈公振，《中國報學史》（北京：三聯書店，一九五五年），頁一七八、一九八。
③《京張張綏鐵路管理局公報》（北京），民國四年一月十三日，封面。
④〈注意〉，《滬寧鐵路行車時刻表》（上海），民國元年十二月一日。
⑤〈廣告〉，《交通部直轄京漢鐵路管理局公報》（北京），民國三年一月三日。
⑥戈公振，《中國報學史》，頁五九。下段引文出處相同。
⑦〈本報廣告〉，《交通部直轄滬寧滬杭甬鐵路管理局公報合編》（上海），民國九年八月。
⑧戈公振，《中國報學史》，頁五九。
⑨《交通部直轄滬寧鐵路管理局公報》（上海），民國三年七月。
⑩《交通部直轄京漢鐵路管理局公報附張》（北京），民國三年七月十五日；《交通部直轄津浦鐵路管理局公報附張》（天津），民國四年一月九日。
⑪《京奉鐵路公報》（北京），民國九年十一月上旬。
⑫〈本路宣佈中立之辦法〉，《交通部直轄廣九鐵路管理局公報》（廣東），民國九年十月，頁二三。
⑬《交通部直轄京漢鐵路管理局公報》（北京），民國三年七月十五日；七月十六日。

第五章　北洋政府交通部頒令改良公報

■ 統一體例，初立路報模式

交通部路政司於一九一三年底的電令，雖使官辦鐵路企業報達到名稱上的統一，然而其內容卻並無變革。儘管有的路報也聲稱藉此要「於是年起大加改良」，但措施也僅是「參用各號鉛字以期醒目豁閱」等一些表層工作，①報刊並無實質變化。交通部路政司編譯處，雖是公報當時的主管部門，卻缺乏對路報的管理和指導。它雖經常致函各報，也僅是向各報推薦「通稿」和「產品」，如「道華譯員所譯歐戰後德國之鐵路界一篇，請登局報，由譯件登附錄類」，又如「前審訂鐵路法規會議決草案業由本處刊印成書……，因各路人員亟欲先睹為快，特提出百部出售，請貴局刊登公報，俾眾周知。」②

處於初期階段的鐵路企業報刊，儘管類似於公文彙編，但對於交通部對直轄鐵路實行統一管理，對鐵路企業內部上情下達、指揮經營，當時還是發揮了其他手段無法替代的作用。這也正是交通部統一路報名稱、各路局紛紛創辦報刊的動因。然而，隨著鐵路交通事業的發展，這種狀況已不能滿足需要。

一九二〇年十月二十二日，以交通總長葉恭綽名義簽署的第一九七七號交通部訓令，拉開了鐵路企業報刊歷史上第一次對後來影響較大的改革大幕，路報開始發生從形式到內容的較大變化。

交通部訓令列舉了現存公報的弊端，提出了改革的具體措施：

> 查近來各路公報多以陳舊之命令、文牘充塞篇幅，而關於統計之圖表，營業之狀況研究資料之轉多闕略，亟應認眞改良，以新耳目。除由本部另訂公報格式一紙頒發各該路，以歸一律外，為此令仰各該路查照，務以切實改良，不求篇幅多寡，舉凡關於興革事項、營業收入及重要公牘或應公佈事

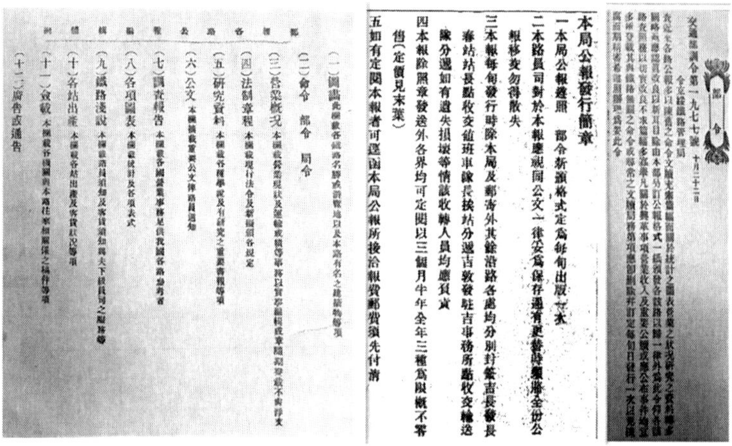

部令

交通部訓令第一九七七號　十月二十二日

本局公報發行簡章

一本局公報遵照　部令新頒格式定為每旬出版一次

二本路員司對於本報應視同公文一律妥為保存遇有更替時須將全份公報移交勿得散失

三本報每旬發行時除本局及郵寄外其餘沿路各處均分別封箋由吉長發長春站站長點收交值班車隊長挨站分送吉敦發駐吉事務所點收交輪送隊分送如有遺失損壞等情該收轉人員均應負責

四本報除照章發送外各界均可定閱以三個月半年全年三種為限概不零售（定價見末葉）

五如有定閱本報者可逕函本局公報所接洽報費郵費須先付清

部頒各路公報編輯體例

(一)圖畫

(二)命令　部令　局令

(三)營業概況

(四)法制章程

(五)研究資料

(六)公文

(七)調查報告

(八)各項圖表

(九)鐵路淺說

(十)各站出產

(十一)紀載

(十二)廣告或通告

▲自右至左：北洋政府交通部改良公報訓令、統一發行簡章、部頒編輯體例。

件，均宜多所登載。其與鐵路無關之命令或尋常之文牘、局務等項，應即刪除。並訂定每旬日發行一次，以免陳腐而期精審。希遵照辦理為要。此令！③

為配合訓令的落實，交通部於十月二十五日又頒發《部頒鐵路公報編輯體例》，詳細規定了欄目設置和所載內容：

（一）《插畫》。此欄載各鐵路名勝或遊覽地以及本路有名之建築物等項。
（二）《命令》、《部令》、《局令》。
（三）《營業概況》。本欄載營業現狀及運輸成績等車務，以實事編輯成章，隨期登載，不尚浮文。
（四）《法制章程》。本欄載現行各法令及新擬頒各規定。
（五）《研究資料》。本欄載各種學說及有研究之重要書報等項。
（六）《公文》。本欄摘載重要公文，俾路員周知。
（七）《調查報告》。本欄載各國營業事務足供我國各路參考者。
（八）《各項圖表》。本欄載統計及各項表式。
（九）《鐵路淺說》。本欄載路員須知及客貨須知，與夫下級員司之服務等。
（十）《各站出產》。本欄載各站出產及客貨狀況等項。
（十一）《僉載》。本欄載各機關與本路來往相關係之稿件等項。
（十二）《廣告或通告》。④

同時，還頒佈了全路統一的《公報發行簡章》五項：

（一）本局公報遵照部頒格式每旬出版一次。
（二）本路員司對於本報應視同公文，一律妥為保存；遇有更替時須全份公報移交，勿得散失。
（三）本報每旬發行時，除本局及郵寄外，其餘沿路各處均分別封簽發車站站長點收，交值班車隊長挨站分遞；如有遺失、損壞等情，該站長、車隊長均應負責。
（四）本報此次改良，除照章發送外，各界均可定閱，以三個月、半年、全年三種為限，概不零售。
（五）如有定閱本報者，可逕函本局公報所接洽，報費郵費須先付清。⑤

為遵部令做好公報發行，各局又專門發出訓令，要求：

承辦輸遞公報人員，對於本報尤宜慎重將事，逐站送達，不得疏忽遺失。除將該簡章登報公佈外，合亟抄錄一份令發該處，查照轉知所屬員司（轉飭各站站長及該車隊長暨及車務各員司）一體遵照。

《公報發行簡章》在早期公報的基礎上，進一步強化了報刊的公文性質。同時，明確路外可以訂閱，擴大了報刊和鐵路的影響，後來各報都將此刊載在每期的扉頁，成為公報的模式之一。

交通部除統一了公報編輯體例、欄目設置、刊期、發行辦法之外，還統一了以下三事項：

統一名稱：刊名稱為《鐵路公報○○線》，如《鐵路公報・津浦線》、《鐵路公報・膠濟線》、《鐵路公報・吉長線》等等；

統一版幅：均為十六開本，書冊型式，每期四○版上下；

統一封面：彩印封面，刊名居上端，下為本局所轄線路圖。

為實現以上改革措施，交通部還要求各路局建立起自己的印刷所，改變了有的路局委託路外印刷的局面，為報刊的正常出版提供了物質條件。

由於鐵路體制中，除幹線路局以外，還有支線路局和工程局，經營業務輕重緩急有所區別。

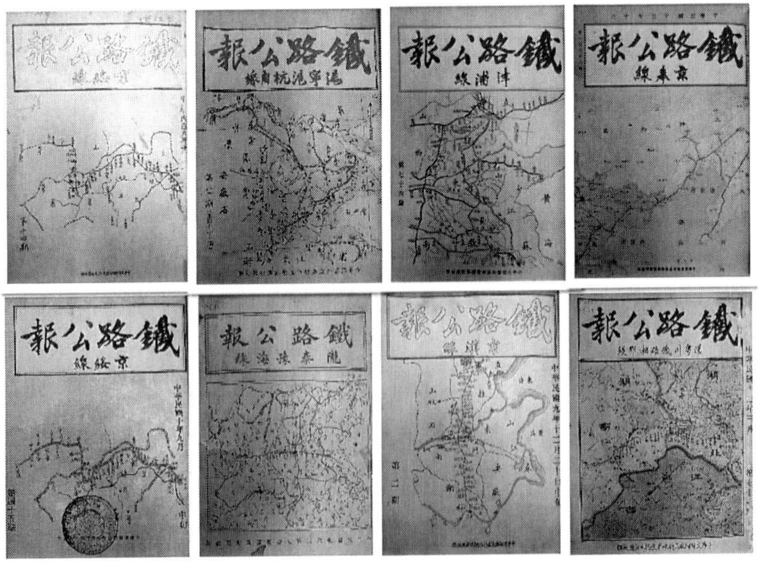

▲按北洋政府交通部訓令改良後的《鐵路公報》。

因此，此次公報改革，規定廣九等支線和漢粵川鐵路湘鄂段等工程局公報的刊期為月刊。

■「改良」後的鐵路公報

自交通部訓令頒佈後，一場涉及全路的企業報刊改良立即展開，成果陸續登台。

滬寧滬杭甬鐵路局接到訓令時，「九月份公報尚未編竣，即自九月份起改照部頒體例編輯發行」《鐵路公報・滬寧滬杭甬線》，⑥因此，成為第一份於一九二〇年十月就改版的鐵路公報，並於改版後重新編為第一期。緊接其後的是《鐵路公報・京綏線》（一九二〇年十一月）、《鐵路公報・京漢線》（一九二〇年十二月）。其餘各鐵路企業報，均在一九二一年初開始，紛紛宣佈從即日起改版。

「遵照部令新頒格式」面世的鐵路企業報，從形式到內容都發生了較大變化。彩色的封面和新增刊首幾頁圖片，使報刊顯得比較美觀，改變了一團鉛字的面貌。改革之初，除《鐵路公報・滬寧滬杭甬線》的封面為彩印外，其餘各報封面均為單色印刷，直至一九二一年中，全路公報才都換成彩印。

以《鐵路公報・京漢線》為例，改版後的第一期各欄目具體內容如下：

圖畫：徐（世昌）大總統肖像；葉（恭綽）總長肖像。

命令：四則（略）。

部令：十七則（略）。

局令：委任闓兆啟充工務處核算課課長、慕昌洛充總務處地畝課課長由；調令夏昌熾充京漢鐵路漢灄地務處處長由；訓令王福齡前往周口店調查分配各商車輛由；訓令車務、警察處長遵照部令遣送難民期限展限一個月由；訓令各處編後對保人員務在單上署名，已經存案保單本應一律查封由；訓令車務、警察處通飭各站遇有災民下車，隨時通知

表二、公報改良前後對比一覽表

期間	名稱	刊期	欄目設置	編輯部門
一九一四 至 一九一九	交通部直轄 ○○鐵路 管理局公報	月	命令、局令、公牘、局務、選錄、雜錄	編查處（科、課）、公報所
一九二○ 至 一九二八	鐵路公報 ○○線	旬	插畫、命令（國、部、局）、營業概況、法制章程、研究資料、公文、調查報告、各項圖表、鐵路淺說、各站出產、僉載、廣告或通告	編查（譯）課、文書課

地方官或附近警區設法安排由；訓令王潤貞回車務處看車練習所所長履差由；訓令各處頒發本局公報簡章五條，希即查照並轉飭所屬員司一體遵照由；指令警察處信陽巡警查獲無主銅圓送交會計處查收由。

警察處訓令：五則（略）。

營業概況：京漢鐵路九年十月（一九二〇年十月）上旬、中旬營業概數。

法制章程：交通部附教工賑會計規則；京漢鐵路漢濔地畝處編制規則；中華國有鐵路客車運輸通則。

研究資料：日本鐵路車務管理法。

公文：呈文兩則：呈部具陳疏通南段積貨支配車輛辦法文，呈部呈報刊發漢濔地務處鈐記文；公函四則：函警察處警務總分段辦事機關定為辦公處由，函車務處查照滄石工人運糧食油煤各項減免車費辦法由，函會計、車務處部電前頒車站帳目則例改於十年七月一日實行由，函工務處准闢保定站便門俾使貨捐局查貨由；傳單三則：車務處傳單第二十六號，車務處商務通飭第四十三號車務處內務通飭第一百零六號。

調查報告：日本鐵路之新計畫。

各項圖表：京漢鐵路民國六七八三年統計表，交通部路政司編國有鐵路營業進款概數旬報表。

鐵路淺說：鐵路須知。

各站出產：北京前門站。

僉載：京漢鐵路巡警教練所開學正副局長訓詞，管理東省鐵路續訂合同暨附件，交通部通告二則，廣告四則。

從改刊後的路報整體看：插圖大多數是本路沿線圖片，如《鐵路公報・京奉線》刊載通縣燃燈佛舍利塔、錦州廣濟寺塔、奉天西塔。命令、部令，其中與企業關係不大的大總統令，從過去的動輒十幾則，改為每期幾則；部令，也有選擇地刊出。營業概況、各項圖表是新增欄目，反映企業經營狀況，是企業報應有的職能。儘管以報表形式呈現，版面上顯得呆板，但對企業瞭解一旬的營業狀態，及時發現問題，掌握經營是十分必要的。研究資料和調查報告，使路報開始具有學術研究的功能，如《鐵路公報・京奉線》第一期的研究資料刊載了〈分段制與分處制鐵路組織之比較〉、〈車輛之記錄及其統計〉、〈增加貨車載貨之方法〉等三篇文章。鐵路淺說和各站出產主要是面向社會讀者，對人們瞭解鐵路、利用鐵路，促進鐵路的經營，以及推動鐵路沿線經濟發展，顯然將產生積極的影響。

改刊後，路報的版幅一般在二百頁上下。由於版面的增加，容納更多的官方資訊成為可能。原來還只是零星披露的關於歷史上修路借款、還款的資訊，就經常詳細地刊諸報端，例如《鐵路公報・廣九線》第九期載交通部指令第二七八二號稱：「該路本年上半年應付中英公司借款利息行用酬金共計英金三萬七千四百二十八鎊六先令十本士，前項利息及行用酬金業於本年五月二十三日由京奉路局按照每先令四本士做津平銀二十二萬四千五百七十兩零五分，每銀六錢八分四厘做銀元一元，其合銀元三十二萬八千四百十八元七角八分如數墊付前項墊款，除俟京奉路局列批報部再行轉帳外，合計令仰該路查照此令。」

類似這樣的文字，雖留下珍貴的歷史資料，但其瑣碎的業務描述充斥版面，反映出當局首先還是將公報視作上情下達的工具，凸顯了當時公報的公文性質。尤其，此時期的鐵路企業報整體上看整齊劃一，蔚為壯觀；但由於各報基本都按《編輯體例》的要求設置欄目，連編排順序都一樣，每期等於做「填空題」，因此也暴露出千報一面，缺乏個性特色的問題。

不管怎樣，此次較為系統的改革，明顯增加了與本路運營業務相關的內容。多達十幾個欄目，使其內容從路內延伸到沿線，從內部業務擴展到客貨關係，從應知應會提升到學術研究，報導面更加廣泛。實際上已開始突破公報的基本屬性，為後來路報逐步雜誌化鋪墊了道路。

■ 多種類型報刊並存局面初步形成

北洋時期，還誕生了一些由國有鐵路企業創辦的其他類型報刊。

自有鐵路以後，火車成為人們商旅出行的最快捷工具，促進了旅遊業的興起。清朝末期，處經濟相對發達地域的上海，商旅活躍，滬寧鐵路公司進行社曾於一九〇八年九月辦過主要以旅客為讀者對象的《旅客》週刊，又名《旅客星期報》，欄目有社論、選錄、記事、小說等，一九一一年（宣統三年）停刊。該報還在一九一〇年十一月增刊《通信晚報》，宣稱其宗旨為：「捷便確實，補各日報所不及，亦並以集各日報之精粹。可省時節力，可作茶前酒後之談笑資。」⑦從該報曾走出一位後來聞名上海灘的新聞人郭步陶（一八七九—一九六二年）；他就是從《通信晚報》見習編輯起步，由此進入新聞界，而後任《新聞報》、《申報》主編多年。其撰寫的《編輯與評論》一書，於一九三三年出版，被稱為中國近代第一部新聞評論學專著。

隨著鐵路建設的發展，各路局抓住此商機，在辦公報的同時，陸續辦起以「宦途與商事」旅客為讀者對象的報刊——旅行指南，如《京漢旅行指南》（一九一三年）、《京奉鐵路旅行指南》（一九一三年）、《津浦鐵路旅行指南》（一九一四年）、《廣九鐵路旅行指南》（一九一六年）、《京綏鐵路旅行指南》（一九一六年）、《滬寧滬杭甬鐵路旅行指南》（一九一八年）等。

從此，鐵路企業報刊一類新的品種誕生。

以《津浦鐵路旅行指南》為例，創刊序言寫道，「京漢京奉兩路皆有旅行指南之刊，津浦則敷設較近，去年始開通車。補苴罅漏，諸務未遑。自職制大定，事有專屬，爰開始調查，依次編錄，……時閱一年。」「按本路軌線內，以岱廟、聖林為最著，連鑠中外，輝照古今；……各站亦取其最要者，綜比連貫，並列於篇。」「效用則綿延二千餘里之地縮之於懷袖間。可以作學問之良資，可以作事業之盛准，可以作宦途商事之一切輔助。」⑧其主要內容如下：

一、津浦鐵路載客及運貨章程價目摘要；二、京漢京奉京張津浦滬寧五路聯絡載運搭客行李及包件章程；三、津浦鐵路客車餐點煙

▲各鐵路管理局編印發行的旅行指南。

酒價目單；四、津浦鐵路各圖；五、津浦鐵路時刻表；六、津浦鐵路里程及客票價目表；七、津浦鐵路小史；八、天津；九、境域；十、地面；十一、天津總站。之後為天津西站至南京的各站點介紹，包括：名勝古蹟、自然風光、風土人情、物產和廠家、旅館戲院、酒肆茶樓等。極具趣味性、知識性，儼然一冊商旅客人必備的旅行百科全書。該刊還特意強調其「例式則規仿京漢者為多」。看來《京漢鐵路旅行指南》可能是該種刊物首創者，其體例為後來者所效法。

至一九二〇年前後，隨著「年來汽車之路日擴，各鐵路局皆奉部長之令編制旅行指南陸續出版」。⑨本來是各路局自發的舉措，如今得到交通部的認可，變為部長的一道命令。於是，沒有此類刊物的路局紛紛遵命行動，就連附設在漢粵川鐵路管理局的湘鄂線工程局也辦起《漢粵川鐵路湘鄂線簡便旅行指南》（一九二一年）。從此，全國國有各路局都有了自己的旅行指南，至一九四九年前一直刊行。

創辦旅行指南是為促進鐵路運營服務，因此除由辦公報的總務處編譯（查）課、文書課編輯外，還有的路局是由負責運營的車務處編輯，每期三、四百頁，圖文並茂。由於鐵路具有傳遞資訊廣泛且迅速的優勢，因此旅行指南招登了很多各類廣告，各路報紛紛為其做宣傳，如《鐵路公報・京綏線》的「本路旅行指南照登廣告」文稱：

查本路屏障京師，綿亙綏庫，居庸關翠巒八達天登，湯山之溫泉毗其旁，大同之石佛巍其跡，考古者負笈爭遊，攬勝者揭裳恐後。益以物產之富，每為他地所無，貿易之家亦較他處為盛，然以購物者初臨其地，恒有望門無投止之階，售物者待價而沽尤苦，撫物乏問津之歎。推原其故，實由無廣告之介紹以通其聲氣，無貨價之標明以供其揀擇。本路前為便利中外遊人起見，特編京綏鐵路旅行指南一書，續版再三，立時告罄，擬增加材料續行出版，更為遊客購物及商家售物利便起見，增添廣告一欄。凡沿本路各鎮市各商鋪及其他處各店戶，願登廣告以廣招徠者，其速到京綏鐵路管理局編譯課接洽或來局面商。⑩

它們不定期刊行，根據線路、站點、時刻、價目等變化而隨時修訂再版。《京漢鐵路旅行指南》至一九一五年夏月，就已發行第六版，半年左右一期。其他，一般以半年至一年左右為限。隴海鐵路管理局鄭州河南段，還辦過英文版的《隴海線旅行指南》。

這些旅遊指南類的刊物，不僅為路局帶來客（貨）源和廣告收入，還促進了旅遊事業和沿線地區的經濟、社會、文化等方面的發展。

另外，還有一些其他類型的鐵路報刊，如：天津京奉鐵路管理局機務處技術員學會創辦的《京奉鐵路機務處技術員學會會刊》（月刊，一九二六年）等專業性報刊、奉天（瀋陽）四洮鐵路管理局同人協進會創辦的《四洮鐵路同人協進會季刊》（一九二六年七月至一九三一年六月）等同人刊物也開始出現。由一些鐵路局工會在工潮中創辦的油印工人報刊也嶄露頭角，如：漢口京漢鐵路總工會辦的《京漢罷工日報》（一九二三年二月八日）、張家口京綏鐵路總工會辦的《工人三日刊》（一九二五年五月一日）等。這些類型的報刊尚處於萌芽狀態，數量很少；進入民國南京政府時期後，有了長足的發展。

由此，在北洋政府時期，鐵路企業報刊從首批官辦公報破土而出，逐步改進，開始突破公報的基本屬性，促進了鐵路報刊的發展，並為後來路報逐步雜誌化鋪墊了道路。到後期，初步形成了以官辦鐵路企業報為主體，官商合辦、外資鐵路企業報和其他類型報刊並存的報刊品種比較齊全的局面。尤其是，通過實踐和改良，實際上已奠定了路報的基本體例，並作為後來長時期基本不變的模式，成為考察、瞭解民國期間鐵路企業報刊基本形態、狀況的指南。

據筆者不完全統計，在一九一二年至一九二七年間，有名可查的各類鐵路企業報刊已達八十餘種。伴隨中國鐵路建設的第一個高潮，鐵路企業報刊雪崩似湧現，形成了中國鐵路企業報刊史上的第一個繁榮期。

注釋

①〈廣告〉，《交通部直轄京漢鐵路管理局公報》（北京），民國三年一月三日。
②〈公牘〉，《交通部直轄滬寧滬杭甬鐵路管理局公報合編》（上海），民國九年八月。
③〈部令〉，《鐵路公報・京綏線》（北京），民國九年十一月十日，頁五。
④〈部頒各路公報編輯體例〉，《鐵路公報・滬寧滬杭甬線》（上海），民國九年九月十日。
⑤〈本局公報發行簡章〉，《鐵路公報・京漢線》（北京），民國九年十二月十日。下段引文出處與此相同。
⑥〈附啟者〉，《鐵路公報・滬寧滬杭甬線》（上海），民國九年十月。
⑦馬光仁主編，《上海新聞史（一八五〇—一九四九）》（上海：復旦大學出版社，一九九六年），頁三七八。
⑧〈津浦鐵路旅行指南序〉，《津浦鐵路旅行指南》（天津），民國三年。
⑨〈湘鄂線簡便旅行指南序〉，《粵漢川鐵路湘鄂線簡便旅行指南》（武昌），民國十年。因火車係以蒸汽為動力，故當時人們亦稱之為「汽車」。文中所說「汽車之路」即指鐵路。後文將介紹的民營開豐鐵路，其名稱竟為「開豐汽車公司」。
⑩〈通告〉，《鐵路公報・京綏線》（北京），民國九年十一月，頁六一、六二。

第六章　北伐戰爭期間鐵路報刊的兩枝奇葩

■ 黃士謙與《津浦之聲》、《漢平新語》

一九二六至一九二八年的北伐戰爭期間，中國鐵道建設的步伐停頓，戰火波及之處，鐵路設施遭到嚴重破壞，正常運營秩序無法保證。自民國初年興起的鐵路企業辦報活動進入低潮，全國新辦鐵路報刊幾為空白。除北方由北洋政府交通部所轄的路局和東北路局仍繼續刊行企業報外，南方原有的幹線鐵路企業報在戰爭初期大多停刊，至北伐戰爭後期，才陸續有復刊和創刊的新路報出現。

北伐軍攻克南京後，於一九二七年四月成立的國民政府交通部組織恢復通車，鐵路企業報也出現轉機，北伐軍佔領區的路局開始陸續辦報，為二次北伐和戰後重建服務。其中，津浦、漢平（原京漢）鐵路是貫通中國南北的兩條交通大動脈，其沿線是北伐的主戰場，《津浦之聲》、《漢平新語》，在北伐的炮聲中遂首先相繼問世。

這兩份路報的創辦，均出自——先後任津浦、漢平鐵路管理局局長的黃士謙——一人之手。黃出身於聞名遐邇的廣西賀州人才大族「蓮塘黃」家族，著名黃花崗烈士黃士韜為其族兄。其早年留學英國格林斯科大學，獲博士學位；回國後曾任平桂礦務局局長、賀縣教育局長、廣西農民講習所教授等職。後任李宗仁秘書，並參加北伐。南京政府成立後，出任交通部參事。一九四八年，黃移居香港經商，成為企業界知名人士。

黃士謙懷著北伐革命的熱情，披一身戎裝執掌兩路，力倡「革故鼎新」。辦兩份路報，意在「提起革命之精神，鼓吹本路之發展」。他為兩刊親撰〈發刊詞〉，痛斥北洋政府交通部主管下的路局公報的弊端，將其譏為「斷爛朝報」，且表示——「幾儕於斷爛朝報之林」——不屑與之為伍，開路局首長議公報弊端、談

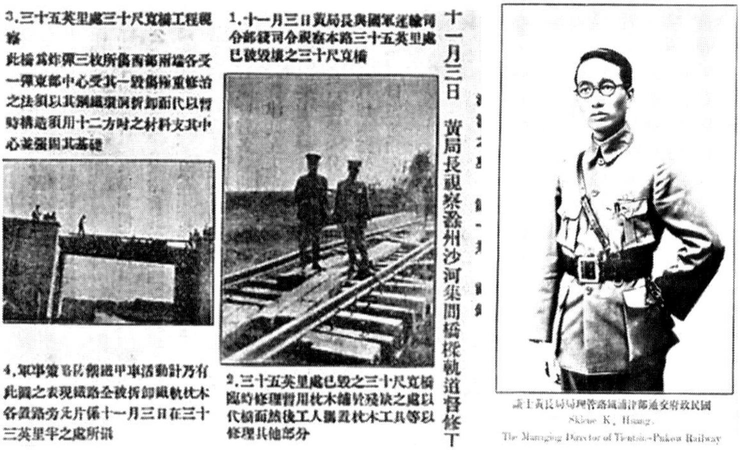
十一月三日 黃局長視察滁州沙河集間橋樑軌道督修工

1.十一月三日黃局長與國軍運輸司令部錢司令視察本路三十五英里處已被毀壞之三十尺寬橋

2.三十五英里處已毀之三十尺寬橋臨時修理暫用枕木鋪於殘缺之處以代橋面然後工人購置枕木工具等以修理其他部分

3.三十五英里處三十尺寬橋工程視察
此橋為炸彈三枚所傷西部兩端各受一彈東部中心受其一毀傷稍重修治之法須以其鋼鐵環與拆卸面代以暫時構造須用十二方吋之材料支其中心並鞏固其基礎

4.軍事破襲敵鐵甲車活動計乃有此圖之表現鐵路全被拆卸鐵軌枕木各置路旁此片係十一月三日在三十三英里半之處所攝

國民政府交通部津浦鐵路管理局局長黃士謙
Skine K. Huang.
The Managing Director of Tientsin-Pukow Railway

▲決心改革公報、創辦《津浦之聲》和《漢平新語》的鐵路局長黃士謙視察被破壞的鐵路圖片報導。

改組公報問題之先河。①他為兩刊的命名，別出心裁，可謂雅緻。自有路報以來的民國期間，均冠以「局報」、「公報」、「月刊」等刊名，《津浦之聲》、《漢平新語》的命名，可謂空前僅有。他大刀闊斧改革公報，使兩刊從形式到內容，均有別於北洋時期的路報，令人耳目一新，為歷來沉悶的鐵路公報叢林，注入一股新風。

實際上，縱觀民國期間鐵路企業報刊的沿革脈絡，路報也始終處於因鐵道管理體制、隸屬關係變化而發生的階段性變動之中。但這種刊名、刊期、體例等的變動，都是由當時的鐵道主管機關自上而下發佈命令導演的，幾乎沒有一個路局獨出心裁，主動變革。因此，長期以來，路報整齊劃一，絕少有個性鮮明的報刊出現，《津浦之聲》和《漢平新語》幾為碩果僅存的孤例。

北伐革命的氣氛和時勢交替間的混亂環境，為銳意改變路報面貌的黃士謙提供了一展拳腳的短暫空隙。研究兩刊可以看出，他同歷史上的民族資產階級革命者一樣，意圖將辦報作為伸張主義，實現個人理想的一個途徑和工具。自主變革路報，可謂煞費苦心。但孤掌難鳴，大勢難以抵擋，隨著黃士謙調離津浦、平漢路局，人走曲終，先後辦的兩刊還是以更名、改刊、恢復原貌收場。

路報奇葩，曇花一現

北洋時期，津浦鐵路管理局設在天津，戰前曾辦有《鐵路公報・津浦線》（旬刊）。北伐軍興，《公報》停刊。當時因天津仍在奉系軍閥掌控之中，南京政府成立後，就將津浦鐵路管理局設到江蘇浦口。在時任局長黃士謙的親自操辦下，《津浦之聲》於一九二八年一月在浦口創刊。

黃士謙所撰的〈發刊詞〉，一掃公報發刊時那種例行公事的官腔和陳腐說教，挾北伐烽火，熱情洋溢地說明了時局背景和刊名的寓意；尤其是通過闡釋津浦鐵路重要性來強調《津浦之聲》的責任，以及對美好願景的憧憬，簡潔生動，是一篇難得一見的路報〈發刊

▲《津浦之聲》及黃士謙所撰〈發刊詞〉。

詞〉，茲轉錄如下：

風雨淅瀝，雷霆炮轟，天之聲也；波濤澎湃，溪泉湍激，地之聲也；車轔馬蕭，雞鳴狗吠，草蟲啾唧，木葉飄搖，動植萬物之聲也。唯人之聲為最靈，歌謠以寄意，笑語以怡情，哭泣以遣愁，叱吒以宣氣。漸晉精微則造音樂以輔助之，七情之態靡不具也，考音浪以傳遞之。千里而外，如覿而譚也。蓄音器以保留之，百世而後，親謦欬也。其超乎象外而入於無聲無臭者，則摛詞摘藻，以渲染之描寫之形容之。萬化所包舉，耳鼓所能及，無孑遺也。大矣哉，人類之聲之為用矣。

歲民十六年（一九二七）十月，余承乏津浦，時軍事方殷，百務殆廢；賴諸同事聲應氣求，相與收拾餘燼，維持殘局。甫兩閱月，而前鋒所至，軫轍複道，局中所編《津浦之聲》亦適以是時出世。

緬維津浦鐵路，發軔乎國都，輟軌於津鎮，北通京兆。京兆本明清舊都，五百年文物典章，胥集於此。以一路而綰轂兩都，其地位重要。雁行之京奉京漢將有歎瞠乎莫及者矣。

運河者，我國兩大工程之一，歷史播為美譚。遐諏傳為盛事。津浦路線，入魯而後，與運河平行；入直而後，沿運河並走。隋唐以還，南北所視為來往孔道轉輸通渠者，自津浦路竣，而與之代興。是故交通史上之盛衰大要鍵也。津浦跨蘇皖魯直，貫江淮河濟，以迄九河。南接滬寧，北聯京奉。其間枝分交錯者，有若浦信隴海膠濟諸路。

以言人文，則曲阜鄒嶧，百代師聖之故居；豐沛鳳陽，漢明天子之潛邸。以言物產，則臨城石炭，淮渦米糧，六安紅茶，正陽竹木，均以是為尾閭。軌帶所及之要又如此。

具此數要，是本路之奉令設施，擬議規劃，經濟狀況，事實調查；內而黨務進行，外而他山借鏡；小而個人理解之抒寫，大而工程機械之發明，蓋不能不匯合多數人之心聲。……揭櫫簡端，以保其特殊本能，而日謀發達。此《津浦之聲》所由起也。

夫物必自小之大，自微之著。他日者路務興盛，人材薈萃，財政充韌，撰述豐富，吾知吾同志與吾將來同志之聲聞，必日增月進而靡有已也。於斯時也，下筆如春蠶落葉，擲地如金韻鏗鏘者，勞形案牘之聲也；持籌握算，會計聲也汽笛嗚嗚，大車鄰鄰，車聲也；隆隆軋軋，鎮日弗停，機聲也；畚鍤畢舉，揮汗如雨，丁丁然，吁吁然，工程聲也；咿唔咕嗶，路員子弟研究三民主義之書聲也；有聲一縷，來自遠方，傾耳聽之，則附路兒童攻讀餘間，遊戲江幹，相與放聲，歌鐵路大成之章也。

猗歟哉《津浦之聲》！美歟哉《津浦之聲》！②

《津浦之聲》由該局秘書處公報編輯室編輯，月刊，十六開本，每期百餘頁，書冊式裝訂；除在路內派發外，面向社會公開發行。北洋時期的路報封面是固定圖案，顯得僵化、呆板；而該刊彩色封面每期更換一幀設計別緻的圖案，則顯得新穎、醒目。另外，該刊首開先例，將孫中山的遺像、遺墨、遺囑置於刊首幾頁。

黃士謙於一九二八年六月調任漢平鐵路管理局長，在與津浦路同仁的〈告別書〉中表白說，曾有「以我們的《津浦之聲》，從浦口叫到天津，直抵黃龍，搗毀張逆（引者按，指張學良）的老家，這才是我們唯一的使命」的宏願；③現突然被中途調離，既有對剛開創的事業的不捨，又有對手創《津浦之聲》的留戀，禁不住發出「壯志未酬」之感慨！

津浦鐵路新局長楊承訓到任後改組局務，呈報交通部批准：在總務處內設編查課編輯室負責編輯路報，取消秘書處公報編輯室；同時，從一九二八年八月第八期始，將《津浦之聲》恢復為北洋時期的舊名《津浦鐵路公報》，封面也改變原來的風格，每期固定為一種圖案。④僅間隔五十天，該局於一九二八年十月又換局長，孫鶴皋上任後也對路報進行改組，將《公報》從第十期（一九二八年十一月二十日）始，改為其他路報均採用的刊期——旬刊，「並為撙節路帑」，將原來用道林紙「易以報紙印刷」。⑤至此，《津浦之聲》就從津浦路永遠消失了。

北伐軍佔領南京後，國民政府首都由北洋時期的北京遷到南京；北京改稱為北平。一九二八年六月，南京政府交通部頒佈第六七七號訓令：「所有與北京相關聯之舊有名稱用『京』字者，應一律改為『平』字」，「京漢鐵路改為漢平鐵路」。熱心辦企業報刊的新局長黃士謙，甫抵漢平路，立即改組該局原有的《鐵路公報・京漢線》（旬刊），《漢平新語》遂於一九二八年七月在漢口面世。

經過《津浦之聲》的實踐，黃士謙對辦路報有了切身感悟。他為《漢平新語》所撰〈發刊詞〉，言語之間雖仍鋒芒畢露，但體現另外一種風格，饒有新意：

世有偉大實業，必有專門學藝掖之而進，乃事易舉而功易集。然非有文字記載，綜其樞，司其鑰，又往往靄而未光，抑而未揚，國之人輒淡漠置之。欲求其興味濃厚，情感迭生，戛戛乎難哉，甚矣！記載文之足貴也！

吾國實業之偉大，莫鐵路若。自我總理倡築路建國之議，舉國視線，咸集於是。而士之懷抱藝術，歸自海外者，亦群薈萃於路。闘材角技，其有造於路也亦夥矣。

顧各路中記載之文，如季刊、月刊等，類多詳於法令章制，而關於中外交通界之專藝習技，新知要聞，循常蹈故，幾儕於斷爛朝報之林，是烏足以動人情感，啓人興味乎。士謙去歲承乏津浦路局，曾改組公報，拓更其內容，署名曰《津浦之聲》業已刊行於世。只以搜羅未富，終未厭所望。今夏量移漢平，鈎稽檔籍，翻覽本路曩日公報，又苦其未能發揚藝學，刷新耳目，終與今日環境不相應也。

今幸北伐成功，軍閥崩滅，幽燕底定，南北一家，正吾路剝極複來之會。吾人職守所在，豈能安於萎靡，而不萃勵奮發，刷新氣象耶？因是改組公報，審訂門類，凡路帶內之工商礦產農林畜牧，與夫交通事業之歐美名著譯文，與路務發達有連帶關係者，均廣為搜羅，籍作曝獻，號之曰《漢平新語》。所謂新者，非僅革故鼎新，與溫故知新之新，實兼顧亭林（引者按，即顧炎武，明末清初著名學者）所云自疆不息之謂新之新。

務使專門之知識思想得附麗其間，為交通之喤引，作建設之輔弼，抑使國人了然於本路狀況，悠焉興起其親切之情感，濃厚之趣味，以指導匡助於吾路。⑥

黃士謙將《津浦之聲》的辦刊模式複製到《漢平新語》。其刊期、版式、欄目設置均與《津浦之聲》相仿，封面也是每期更換圖案。值得關注的是，兩刊的發行簡章一模一樣，基本條款沿襲了民國以來路報的發行規則，但卻都沒有過去一貫強調的「應視同公文，一律妥為保存」條款。經查閱，同時期的其他路報還仍沿用這一條款。唯兩刊不照此辦理。這不會是兩刊的粗心遺漏，顯然是有意為之。當時，一方面北伐戰爭尚未結束，部令、局令皆為隨機性發出；另一方面，作為交通部參事的黃士謙肯定知道南京政府正在醞釀成立鐵道部，新的鐵道法規不久將出臺。因此，取消這一條款，無疑是實事求是的明智之舉，同時也體現了黃士謙力圖將兩刊辦成「多數人的心聲」和「新語」的夙願。

一九二八年底，北伐勝利結束。新成立的鐵道部將漢平路局遷至北平，組建平漢鐵路管理局。《漢平新語》從一九二九年三月第九期始，更名為《平漢鐵路公報》。伴隨北伐革命至成功，結束了歷史使命。

■ 黃士謙自主革新「斷爛朝報」

黃士謙視原鐵路公報為「斷爛朝報」，他主持創辦的《津浦之聲》和《漢平新語》，雖生命短暫，但多有「革故鼎新」之舉。除刊名和外觀形式與北洋時期的公報有

▲《漢平新語》首創《編輯及發行章程》。

異，對北洋政府交通部為公報設定十二個欄目的《部頒編輯體例》多有衝擊，在編輯方針和內容選編方面多有突破。

首先，強調「興」、「革」。《津浦之聲》表示：「關於津浦路帶之振興方略，應興應革諸端，宜規宜隨之策，莫不悉心計畫，從容商榷，以期群策群力，促其實現。」⑦《漢平新語》亦稱：「關於本路帶應興應革事宜，靡不悉心規劃，見諸公牘，載之篇章。」⑧

兩報設置的欄目有：插圖、命令、法規、公牘、記事、黨務、調查報告、表冊、大事記、譯叢、論壇、津浦帶（漢平路帶）等。不難看出，作為路局機關報，雖沿襲舊制仍將公文類「欄目」文字作為其重要內容，但兩刊突出強調「興」、「革」，意圖改造原有公報生硬、僵化的模式。同時，強調「商榷」和「群策群力」，改變居高臨下發號施令的官報形象。從辦報刊的宗旨上開始注意到這些問題，是路報的進步。

另外，新聞性顯著增強。新設的「記事」（又稱「記錄」），是報導路內消息的欄目，每期有幾十則計十幾頁的簡訊。從北伐軍在本路沿線戰鬥實況，到搶修線路、隨軍接管車站設施等，都有及時的反映。而「路界新聞」（又稱「路界鱗爪」），是在「津浦帶」及「漢平路帶」下設的子欄目，專門報導當期全國鐵路、公路等交通方面資訊，有時還介紹國外交通界的消息、珍聞。尤其是，兩刊的圖片明顯增多，設置還經常刊載反映事件現場情況的圖片並配較詳細文字說明，是典型的圖片報導型式，這是以往公報所沒有的。這些新欄目的設置和新報導手段的採用，使路報更具新聞屬性。

再有，鐵路沿線的報導增多。北洋時期曾規定路報要設「各路出產」欄目，內容僅「載各站出產及客貨狀況等項」。而《津浦之聲》的津浦帶和《漢平新語》的漢平路帶欄目，則每期佔有幾十頁的版面，下設本路沿革小史、路帶各地概貌、沿線各站介紹等子欄目，並對沿線的特產、風土人情、古蹟文物等配發圖片，詳加推介。內容豐富，圖文並茂，不啻為一專門的副刊和商旅指南，增加了趣味性，使路報從路內走向路外，擴

表三、《津浦之聲》、《漢平新語》與《鐵路公報》比較表

路報名稱	刊期	欄目設置	新聞報道	編輯部門
鐵路公報・津浦線 鐵路公報・京漢線	旬	插畫、命令（國、部、局）、營業概況、法制章程、研究資料、公文、調查報告、圖表、鐵路淺說、各站出產、僉載、廣告或通告	無	編查（譯）課、文書課
津浦之聲 漢平新語	月	插圖、命令、法規、公牘、記事、黨務、調查報告、表冊、大事記、譯叢、論壇、津浦帶（漢平路帶）	圖片報導、記事（內）或路界新聞（外）	秘書處公報編輯室

大了讀者群。顯示出鐵路管理者宣傳本路、在重建中促進經營的努力。

■ 為路報留下「遺產」

鐵路是戰爭中的重要軍事工具，早期的路報，雖處軍閥混戰的年代，但可能路局恐引火焚身，難以自處，因此路報少有關於戰事的報導內容。待後來的抗日戰爭、國共內戰時期，路報對戰事也諱莫如深。縱觀歷史上的路報，除國共內戰時期中國共產黨創辦的路報外，只有在北伐炮火中創辦的《津浦之聲》和《漢平新語》，無論是命令、公牘、通告還是法規等，其內容主要都與戰事相關。它們為研究北伐戰爭歷史和鐵道系統在此時期的運營情況，保存了珍貴的歷史資料；同時，也記錄了鐵路員工冒著戰火，艱苦奮戰，為北伐勝利所做貢獻的不凡史實。

其戰事報導，具體可分為三個方面：

一是交通部和軍事委員會的訓令，每期均有。如，「因大舉北伐，鐵道運輸最關重要。查津浦路經歷次戰事破毀不堪，請貴部速飭興工修築，限三日內先通到滁州。事勢緊迫，務懇令工事加速進行，如期通車，以利交通，而赴戎機。」（《津浦之聲》第一期）又如，「徐州克復多日，宜速維持民生」，「飭令津浦局於軍運車輛中分撥若干專運商貨。」（同上第三期）再如，「四十七軍傷兵醫院于副官恃蠻行兇，強令該機車一六號開赴徐州」，「通令各軍嗣後不得機車摘車」（同上第九期），等等。

二是路局對車務、機務、工務處的命令。如，「大軍不日進攻，殘敵退卻難免不將鐵道、橋樑、水櫃、電話、電報儘量破壞，妨礙本軍進展。傾奉總座命令，務請抽選專門技師二人，攜帶充分材料，派定專員帶來前方，以備修理。」又如，「軍事管理處來電：機車時有損壞，必須迅速修理。」（同上第六期）根據軍事進展的需要，期期都發出若干具體指令。

三是隨軍前行，搶險修路的報導。現舉兩例：北伐軍「節節勝利，由滁而蚌，由蚌而徐，軌道橋樑，破壞既多」，「組織工程車隨軍出發」，「所有進展路線，即須立即修復通車，以利軍運」；「向滬杭路借用機車六輛，均由駁船運抵江北」，「又運送中山號鐵甲車兩列，加入本路作戰。每經駁運一次，……搭架臨時碼頭，鋪設軌道，事機緊迫，大都工作數晝夜。」（同上第九期）

兩刊鑒於「北伐進展為今日第一大事，全國人民莫不翹首企足傾聽捷音」，還不定期設「專記」欄，利用鐵路有電報的優勢，形成「專電匯覽」，將一個月來北伐軍在鐵路線的軍情消息逐日依序發佈，以鼓舞鐵路員工和後方群眾支援北伐。

縱覽兩刊，「車轔轔馬蕭蕭」的氣息撲面而來。以往的客貨運輸經營內容讓位於支援前線的戰時報導。另外，作為當時中國兩支主要鐵路幹線的路報，又創辦於特殊的歷史時期，再加上其創辦人有興革之心，兩刊還為路報歷史留下應當記錄的兩筆「遺產」。

一、首創編輯與發行章程。中國自有路報以來，其宗旨、體例、內容和發行，均由鐵路主管機關來確定規則，並以公文的形式印發各路局執行。儘管要求刻板、籠統，但各公報均循規蹈矩，照此辦理多年。黃士謙執掌漢平鐵路後，獨自擬定了《漢平鐵路公報編輯與發行章程》，⑨分為體例、編輯、發行、附則等四章共計十六條。其中，體例章分為「甲、路務記載」和「乙、路帶研究」兩大項，每項十款，詳細規定了欄目和內容要求；編輯章，則逐項明確了編輯責任人、採編流程和各類稿件的採用標準、編輯方式、時限等；發行章，加入了售刊所得的財務管理方法條款。茲摘錄幾條款如下：

第四條　關於公報編輯事務，由公報室員完全責任。發行及其他一切事項，應由公報編輯主任商承編譯課長辦理。

第五條　本月份公報內各項材料，須在本月內搜集編就，並應採本月末日政府公報、交通公報及局文，於次月五日內趕辦完竣；至遲不得逾次月第十日呈送局長核定發刊；逾限尚未送核，由公報室負責。

第六條　關於公報內法令、公牘、表冊各稿件，應由編輯員每日上午赴總收發室檢閱日行各稿件，擇取應行揭載者，發文騰繕司事照抄全份匯存編輯。惟須當日抄齊，送還歸檔，以免散佚。

《漢平鐵路公報編輯與發行章程》結合本路實際情況擬定，囊括了辦路報所要遵循、注意的幾乎所有重要問題，條款清晰，路數明確，可謂一份可操作的鐵路企業報的辦報指導書，大大完善了北洋時期的部頒編輯體例，是路報歷史上第一份比較完整的章程，為日後南京政府鐵道部頒佈《改良國有鐵路定期刊物辦法》提供了可資借鏡的樣板。

二、首闢黨務專欄。兩刊創辦的時間，適逢一九二七年蔣介石「清黨」而導致國共分裂之後，國民黨處於由軍政轉為訓政的過渡期。為鞏固國民黨的獨裁統治，其控制的鐵道系統也開始有計劃地對鐵路員工進行所謂「黨義」的灌輸教育，並進行排斥共產黨員的清黨活動。因應這一政治需要，兩刊創刊伊始，就開始設置路報過去從未有的黨務專欄。

初期，該專欄只是轉載總理孫中山演講詞，以及宣講三民主義等內容，後期則開始刊載國民黨鐵路基層組織開展紀念週和清黨等方面的內容，並發表「黨同伐異」的言論文章。一九三〇年九月，鐵道部發文統一管理路報後，所有路報均將孫中山的遺像、遺囑、遺墨置於刊首幾頁並成為模式，兩刊是肇始者；再後來，在路報之外，由設在直轄路局的國民黨特別黨部主辦的一些國民黨黨刊相繼問世，兩刊的黨務專欄則為濫觴。

總之，可能正因《津浦之聲》和《漢平新語》獨樹一幟，蔑視舊規，為傳統所不容，注定要被視為異類，以短命收場，成為路報歷史上曇花一現的兩枝奇葩。同北伐時期的社會時局一樣，鐵路企業報也處於動盪之中，《津浦之聲》和《漢平新語》是為典型。儘管生命短暫，但它們在鐵路企業報刊史上留下的痕跡是獨一無二的。從兩刊的命運也反映出，路報帶有企業領導者的強烈烙印，影響其辦報刊的方向和品質。在後來的路報歷史中，也屢屢證明了這一點。

隨著北伐結束，南京政府鐵道部成立，中國的鐵道建設進入所謂「十年黃金期」，鐵路企業報刊也開始了又一個發生全域性變化的歷史階段。

注釋

① 黃士謙，〈發刊詞〉，《漢平新語》（漢口），民國十七年七月。
② 黃士謙，〈發刊詞〉，《津浦之聲》（浦口），民國十七年一月。
③〈津浦鐵路管理局局長黃士謙與津浦鐵路員工告別書〉，《津浦之聲》（浦口），民國十七年六月，頁五。
④〈津浦鐵路管理局總務處啟事〉，《津浦鐵路公報》（浦口），民國十七年八月。
⑤〈本報啟事〉，《津浦鐵路公報》（浦口），民國十七年十月。
⑥ 同注一。
⑦〈編者綴言〉，《津浦之聲》（浦口），民國十七年一月，頁三。
⑧〈編者綴言〉，《漢平新語》（漢口），民國十七年七月，頁三。
⑨〈漢平鐵路公報編輯與發行章程〉，《漢平新語》（漢口），民國十七年九月，頁十八—二一。

第七章　南京政府鐵道部改良路報始末

整飭路報，出臺改良辦法

縱觀近代中國鐵路企業報刊史，從民國初年到一九四九年，由鐵路主管機關主導的對路報全域性的整頓計有三起。其中，南京國民政府鐵道部成立後所實施的路報改良，是最後一次，也是最為複雜、一波三折且影響深遠的一個事件。

如上所述，北洋政府曾分別於一九一三和一九二〇年兩次頒佈訓令，統一路報名稱、刊期、編輯體例，但因連年軍閥混戰又經歷北伐戰爭，訓令要求很難維持，往往執行時間不久，路報就又各行其是。還有的路局如南潯鐵路因體制改組等原因，停刊又復刊，名稱變更幾次，竟導致出現卷期錯亂，「期數殊難查考」的狀況。①

至南京國民政府成立後，仍刊行的國有鐵路報刊，大都還沿襲北洋時期舊習，稱為《鐵路公報・○○線》，或改稱《○○鐵路公報》。復刊和創刊，也循此例，如剛收回國有的粵漢鐵路，原《粵路叢報》停刊，於一九二九年十月創刊《鐵路公報・粵漢線》。刊期，有沿舊習為旬刊，有的改為月刊；封面和欄目體例也打破原有統一模式，五花八門；許多路局的處、段還開始辦基層報刊，如北寧路局運輸處辦的《北寧鐵路運輸公報》（週刊）、膠濟路局車務處辦的《運輸統計月報》等。

一九二八年十月，鐵道部成立後，在編制鐵道部、各路局的組織規程等法規工作的基礎上，開始「整飭路政」。《國民政府鐵道部組織法》明確了鐵道部和路局兩級出版物編纂發行的體制和專業負責部門：鐵道部是總務司，各路局則在總務處下設編譯科。編譯科的職責是：一、關於譯述要項；二、關於公報及各種統計報告表冊之編制印刷發行事項；三、關於宣傳事項；四、關於圖書之搜集保存事項。②

一九三〇年九月十三日，鐵道部部長孫科簽署鐵道部秘字四九一六號訓令：

查本部所屬各路發行定期刊物，名稱既嫌複雜，資料亦欠豐富。為力謀整頓起見，特擬訂改良國有鐵路定期刊物辦法五款隨文頒發。除分令外，合行令仰該局即便遵照辦理為要。此令。③

隨令頒發的《改良國有鐵路定期刊物辦法》（以下簡稱《辦法》），顯然是鐵道部經過一段時間調查研究後的產物，其有針對性地就五個方面的問題提出解決辦法。要點如下：

一、名稱宜劃一。《辦法》首先指出路報名稱混亂：「現在各路之定期刊物有名為《鐵路公報‧○○線》，有名《○○鐵路公報》，有名《○○鐵路月報》，有名《○○鐵路月刊》者，名稱絕不劃一。」《辦法》認為，一是現鐵道部「既印行《鐵道公報》，如各路報之刊物仍沿用《鐵路公報》之名，則其名稱只有『路』與『道』兩字之分別，似覺混合太易。」二是從公報的性質看，應該以「登載公文函件為主；而各路刊物似宜多載對於路員及民眾有益之資料。」所以，「各路刊物不宜採用《公報》名義。」為此規定各路報名稱統一為《鐵路月刊》，後加「○○線」。

二、資料宜改良。《辦法》認為目前路報在資料方面存在的最大問題是「公牘」：「所刊載者盈篇累牘均係公牘，非公牘之資料最多不過占四分之一。竟有全部皆為公牘者。此種公牘有關係者，未出版前早已知之；無關係者，於出版後絕不過問。此種資料，簡直虛耗印費、紙張而已。」因此強調：「公牘除特別重要或與公眾有特別關係者不應登載。」除此以外，《辦法》要求應當刊載的內容是：

關於改良鐵路各部分工作、增加工作效能之討論及意見宜多所發表；關於本路之歷史、員工消息、組織沿革、沿路風景、沿路物產、沿路各地之風俗習慣、沿路各地之土談、沿路各地之新聞及其他特點，均宜著實調查，登載詳盡，使旅行於該路者，得所指導，並可引起民衆在該路旅行或調查之興致；關於各國鐵路新聞及知識宜翻譯登載，介紹於閱者，以為他山之助。

對於目前各刊物所登載之照片，存在「非部中即該路之主管長官或高級職員」的問題，為此《辦法》要求：

除上列兩項照片外，宜多登載沿路之風景物產及風俗習慣之照片，餘如路員之特別勞績或已服務數十年者，亦應表而出之。

三、獎勵外界投稿。針對路報在「公牘以外之稿件由外界投登者絕少」的現狀，《辦法》要求「各路應廣為徵集，如必要時應予以相當酬金，以資鼓勵。」並指出，「發給此項酬金並不增加預算。蓋若各廣告經營得法，則月刊本身自有收入，不必另支路款以鼓勵外界投稿也。」

四、劃一尺寸及封面樣式。《辦法》指出：「現在各路之刊物尺寸絕不劃一，封面樣式亦各異。似宜規定一國有鐵路刊物之統一尺寸及封面樣式，使外界一望而知為國有鐵路之刊物。」

五、發展廣告。《辦法》認為，「凡定期出版物之經費，除售報外，非出自公款即出自廣告」，而「現在各路刊物除一兩線者外，廣告均極少，大約印費均出自公款。」因此，要求「極力向廣告發展，則該項刊物可自給印報公款，即不能完全節省亦可節省一部分。」要求各路報，在「營業方面不應以官庭辦法辦理，應實行營業化。」

《改良國有鐵路定期刊物辦法》針對路報存在的問題，從形式到內容甚至經營，都做出了比較詳盡的規定。尤其是將改良的矛頭指向路報多年的痼疾——盈篇累牘的公牘，在資料選取上一再強調「員工」、「公眾」，並且提出路報「應實行營業化」，這都是路報近二十年歷史上從未有過的。從當時的歷史環境看，其「改良」所指，大方向應該是對的，採取措施也可謂實事求是。

■ 謀劃不周，路局無所適從

鐵道部第四九一六號訓令和《辦法》出臺後，鐵路企業報刊史上的最大一次路報改良，遂在國有鐵路系統全面展開。

但是，當各路局奉令著手落實時遇到了問題：《辦法》中的五項要求，其中四項比較明確，唯「四、劃一尺寸及封面樣式」卻並未做規定。而且《辦法》又說「似宜」，更讓各路局「丈二和尚摸不著頭」——「部頒辦法第四項內有應規定劃一尺寸暨封面式樣等語，而尺寸大小暨封面式樣均未經規定於條文之內，事關通令劃一遵照執行之件，未便擅行擬訂。」④為此，紛紛請示鐵道部「劃一樣式」究為何意？「改良」暫時停頓。

但有兩個路局接到部令就立即行動，著手改良。一是津浦路局。《鐵路公報・津浦線》第四十一期（一九三〇年九月）刊登〈本報遵令改辦鐵路月刊露布〉稱：「本報遵奉部令將鐵路公報改辦鐵路月刊。茲擬自十月起（月刊第一期）從事改編，體例規仿雜誌，注重於鐵道學術、業務、行政、管理、法令畢具，圖表燦陳，一以促路事之改良，一以謀營業之發展。」一九三〇年十月，該局出版了自行設計封面的《鐵路月刊・津浦線》第一期。該局編查課自行解決了這個尷尬的問題；在落實改良的其他方面，也體現了勇於創新、敢為「路」先的精神，後敘。二是平漢路局，也於訓令下達的翌月，將《鐵路公報・平漢線》第六期更名為《鐵路月刊・平漢線》，且按《辦法》規定設置欄目內容，但因上述原因，不知其封面如何處理，竟以白版代替了原圖案。同津浦路相比，可謂遵令奉事的典型。

時隔五十多天，一九三〇年十一月五日，鐵道部才又頒佈了孫科簽署的關於解決「第四項」問題的「部秘字第五二二四號訓令」：⑤

查改良國有鐵路定期刊物辦法業經本部頒行有案，茲將該辦法第四條刊物劃一尺寸及封面樣式制定圖案，隨令頒發，除分令外合行令仰該路局由民國二十年一月份起遵照辦理為要。此令。

「隨令頒發」的刊物尺寸和封面樣式圖案，竟完全採用了《鐵路公報・津浦線》新封面的設計模式。看來鐵道部此前的確沒有「統一封面」的定稿，是《鐵路月刊・津浦線》的創新，使其獲得靈感，擺脫困局，亦或是由部委託津浦局設計，待樣稿出來再推廣給其他路局，也未可知。

經此補全不周，似乎《辦法》即可落實。此時已近年底。正當各路報「遵照部頒辦法積極籌備，如期實行」之際，不料又起波瀾。

一九三〇年十二月五日，鐵道部印發還是孫科簽署的「部總字第五四五四號訓令」，轉發頒佈了由中華全國鐵路協會數名會員聯名擬具的《改善辦理鐵路文書手續及改良各路局報辦法案》（以下簡稱《改善辦法》）。

《改善辦法》認為：「鐵路為營業性質，與行政機關不同，辦理文書手續，自宜避繁就簡，以節時間。」例如，對於「奉令轉行與路務無關之公文，即刊登局報以省輾轉抄錄之繁」；對於「各路一切通行公文暨各處公告暨奉部轉奉行政院令行到局之公文，照現行辦法，……層層遞轉，手續已多，到達自遲。為便利計，不如將以上公文悉行刊入局報，不另行文。」但是，「各路局報，大率為月刊或旬刊，每以集材料編輯校刊多延時日，頗有緩不濟急之勢。」因此，《改善辦法》建議：「擬請均部令飭……局報應就各路情形決定出版日期。如大路應出日刊，小路應出週刊；遇必要時得另出特刊。如是即可代替行文，並可免去往返承轉之繁。」同時明確提出「須嚴定期限，旬刊定次旬第三日出版，日刊限當日出版。路上限至遲次日發給由局加蓋關防分發所屬全線各機關遵辦，並同時加發不蓋關防之附張多份，俾在路員司均可同時閱看，以免延滯。」⑥

從改善公文傳遞方式、「避繁就簡」的角度看，中華全國鐵路協會對路報的建議辦法是有道理的，尤其是前發鐵道部秘字四九一六號訓令和《改良國有鐵路定期刊物辦法》，只強調了減少公牘類文字，沒有考慮保障鐵路正常運營的公牘文告從局報刪除掉後如何處理，勢必導致恢復傳統的公文傳遞方式，影響工作效率。因此，可視《改善辦法》為其補充設計了一條出路。

為查核《改善辦法》提出的「選材及手續力求簡捷」問題的實際施行狀況，「部總字第五四五四號訓令」提出，「擬先調取本部統計處及津浦路局現行各種表格（引者按，指各種書單表式，經由各主管首領蓋章負責，與行文無異者而言）轉發各路參考研究改良之法。」同時，命令「津浦路局先就原定各格式試驗一個月，俟期滿即將各表辦理是否簡潔明瞭情形呈部，再由部召集各路共同討論具體改善方法及手續。」

鐵道部批轉了《改善辦法》，並令遵照辦理：「即將局報先行改為旬刊或日刊，通發所屬，以代行文，而期簡捷。仍將辦理情形呈報，察核此令。」究竟如何「遵照辦理」？——事關路報改良而法出多門，在正籌辦的月刊之外又有「日刊」問題提出，與前《辦法》是何關係也未交待，等等事項，語焉不詳，令各路局一頭霧水，無所適從。再加上又冒出一個「書單表式」問題，路報改良的組織者至今才想起來要研究，遂使改良再告停頓。

■ 再出《辦法》，月刊日刊分工

一九三〇年十二月二十九日，孫科再簽署「部頒參字第五六六六號訓令」發各路局。⑦該訓令回顧了此前改良工作過程：「本部前以各路局所發行之刊物名稱及體裁各別，經已秘字第四九一六號訓令頒發《改良國有鐵路定期刊物辦法》，飭辦月刊，並於秘字第五二二四號訓令劃一刊物尺寸及封面式樣，各在案。旋據中華全國鐵路協會呈擬《改善鐵路文書手續及改良各路局報辦法》，又經本部採擇於總字第五四五四號訓令，飭辦日刊在案。」前述雖為厘清脈絡，顯然也有向各路局承認朝令夕改、計畫不周以平息「路怨」之意。

針對各路局的疑惑，該訓令指出：

月刊性質等於雜誌，日刊性質等於公報；效能各有不同。

該訓令推出補救前《辦法》的新辦法：「茲為改善各該路文書手續起見，再與頒發《發行日刊（或週刊旬刊）辦法》於二十年一月實行。」

隨訓令頒布的《國有鐵路管理局發行日刊辦法》（以下簡稱《日刊辦法》）如下：

一、本日刊辦法係參照本部總字第五四五四號訓令改良文書辦法訂定之。

說明：基於文書改良之意義事緣各大路，遇有應行公佈之文件輒臨時印發傳單所費甚多，不便匯訂，事後頗難查考（例如郵局文告，大小互異，只便黏貼，不便保存）。故以日刊替傳單之用。即費用可得預算，仍使有匯訂保存之可能。

二、本日刊為免除轉達部令、局令之繁複起見，凡屬國有鐵路一等局，由局發行日刊一種。編首用頭號字印《〇〇日刊》字樣。

三、其二等局以次事務較減者，此項轉達命令之刊物，得酌量情形辦理週刊或旬刊；其認為有發行日刊之必要者，得辦日刊。

說明：日刊之所以由一等局辦起者，為所轉達之部局命令繁多，非用日刊即時間之效力不能達到目的。

四、關於營業及宣傳之故，各路應參照本部秘字第四九一六號訓令改良定期刊物辦法辦理月刊。

說明：查改良定期刊物辦法所規定之資料改良項下，月刊內不得多登公牘。故凡公牘自應以日刊行之。為免除誤會日刊及月刊性質起見，特訂此條。

五、日刊內容分：部令部電，局令局電，各處傳單，通告，法制，各處來往緊要文電，沿路消息，圖表報告及每日本路大事記，以應行公開之事件為限，由各處主管課先一日送編查課或編譯課匯稿編輯，呈核發刊。

六、日刊篇幅長二十六公分，寬十九公分。關於重要文電用三號字，題用二號字；其普通文電用五號字，題用三號字。所用紙張，以國產為標準。

七、日刊應按該路每日大概公告文件之多寡定為二頁或三四頁。遇事多時，得臨時增頁數。每頁內，須標明號數、年月日等，或將目次錄登。

八、日刊於頭號字標明《〇〇日刊》之右旁界線外方，打上下兩孔，以便匯訂。

九、日刊之發行於本局各段站。為注意保存起見，得加蓋局印。

說明：為完足轉達命令之責任，故應蓋印，俾其效力等於公文。

十、日刊應每日寄呈本部及部中各機關各一份。

十一、日刊得招登各項廣告。

十二、日刊得由人訂閱。

說明：日刊既登載一切應公告之文件，自應准有關係之人民閱看。

十三、日刊辦法自民國二十年一月實行。其有未盡事宜，得臨時呈送修改之。

值得注意的是最後一款聲明：「其有未盡事宜，得臨時呈請修改之。」由於前發公文考慮不周，問題迭出，鐵道部不得不前倨後恭，一改「一言九鼎」的官僚氣勢。

為落實《日刊辦法》，同時考慮經反覆折騰已到年底，鐵道部汲取教訓，訓令提出比較實事求是的措施：「各該路如或有趕辦不及暨文書較簡，毋庸逐日或每旬刊行公報性質之刊物等情事，應

表四、鐵道部直轄各鐵路管理局分等及出版定期刊物的規定

等級		路局名稱	所在地	對定期出版物的要求
1	甲	北寧鐵路管理局	天津	辦月刊和日刊
2		平漢鐵路管理局	北平	
3		滬寧滬杭甬鐵路管理局	上海	
4		津浦鐵路管理局	浦口	
5		平綏鐵路管理局	北平	
6	乙	正太鐵路管理局	石家莊	一、辦月刊 二、同時可辦日刊、週刊、旬刊 三、可合辦一種刊物，週刊或旬刊
7		膠濟鐵路管理委員會	青島	
8		湘鄂鐵路管理局	武昌	
9		南潯鐵路管理局	九江	
10		隴海鐵路管理局	鄭州	
11		隴海鐵路工程局	鄭州	
12	丙	廣九鐵路管理局	廣州大沙頭	
13		粵漢鐵路管理局	廣州黃沙	
14		新寧鐵路公司	廣東臺山	
15		道清鐵路管理局	河南焦作	
16		漳廈鐵路管理局	廈門嵩嶼	
17		潮汕鐵路整理委員會	廣東汕頭	
18		株韶段鐵路工程局	廣州黃沙	
19		滇越鐵路管理局	雲南昆明	
20	丁	呼海鐵路管理局	呼蘭松浦鎮	
21		四洮鐵路管理局	遼寧四平街	
22		吉敦鐵路管理局	吉林長春	
23		吉長鐵路管理局	吉林長春	
24		滄石鐵路管理局	北平	
25		遼海鐵路工程局	遼寧瀋陽	
26		洮昂鐵路管理局	吉林洮南	

注：本表根據《鐵道部直轄各鐵路局》編制，詳見《鐵道部成立週年紀念特刊》，國民政府鐵道部編，民國十八年十月出版。

准暫於現辦月刊內登載應行公告公文，以為過渡辦法至發行日刊。各路為營業及宣傳起見，自應酌量情形兼辦月刊。」

在頒佈辦月刊的訓令時，強調減少公牘類內容；待頒佈辦日刊的訓令時，又說「酌量情形兼辦月刊」，強調日刊的重要。說明鐵道部主管機關儘管意在補充完善改良路報的辦法，實際上並沒有改良的清晰完整思路，沒有完全搞清楚要如何辦報。因此，政策前合後偃，時至最後還是存在一些不確定因素，為日後鐵路企業報維持改良成果留下隱患。

■ 一波三折，改良終成定局

自鐵道部頒佈第一個改良路報訓令始，各路局就已著手籌備，但由於訓令不明，導致幾個月的猶疑、徘徊，待最後一道訓令頒佈後，改良才真正全面啟動。

各路局為落實先後四道改良訓令，結合本路情況，擬定並公佈了月刊、日刊的編輯計畫、則例、章程等，明確編輯體制、體例，確定欄目內容和發行方式。

「部總字第五四五四號訓令」曾指示津浦路先行試驗，因此，津浦路行動最快且其改良實施計畫最為周詳。接到部令後，該局編查課鑒於月刊「內容異於前材料，均須撰著；為徵稿，編輯得所依據先有具體計畫。加以職課今後業務日增，欲求各盡所長，劃組分司，實為必要。」課長歐陽啟煌「就職課事務謹擬分組計畫及革新月刊計畫」，向局報告並獲批准以局令頒佈。⑧

該局擬就的《津浦鐵路月刊計畫書》詳解了月刊旨趣：⑨

一、供路員以鐵路學校及技術經驗之研究，俾促進工作之效率；

二、作營業之宣傳，供商旅以沿線商情及地方狀況，以引起並增進本路客貨運輸。至內容文字務期趣味濃厚，價值增重，引人入勝。

根據《辦法》中「資料宜改良」的原則規定，《計畫書》具體設置了插圖、路政紀要、法制、專載、調查、統計、研究、略史、路界紀聞、黨務、雜俎等欄目，並逐項分解，詳細說明欄目內容。例如，路政紀要包括：總務、車務、公務、機務、會計等處所屬之記述和工人狀況、特殊事項之記述，而且規定記述事項的時間「限一個月內」；又如，調查一欄包括：關於沿線物產產銷、市政交通及一般經濟狀況、本路設備及改造、臨時事故之發生和考察他路之一切情形；再如，路界紀聞的內容，是關於國內外路政路情及各項新聞、國內外交通及其他有關鐵路之記述。

欄目內容的大幅增加，對稿件的來源、採編提出新的課題。《計畫書》中說，「以前公報稿件，純出抄錄與剪輯。今改月刊而體例近乎學術雜誌，內容均須撰譯與紀述。以月出一冊計，至少每月須十萬字。本課同人力薄，故徵稿一事似不可少。」⑩為此，擬定了四個方面的措施：

一、課內撰稿：應分著述、譯述二種。由課長指定某某擔任著述，月各若千字；某某擔任譯述，月各若千字；某某擔任調查紀述，月各若千字。限期繳集。其他校印、發行及接洽廣告，均分別派定。如各地有特別事故發生須派員出外調查者，有課長呈明遴員前往。其調查報告呈局核准後揭載之；其出差旅費等項均遵局章。

二、本路撰稿：應分兩種。（一）由局令飭各處就所屬指定專員一人或數人，每月供給本路要事欄各該處一月來事務之紀述；（二）由處分別函令本路各部分學識閎深及經驗豐富之員司，每月擔任撰譯及調查文稿，准期交集。

三、徵求外稿：特訂徵稿簡章並登廣告，懸獎徵求關於路政路情稿件。其稿費應定每千字五角至五元。

四、撰稿報酬：除外稿依簡章致送稿費，其本路員司稿件倘確為精研有價值者，亦可照外稿給予稿費或由課轉請呈局明定褒獎，用資鼓勵。

將該刊同其後發刊的各路局鐵路月刊進行比對，會發現各路報的欄目內容與其大同小異。《津浦鐵路月刊計畫書》制定並出臺於部頒改良命令的翌月，即一九三〇年十月，各路報的改良還剛剛起步。因此，津浦路在路報改良中起到試點作用，鐵道部將其月刊作為「樣本」推廣到全路。

膠濟路儘管被定為「乙等局」，但也積極籌備。經該路局「管理委員會第七十五次臨時會議決，遵照部令辦理等因，自應將原有旬刊改辦日刊，並兼辦月刊。」[11]同時擬定了《膠濟鐵路月刊編輯則例》和配套的《發行簡章》、《徵稿簡章》，[12]以及《實行日刊辦法》，並公告從一九三一年一月十三日起發行日刊。由於辦日刊時間緊張，工作量大，協調關係多，所以後者詳細規定了日刊各類稿件的匯稿截止時間，文電、會議記錄等的編輯流程，對長篇的法制內容另印單行本等。詳情如下：

凡屬應登日刊之公文，均由總務處長核定加蓋登刊戳記，隨時飭送編查課匯稿編輯；編查課編輯日刊，每日收受應登之稿件，應截止下午五時為限；下午五時後歸入次日；收受其有特別緊急即待刊行之件，須於五時前通知該課預留空幅，以待補入；嗣後，各處所屬遇有緊急文電，均應分別抄送編查課一份，以便刊行；應登日刊之公文，經由總務處長核定、發交編

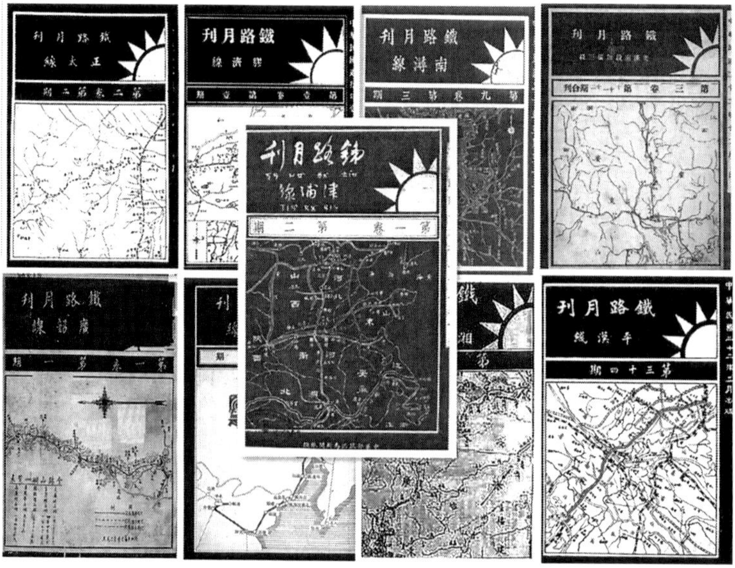

▲按鐵道部規定統一外觀形式後的部分鐵路月刊封面。

查課編輯完畢後，即由該課徑行發刊，不再呈核，以期迅捷。⑬

由於鐵道部對國有二十六個鐵路（工程）管理局劃分為甲乙丙丁四個等級，各局情況不同；而且北洋政府後期的混亂局面，也給各路報間造成名稱、刊期等方面的差異。因此，在統一的路報改良過程中，還分類處理了一些特殊問題。

一是鐵道部東北鐵路委員會下轄的路局（丁等）如四洮、吉敦、吉長等，沒有列入路報改良之中，成為一個「特區」，仍延續使用舊有名稱——《鐵路公報・○○線》——和封面，刊期為旬

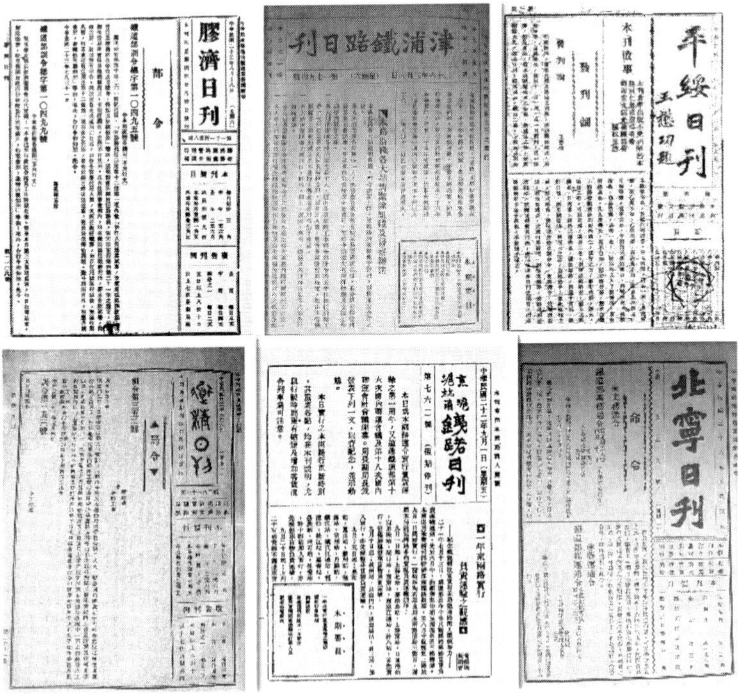

▲鐵路月刊改良後，擔負公報職能的鐵路日刊。

亦未變。路報形成關內關外兩種模式，也反映出北伐之後的全國統一實際也是形式上的，南京政府對於軍閥張學良治下的東北還是鞭長莫及。

二是有的路局沒有改為月刊，如平綏路於一九二八年六月創刊《鐵路公報‧平綏線》（旬刊），按鐵道部規定，該路屬五個「甲等」局之一，應在必須辦月刊、日刊之列。但經呈請批准，可繼續只辦旬刊，封面同其他鐵路月刊一致，稱為《鐵路旬刊‧平綏線》，成為當時月刊叢林中的孤例。

三是儘管這次路報改良沒有對路局內下屬部門辦報刊做規定，但有的路局藉此時機，進行了內部刊物的整合，如北寧路局運輸處於一九三〇年三月二十九日創辦《北寧鐵路運輸公報》（週刊），至一九三一年一月，已連續刊行四十八期。北寧路開始籌辦月刊、日刊後，向運輸處頒佈局令：「凡局處應行公佈之一切命令公文等，均應於日刊上發表，……該處所刊之運輸公報，性質即屬相同，內容自多重複，應即停刊，將所編材料併入日刊發表，以示整齊而省煩費。」⑭

從一九三一年一月起，先是各路報月刊，後是日刊，都陸續以新的封面和名稱問世。首批是所謂「一等」（亦稱甲等）路局——北寧、平漢、滬寧滬杭甬、津浦、平綏——報刊，以及部分「二等」（亦稱乙等）路局——膠濟、南潯等——報刊。

鐵道部通過先後頒佈四個訓令、兩個《辦法》，經過部、局上下之間的多次磨合，歷經近半年的路報改良總算落下帷幕。

■ 路報「實行營業化」問題的提出

鐵路企業報刊歷來是免費派發給內部「有職掌」的管理人員（不含普通員工）和贈送社會有關團體。雖也對外公開發行，但因其公報屬性，訂閱者寥寥無幾。而因其專業局限性和公報屬性，再加上辦報者無經營意識，廣告也相當少；大部分路報，根本沒有廣告。因此，無法靠售報和廣告的收入，來平衡紙張、印刷、稿酬等費用和人員薪資等日常支出，辦報經費主要靠公帑。這樣經年累月的大量支出，對路局無疑是沉重的負擔。但長期以來，路局習以為常，未曾有人提出要改變這一狀況。

這次路報改良，鐵道部明確要求，「營業方面不應以官庭辦法辦理，應實行營業化。」路報歷史上第一次提出了路報的經營問題。

為落實這個新課題，《鐵路月刊・津浦線》首先向路局提交計畫，表示要「一面招登廣告，一面推進銷售。務期印費、稿資漸能自給」，但因「改革伊始，驟難獨立」，需「徐圖漸進」。為

此，做出三個時期的預算：⑮

第一時期
入款：每期廣告費三百元；
每期售月刊三百冊（每冊三角）九十元。
出款：每期徵稿費（約四萬字，每千字二元至三元）九十元；
每期印費（一千五百冊）五百元。
入出相抵外，約需路款二百元。
第二時期
入款：每期廣告費四百元；
每期售月刊七百冊，約二百元。
出款：每期徵稿費（約五萬字，每千字給費同前）一百元；
每期印費（二千冊）陸百元。
入出相抵外，約需路款一百元。
第三時期
入款：每期廣告費五百元；
每期售月刊一千冊，三百元。
出款：每期稿費（約五萬字）一百元；
每期印費（二千五百冊）七百元。
入出相抵，約計無需路款。

在預算之後，該報又注明：「上列三時期預算均屬假定，惟欲使月刊成營業化，則於廣告及銷售方面，應規定辦法積極進行。」他們對此採取的措施是：

招登廣告

A、先向各報揭載徵稿辦法及招登廣告辦法；

B、向與本路有關係之各業商及各公司接洽招攬廣告；

C、規定廣告之篇幅、地位、尺度與價值。

銷售月刊

A、嗣後，月刊與各機關交換及本路各處課段站廠院贈閱外，一律售賣；

B、本路員工購買，應規定優待折扣；

C、應委託各地書店及沿線各站或列車各小販代售；

D、凡承售各書店及各小販應與約訂繳價及回扣並保證辦法。

根據津浦路局的測算來看，路報收入來源主要依靠廣告。改良後刊出的各路局鐵路月刊，都刊登了招攬廣告的啟事和廣告價目表（見表五）。廣告按其位置區分收費，優劣排序為：封面內頁、論著後、封底外頁、目錄前，然後按刊載欄目文章先後依次遞減。各路局都開始在經營方面行動起來，而且報刊上刊載的各種廣告逐漸增多。廣告類別主要分為企業廣告和書刊出版廣告。例如，《鐵路月刊・津浦線》一期就有天津開灤礦務局、耀華玻璃公司、上海中興煤礦公司、天津中國實

表五、鐵路月刊廣告價目比較一覽表（單位：元）

鐵路月刊	所在地	全頁 一期	全頁 三期	全頁 六期	全頁 十二期	二分之一頁 一期	二分之一頁 三期	二分之一頁 六期	二分之一頁 十二期	四分之一頁 一期	四分之一頁 三期	四分之一頁 六期	四分之一頁 十二期	附注
津浦線	浦口	二〇	五四	九六	一七〇	十二	三二	五六	一〇〇	七	二〇	三二	六〇	特別位：封面內、封底面及目錄前頁，加倍
粵漢線	武昌	四		二〇	三四	三		十五	二八	二		十	十八	
正太線	石家莊	十	二七	四八	八四	六	十六	二八	五〇	四	十	十八	三四	
平漢線	漢口	八	二四	四八	九六	五	十五	三〇	六〇	三	九	十八	三六	特製加倍
膠濟線	青島	二〇	五四	九六	一四四	十六	五一·二	七六·八	一一五·二	十	二七	四八	七二	刻字製版加價
南潯線	九江	八	二四	四八	九六	五	十五	三〇	六〇	三	九	十八	三六	
潼西工程	鄭州	十	二六	四〇	七二	五	十三	二〇	三六	三	八	十	十八	

注：根據各路局鐵路月刊刊佈的廣告價目，匯總編製。

業銀行、天津交通銀行等七家企業的廣告，以及《工商半月刊》、《人文》、《新東方》、《學藝》、《科學》、《海軍》、《道路》、《醫藥評論》等十九種書刊廣告，該刊甚至需要在目錄裡專門編制〈廣告索引〉。⑯路報為「實現營業化」，顯然也下了很大功夫。

但從各報發佈的廣告看，此項業務的開展，存在明顯的局限性。除了與鐵路有業務往來的煤礦、銀行等少數企業外，大多數是交換報刊的出版廣告。反映出路報由於多年的公營慣性所致，營業業務還有相當的拓展空間。當然也不排除受當時中國社會商品經濟落後的大環境因素影響。後來落實效果怎樣，現在也無法找到資料證明。即便當初《鐵路月刊・津浦線》提出的計畫，也存在一個明顯問題——還處於心裡沒有底數的「假定」狀態——沒有說明完成三個時期預算的時間期限。

實行營業化對路報是新事物，還處於摸索階段，但對吃「皇糧」積習至深的路報來說，實行營業化無疑是極大的衝擊，但起碼使他們開始有了經營意識，為擺脫官辦公報窠臼邁出了第一步。從這個角度看，應該對鐵路企業報刊的發展具積極意義。

歷史事實證明，關於路報實行營業化，成為後來長期沒有答案的難題，直至抗日戰爭勝利後，才在京滬滬杭甬、浙贛等少數路局辦的《京滬週刊》、《浙贛路訊》等幾份鐵路企業報刊上，得到比較好的解決。但那時距國民黨失去政權、由其控制的鐵路企業報刊退出歷史舞臺，已為時不遠。

■路報改良的意義

南京國民政府鐵道部開展的路報改良工作，以自有國營鐵路企業報刊以來，使用近二十年的鐵路公報名稱退出歷史舞臺為標誌，是中國鐵路企業報刊史上最大規模的一次系統性的整頓路報活動，對路報的發展具有方向性的引導作用，創造了路報史的多個「第一」：第一次提出「路報」的性質非「公報」，將長期以來就占主要篇幅的公牘剝離出去，確定路報是為鐵路運營服務的工具；第一次提出路報要實行營業化管理，強調路報要承攬廣告，改變長期以來只知利用公帑辦報的做法；第一次提出要徵集外稿，使路報得以從路內走向路外的廣闊社會，擴大了路報的影響；其確定的路報名稱、刊期、內容及發行方式等，為後期創刊的路報所遵循，成為抗日戰爭全面爆發前這一期間鐵路企業報刊的主流模式。

同時，這次路報改良，對南京國民政府來說，是對全國鐵路實行統一管理、強化控制的重要措施之一。改良後的路報，對促進客貨運營和鐵路建設的發展，也發揮了積極的推動作用。據考查，此後民國期間的鐵道主管機關，再沒有開展過類似系統性的整頓路報工作。儘管這次改良一波三折，而且幾個《辦法》還存在很多不盡人意之處，但瑕不掩瑜，仍可視為路報發展的一個里程碑，並由此推動鐵路企業報刊進入了自北洋時期以後的第二個發展高峰期。

注釋

① 〈本報緊要聲明〉，《南潯鐵路月報》（南昌），民國十七年一月。

② 〈國民政府鐵道部組織法〉，《鐵道公報》（南京），民國十七年十一月，頁一、十五。

③ 〈命令〉，《鐵道公報》（南京），民國十九年九月，頁七—九。

④ 〈訓令第一一四號〉，《鐵路月刊・膠濟線》（青島），民國二十年一月，頁十四。

⑤ 〈鐵道部訓令秘字第五二二四號〉，《鐵路月刊・平漢線》（漢口），民國十九年十二月，頁十五。

⑥ 〈改善辦理鐵路文書手續及改良各路局報辦法案〉，《中華全國鐵路協會月刊》（南京），民國十九年，第二卷第六期。

⑦ 〈鐵道部訓令參字第五六六六號〉，《鐵路月刊・平漢線》（漢口），民國二十年二月，頁三六—三八。

⑧ 〈訓令編字第一六六五號〉，《鐵路月刊・津浦線》（浦口），民國十九年十月，頁三六。

⑨ 〈津浦鐵路月刊計畫書〉，《鐵路月刊・津浦線》（浦口），民國十九年十月，頁二—六。

⑩ 同注九，頁五。下段引文出處相同。

⑪ 同注四，頁十六。

⑫ 〈膠濟鐵路月刊編輯則例〉、〈膠濟鐵路發行簡章〉、〈膠濟鐵路徵稿簡章〉，《鐵路月刊・膠濟線》（青島），第一卷第一期，頁四〇—四三。

⑬ 同注四，頁十七。

⑭ 〈訓令：編字第一〇八號，二十年一月二十一日〉，《北寧鐵路運輸公報》（天津），民國二十年二月，局令，頁一。

⑮ 〈津浦鐵路月刊計畫書〉，《鐵路月刊・津浦線》（浦口），民國十九年十月，頁五。下兩段引文出處相同。

⑯ 〈廣告索引〉，《鐵路月刊・津浦線》（浦口），民國二十一年十月。

第八章　鐵路企業報刊的十年繁榮

■ 鐵道建設「黃金期」促進路報發展

孫中山重視鐵道建設，認為「國家之貧富，可以鐵道之多寡定之；地方之苦樂，可以鐵道之遠近計之。」北伐成功後，定都南京的國民政府遂於一九二八年十月二十三日發佈文告——「文明國家對於鐵道事業類多設專部。為貫徹總理鐵道政策，著手設置鐵道部，以期計畫之實現與發展。除特任部長，組織成立外，著交通部即將關於鐵道行政一切事宜，移交鐵道部辦理，以專責成，而明系統。」①——宣佈鐵道部正式成立。

鐵道部存在十年，正好是南京政府所謂的「黃金十年」（一九二八—一九三七年）。在鐵道部領導下，以完成粵漢、隴海兩路為重點，並在華東、華北地區修建了浙贛、同蒲、江南、淮南、蘇嘉等線，將近四千公里，使全國鐵路里程達一萬兩千公里。一九三一年九一八事變後，日本關東軍侵佔東北三省，成立了傀儡政權偽滿洲國，並將其作為發展日本工業基地計畫的一部分，因此在東北也大舉建設鐵路。

伴隨在中國大地上又一次掀起的築路高潮，鐵路企業的辦報活動也異常活躍；再加上鐵道部改良路報工作促進了路報從形式到內容發生變化，使鐵路企業報刊呈現一時之盛。主要表現在：

一、報刊數量大大增加。原有加新建的國有路局（鐵路管理局、工程局）和其他性質的鐵路企業（如官商合營、民營）普遍辦報；中東鐵路和偽滿洲國控制的鐵路企業也辦有大量報刊。

二、報刊種類增多。報導鐵路企業行政、經營活動和員工生活的局報仍為主體；鐵道建設高潮中的新建工程局報異軍突起；國民黨為開展所謂「黨義」教育而創辦的黨刊開始大量湧現；部分路局的業務部門，還創辦了反映技術、車務、運務等方面的專業報刊；各路局編輯的旅行指南，活躍在各線路上，成為一道風景線。由此形成多種類型報刊並存的局面。

三、報刊的作用，進一步受到路局重視。全路系統開展的路報改良工作，使辦報體制得到加強，編輯體例有了明確規定，國有路報開始發表外稿，促進了報刊品質的提高。

為落實鐵道部關於「實行營業化」的要求，普遍開展了廣告業務，不僅改變了僅靠公帑辦報的局面，也促進了鐵路經營同社會大市場的連接。

這一時期，由於鐵道部為向社會展示國有鐵路的形象和陣容，要求路報外觀封面、規格統一，讓外界「一望而知為國有鐵路之刊物」，再加上數量大增，使國有路報成為當時中國鐵路報刊的絕對主體。

綜上，從南京政府鐵道部成立，到一九三七年全面抗戰爆發前，是鐵路企業報刊發展史上的鼎盛時期。

■ 國有鐵路月刊、日刊並行②

在鐵道部成立後頒佈的《鐵道法》、《改良國有鐵路定期刊物辦法》等一系列規定的推動下，國有直轄鐵路的報刊經過全面整頓，從外觀形式到內容都發生明顯變化。同時，由於劃分為甲乙丙丁四個等級的二十六個直轄鐵路管理局和工程局，根據部頒命令的要求，大都將原有的公報一分為二，改為《鐵路月刊・○○線》和《○○鐵路日刊》即月刊和日刊兩種出版物，因此使國有鐵路的報刊數量增加幾乎一倍。

月刊趨向雜誌化

鐵路月刊的宗旨有二：一是「提倡各界人士及本路同人研究鐵路事業及直接間接有關於鐵路之學問」；二是「增進社會對於本路旅行之興趣」，以促進鐵路的營運。③據此，各月刊設置的欄目內容基本相同，但也根據本路局的實際情況，對內容分別輕重並做適當的取捨，如《鐵路月刊・北寧線》將內容劃分成三大類：

〔甲種〕一、關於鐵路管理、客貨運輸、會計事項之學理的討論事實的經驗等；二、關於鐵路之土木工程、電氣工程、機械工程、化學工程等；三、關於鐵路之具體的論文及開發本路沿線實業之計畫與直接間接應用於鐵路之學說，如經濟、社會、物理化學、地質測繪等；四、翻譯國外關於鐵路之論文以及新學說新事物之介紹等。

〔乙種〕一、關於國內外鐵路統計事項；二、本路沿線各站交通狀況、經濟狀況、人民生活狀況以及旅客食宿處所名勝古蹟、娛樂場所之調查，國內各路線之各種調查，國外關於路務之調查。

〔丙種〕本路線各地遊記、國內外遊記、小說筆記、交通界名人軼事舊聞。

鐵路月刊向以學術研究為重點的雜誌發展。在「公報」時期，發表政論文章的開篇「論著」欄，變為刊載業務、技術文章的園地，如《鐵路月刊・津浦線》一期刊有〈鐵路鋼橋上衝擊力之新演算法〉、〈雙鉸拱論〉、〈鐵道運輸原論〉、〈德國國有鐵路客車之灑掃〉等。而新闢的「研究」專欄，則刊有〈日本國有鐵道研究——組織概況〉、〈五年計劃成功聲中之蘇俄鐵道〉等論述外國同行業狀況的文章，以資借鏡。④

鐵路月刊的新聞性明顯增強。各路報大都闢置專門報導近期消息的欄目，如《鐵路月刊・平漢線》的「交通鱗爪」、《鐵路月刊・津浦線》的「路界紀聞」等。《鐵路月刊・膠濟線》一期「路務消息」刊載的內容中，國內路聞有〈北寧補發職工獎金〉、〈北寧路唐山站列車爆炸情形〉、〈東北十路開運輸會議〉、〈平漢貨車雪阻出軌〉、〈隴海西段工程進展〉、〈興築石歧路〉、〈中東路近訊〉等十來條消息；國外有〈希臘列車互撞〉、〈英庚款案近訊〉、〈蘇俄興築鐵道〉等新聞。⑤

日刊變異副刊化

鐵路日刊的情況相對比較複雜。部頒命令的原意是讓其擔負起原「公報」的職能，以發佈命令、法規等為主，但在實際執行中，除膠濟、北寧、道清等少數路局外，多數路局的日刊大量壓縮公報內容，逐漸辦成了供內部員工閱讀的內容豐富、文字簡潔、具有新聞性質的綜合性小報。例如，《京滬滬杭甬鐵路日刊》於一九三三年六月第六八三號實施日刊的「革新」，提出要「以兩路日刊為兩路同人溝通意見與聯絡感情之所；以兩路日刊為兩路同人切磋學問與砥礪德業之所。」⑥

以第七六三號為例，其欄目要點為：〈每日工作〉、〈兩路上海醫院暫行規則〉、〈體笨整車貨物計算重量辦法〉、〈玉山佳處——正儀之名蹟〉、〈鐵道機廠敢用練習生之建議〉、〈保健延壽談〉等。該刊充滿生活氣息，且經常刊有圖片、廣告。

革新七個月後，編輯們總結經驗，做出規劃，於一九三四年初又向兩路員工發出號召，希望能在如下方面提供稿件，進一步豐富日刊的內容：

改進路務之意見。來稿經請主管人員研究後發表。其可以即刻實行者，一面即交主管人員實行；其有可以商榷者，另行通函交換意見。關於增進同人福利之辦法亦所歡迎。

本路掌故。如京滬路開駛夜車，聞為辛亥革命，上海光復之結束。彼時滬軍都督陳其美氏力促其成，而主持路事之英人恐有虧折，堅持不可。當由陳氏保證每次收入五百元，不足由政府補足，事遂實現。此種資料，既饒興趣，更足鼓勵同人愛護兩路之熱情。

鐵路常識。最好參入本路實況，以相引證。

人生常識。此項範圍甚大，而吾們所特別注意者為陶冶人格；增進服務道德，實現合理化，以增進工作效率；灌輸衛生與體育知識，以增進健康等。

另外，還新闢了沿線經濟狀況及掌故、圖書介紹、時賢雋語等短小精悍的欄目。增加這些內容後，通常刊佈的命令、公牘等都以摘編要點或公佈文號的形式出現，全文則有針對性地另行印發給有關部門，使日刊成為「專供兩路同人閱讀」的小報。⑦

再如《正太日刊》，除篇幅很小的「公牘」欄目外，設置了時效性很強的本路要聞、當日消息、本路雜訊、收發日記、旅客注意、讀者之聲等欄目。在第九號上，提出要新闢「回聲」欄目，稱：「其性質類於各報之副刊，凡於抗日運動、員工生活、鐵道技術有關之文字，不拘體裁為詩歌、小說或短篇散文，均所歡迎。」⑧這份十六開八版的小報，在正太線的車站和列車上公開發行。

日刊的「變異」，實際是對內容枯燥的「公文快報」的抵制，是鐵路員工渴求文化生活的反映。在月刊只能是少數人閱讀的學術性雜誌情況下，日刊作為絕大多數鐵路員工的日常讀物而辦得較有聲色，在這一時期的路報叢林中爭奇鬥豔。意圖將日刊辦成公報的部頒命令流產，「不另行文」成一紙空文，說明違背規律的規定是沒有生命力的。

路報的辦報體制

國有路報，為了應對既辦月刊又辦日刊的局面，普遍健全了辦報體制，明確了編譯（查）課（科）人員編制、職責。各路情況不一。例如，膠濟路編查課編制為二十六人，包括：課長一人、

表六、隴海鐵路總務處編譯課人員一覽表 ⑩

職別	姓名	年齡	學歷	簡歷	外語	薪資
課長	劉文彬	四六	比利時普魯塞爾工科大學	南開、中山等大學教授，外交部河南交涉公署秘書，隴海局洋文秘書、編譯課編譯主任、代理課長	法文	十八級
主任課員	陸鴻謨	六一		河南滎澤確山縣署科長，第一高等檢察分庭書記官，本路營業總管理處秘書、編譯課編查主任		二六級
課員	戴仲虎	三五	天津新學書院、法國魯蒙高等職業學校	本路車務處文書課課員、督辦公署翻譯、管理局總務處編譯課翻譯	英文 法文	二七級
課員	田鑿	三三	上海震旦大學法科	籌辦中俄交涉事宜公署學習員，北平南堂法文學校法文教授，本路營業總管理處翻譯、編譯課翻譯	法文	二九級
課員	張肇棨	四二	上海震旦大學文科	徐匯公學法文算術教員，北平南堂法文學校法文教授，本路營業總管理處翻譯、編譯課兼幫翻譯	法文	三一級
課員	林超峰	三九	上海震旦大學	汴洛隴海編譯處譯員	法文	三三級
課員	陳培璘	三一	大同大學英文專修科肄業，上海大學	國民革命軍第一軍政治指導員，大墟、興寧各縣立中學校教員	英文	三五級
課員	黃煥雲	三五	湖北省立法政專門法律科	樊口堤閘委員會股員、吳橋縣政府科長		三七級
課員	潘廉鶴	三五	上海徐匯公學	本路營業總管理處翻譯科司事、本局編譯課司事	法文	三八級
課員	王星浦	五一	清附貢薦任職分省任用	農商部諮議、京兆酒類徵稅處東便門稽查處主任		三八級
書記	付毓昌	三一	河南禦輝法文學校	鄭州公署會計員、河南訓教學院教務科辦事員	法文	四〇元
書記	吳雲生	二五	京師公立第二中學校	本局考取錄用文書課書記	英文	三五元
書記	王振玉	二二	徐州中學	本局練習書記	法文	三二元

課員七人、事務員七人、司事七人、書記二人、練習員二人；而隴海路編譯課的編制則僅有十三人。但後者配備的編採人員文化程度都很高：課長和一名課員係「海歸」，除三名書記員是中學畢業外，其他課員均有國內著名大學、公學學習的履歷。⑨其中，隴海路對編譯課的職員還有法語能力的特殊要求（表六）。這是因為，隴海鐵路係北洋政府與比利時於一九一二年九月簽定借款合同開始修建，日常有許多法文的文牘和建設資料需要處理。而當時中國其他線路，也多為西方列強貸款興建；其道軌、機車、建築等風格各異，曾被譏為「萬國鐵路博物館」。所以，一些路局在聘用編譯課職員時，還要考核其英語、法語、德語或俄語、日語等的外語能力。

一個有較高文化、專業素質的編輯隊伍，使辦好月刊、日刊有了人材的後盾。

■ 工程局報助力鐵道建設

在鐵道建設的高潮中，誕生了一批以反映工程建設為宗旨的工程局報和邊建設邊營運的路報。它們聲稱：「較之專事登載政令、法規，只做公報體例觀者，其用意不盡相同」；主要反映工程進展狀況，「以及關於技術上有待考量討論之資料與各項插圖。」⑪因此，它們是路報群體中有別於月刊、日刊的一個類型。

隴海鐵路西段建設中的工程局報

隴海鐵路是這一時期鐵道建設的重點。計畫中的隴海路貫穿中國東西，一九〇四年十月開工建設。但在南京政府成立前，西線幾為空白。為續建該路，一九三一年四月成立了隴海鐵路潼西段工程局，開工建設臨潼至西安路段，並於當年七月創刊《隴海鐵路潼西段工程月刊》，公開發行。可能為節省經費，外觀與其他路報不同，封面素印。其欄目設置有工程紀要、行政紀要、著譯、法規、專載、附錄等欄目，並附有大量圖表。

潼西段工程局時任局長凌鴻勳（一八九四—一九八一年），為中國著名鐵路工程專家、教育家，長期從事鐵道工程建設，先後主持修造了隴海、粵漢、湘桂、寶天、天成、津浦、廣九鐵路等重要幹線，負責開發西北地方的公路幹道。在他的主持下，《隴海鐵路潼西段工程月刊》可謂辦成一專業技術刊物。日常所載內容均與工程建

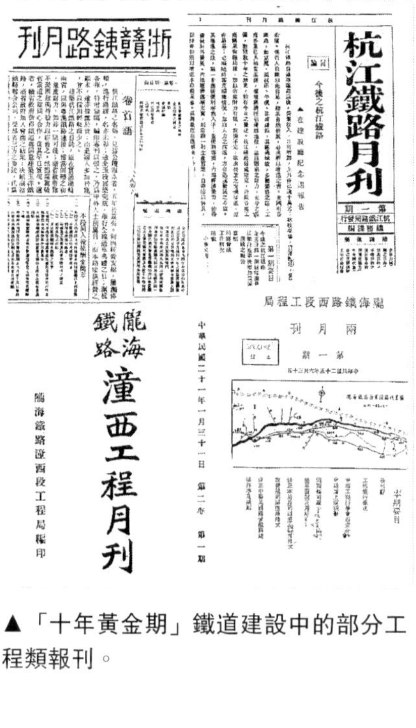

▲「十年黃金期」鐵道建設中的部分工程類報刊。

設緊密相關，沒有時政方面的欄目。但當工程開工不久，爆發一二八淞滬事變時，該刊在一期內發表了淩鴻勳連續兩次在員工集會上的「報告詞」，詳敘事變經過、國際國內反應，痛斥日寇的侵略暴行，介紹我「第十九路軍抱決死之心誓予抵抗，以衛國家而保人格」的抗戰事蹟。他號召員工：「當此國難危機之時，凡屬國民均應同仇念切，共禦外侮。中央政府現移洛陽，是本路責任更為重大，亦即吾人報國之時，所望全體員工忠心職守，刻苦工作，策力奮發，一致努力！」⑫值得附帶一提的是，淩鴻勳的報告詞，並未如一般路局通常將首長演講稿刊在路報卷首，而是放在刊尾的「附錄」欄中，由此也可見淩先生是少官僚氣的實幹專家。

該刊的行政紀要曾在一期中發佈多條關於節約經費的鐵道部訓令：「為一切材料及服御均應採用國貨文」（總字一一六號）、「為各路應厲行緊縮政策文」（總一一七號）、「為各路路務應臻於商業化勿稍沾染官習文」（總一一八號）、「為奉令飭厲行節約仰一體奉行文」（總一九四號）。⑬從時間上看，以上訓令在一週內連續發出，顯見當時建設經費緊張，浪費現象卻嚴重。

潼西段於一九三四年十二月竣工，翌年一月一日舉行通車典禮，《隴海鐵路潼西段工程月刊》遂停刊。一九三五年六月，鐵道部重新組建隴海鐵路西段工程局，繼續向西建設西寶段（西安至寶雞），《隴海鐵路西段工程局兩月刊》於一九三六年六月創刊。西寶段於一九三六年十二月竣工，一九三七年三月通車運營，但《隴海鐵路西段工程局兩月刊》仍繼續刊行，內容的重點轉向修復西寶段被洪水沖塌的橋涵等工程情況、開始測量寶成路段等。目前所見最後一期為一九三七年六月三十一日出版的第七期，估計在翌月突發七七事變後就停刊了。

粵漢鐵路中段建設中的工程局報

另一個重點建設專案是粵漢鐵路。貫穿中國南北向的鐵路，計畫由平漢線與粵漢線構成，平漢線已通車多年，但粵漢線始終沒有完成。該路自一八九八年開工，按清政府的決定，粵、湘、鄂三省「各籌各款，各修各路」，三段分別建設。其間，經歷了商辦、官商合辦、收歸國有和組織變更的曲折過程，歷經磨難。

粵漢路各段的建設、運營史上均曾辦有報刊。同建設過程曲折一樣，其演進遞嬗也在各路報中最為複雜。根據現有資料，梳理脈絡如下：

廣東省（粵）：《鐵路公言報》（一九〇七年三月），《粵路叢報》（一九一一年一月），《粵漢鐵路叢刊》（一九二九年四月），《鐵路公報・粵漢線》（一九二九年十月），《鐵路月刊・廣韶線》（一九三一年一月），《鐵路月刊・粵漢線南段附廣三線》（一九三三年二月）。

湖南省（湘）：《湘省鐵路週報》（一九〇?年），《湘路新誌》（一九〇九年十月）。

湖北省（鄂）：《鐵路公報・粵漢川鐵路湘鄂線》（一九二一年），《鐵路公報・湘鄂線》（一九二四年），《湘鄂鐵路公報》（一九二八年一月），《鐵路月刊・湘鄂線》（一九三〇年十月），《鐵路旬刊・粵漢湘鄂線》（一九三二年八月）。

簡言之，南京政府成立後至一九三二年時，已建設完成的南段有《鐵路月刊・粵漢線南段附廣三線》，北段有《鐵路旬刊・粵漢湘鄂線》。

粵漢路中段——株韶段（湖南株洲至廣東韶關）為待建路段。其時，鐵道部將建設資金籌措到位，「由是國內人士之視線咸一致集中於本路前途之建設，所受各方之責望亦尤為殷

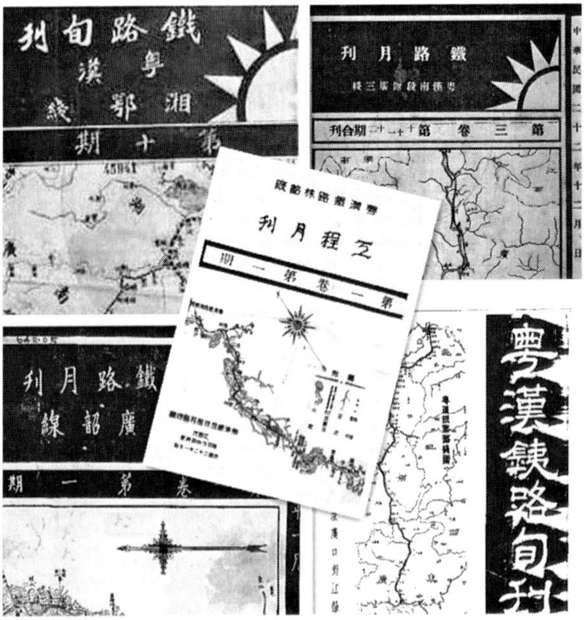

▲粵漢路三段分別創辦的報刊。

切。」⑭正在組織潼西段工程緊張施工的淩鴻勳，奉鐵道部令於一九三二年十月調任株韶工程局局長兼總工程司，主持株韶段的建設。

一九三三年一月，《粵漢鐵路株韶段工程月刊》在廣州創刊。淩鴻勳親撰創刊〈弁言〉說，辦刊的其中一個目的，是為使「所有建築工程情形與其進行經過、以後計畫，極宜發為記述，以備關心路政者之參考。」隨著工程進展，後來該刊遷到衡陽出版，其欄目內容設置與《隴海鐵路潼西工程月刊》完全相同，顯然是淩鴻勳將其原來的辦報模式移植過來。可能該局經費比地處西北的潼西工程局充裕，該刊彩色封面，印有株洲至韶關的路線圖；外觀型式與當時通行的鐵路月刊相同。公開發行。

《粵漢鐵路株韶段工程月刊》詳細記錄了株韶段鐵道建設史實，創刊號的工程紀要專欄以〈韶樂總段工程進展情況〉為題，記述了株韶線的第一總段——韶關至樂州的土方工程、橋樑工程、鋼筋混凝土橋及涵洞管渠工程、鋪軌工程等方面的具體實施過程。其間險象叢生、困難重重，建設者們均採取措施渡過難關，完成任務。讀後令人嘆服！因施工大多在荒山野嶺中，生活艱苦，消息閉塞；所以，該刊在株韶路段的建設中，發揮了指導工作、溝通資訊、凝聚人心的重要作用。

經過株韶工程局建設者的奮鬥，株韶路於一九三六年六月竣工。從清末就起步，蹣跚前行、飽經滄桑的粵漢鐵路，經過三十多年的建設，終於當年九月一日實現全線通車。三段統一後的粵漢路局機關報——《粵漢鐵路旬刊》於一九三六年八月十日在武昌創刊。《粵漢鐵路株韶段工程月刊》等各分段原有的路報，遂完成歷史使命而停刊。

浙贛鐵路建設中的工程局報

由地方政府籌建的鐵路，這一時期也恢復建設，並創辦報刊做輿論工具。因資金問題，地方鐵路往往採取分段修築、分段營業的辦法，邊建設，邊運營。其路局所辦報刊亦屬工程局報刊一類。一九二九年二月，浙江省政府為發展浙江南部和西部經濟，通過向中國銀行貸款等，自行籌款修築自蕭山西興錢塘江邊至江西省玉山的杭江鐵路。一九三〇年三月在蕭山舉行開工典禮，一九三三年十一月三十日竣工，一九三四年一月全線正式通車。在修建到藍溪並通車運營後，杭江鐵路工程局又稱鐵路管理局，於一九三二年十一月創辦了《杭江鐵路月刊》。

杭江鐵路工程局時任局長是中國鐵道建設的另一位巨擘——杜鎮遠（一八八一——一九六一年）。杜先生字建勳，湖北秭歸人。一九二九年後，先後領銜修築杭江鐵路、浙贛鐵路，提出「先通後備」、「固本簡末」的口號，不用外國資金，由中國自行設計、施工，終將兩路建成。浙贛路通車，保障了抗戰初期西南後方的抗戰將士經浙贛線東運至前線，同時由前線撤退的難胞、傷患及內遷的機器、物資也通過此路運輸至大後方。淞滬戰役後，杜奉命搶修通向大後方的湘桂鐵路完工，又率領從華北、華中、華東撤退至雲南的大批鐵路工程技術人員以及四十多萬民工，修築世界築路史上艱巨的建設工程——滇緬鐵路、西（昌）祥（雲）公路，以接應反法西斯國家對中國抗戰的物資支援。抗戰勝利，曾奉命重建粵漢鐵路。

杜鎮遠以題為〈今後之杭江鐵路〉一文作為《杭江鐵路月刊》創刊號的卷首語。作為技術專家，他沒有如大多路局首長利用路報發刊來居高臨下地講大道理，他在分析了通車後面臨的經營形勢後，就如何推進營業，提出了「實行負責運輸」、「厘定差別運價」、「增加列車次數」、「縮短行車時刻」、「改善車中設備」等五項具體辦法。同時，針對新開工的金華到玉山段，在設備採購時盲目崇拜外貨的傾向，他指出：「吾人為國服務，為獨具真知灼見，參酌環境經濟情形，考察實際效用以為設施，故不必盡以模仿他人為事也。」⑮

同杜鎮遠實事求是的行事風格一樣，《杭江鐵路月刊》也形式簡樸，沒有國有鐵路月刊的「豪華」，也少了刊載總理遺像、遺墨的繁文縟節；不設封面，十六開，每期三十頁上下，小型報紙式排印；設有言論、報告（工程和運營情況）、章制、局務會議、工作概況、附載等幾個欄目。內容全部是與本路相關的資訊，除言論和章制外，文章短小精悍。

杜鎮遠經常在刊物上發表文章，例如〈希望為成功之母及努力、認真、廉潔為成功必要之條件〉（第一卷第二期）、〈杭江鐵路之計畫完成與其前途發展之希望〉（第一卷第七期）、〈杭江鐵路最近之工作〉（第一卷第八期）、〈致本路沿線農工商民書〉（第一卷第八期）等，用以鼓勵員工、指導工作。

關於杜鎮遠及建設杭江鐵路，民國鐵道部最後一任部長、時任中國銀行總經理的張嘉璈曾撰文評論。他應邀為《杭江鐵路月刊》的專刊《工程紀略》作〈序〉說：

> 中國今後建設事業，千頭萬緒，尤以鐵路為最關緊要，必須鐵路通達，然後教育文化方可進行，人才方易深入內地，貨物方易營運貿遷，所謂生聚訓育之資，與鐵路實有湊切之關係。今日吾所以先以輔助杭江鐵路為起點者，尤因杭江鐵路局長杜鎮遠君為人樸實廉潔，用人行政俱有條理，一切毫無私弊。所以決意助成此路，冀為國人自營鐵路之標準，養成鐵路之新精神以此路之新精神普遍發揮於他路，俾使新路不沾染舊路之惡習，而舊路又可效法新路之良規。⑯

在鐵道學界被譽為「中國鐵路運輸管理學科的首創者和奠基人、著名鐵路運輸專家」的金士宣先生（一九〇〇—一九九二年），曾於一九三二年八月至一九三四年二月間任杭江鐵路工程局運輸課長，他撰有許多文章刊載報端，留下了早期研究鐵路問題的足跡。現在僅存的十六期中就有如下八篇：〈發展杭江鐵路運輸營業計畫書〉（第一卷第二期）、〈對於本路由杭起運自用材料及裝運貨物過江選擇運站之意見〉（第一卷第三期）、〈鐵路組織制度與中國鐵路組織問題〉（第一卷第九期）、〈人民應如何利用並維護新式交通事業〉（第一卷第十期）、〈浙江運輸網中沿海及內河運輸之地位〉（第一卷第十一期）、〈全國鐵道聯運會議之成績及杭江路之運輸任務〉（第一卷第十二期）、〈杭江鐵路今後之整理與發展問題〉（第二卷第二期）、〈杭江鐵路訂定運價之原則及辦法〉（第二卷第四期）。

金先生早年留學美國，他認為從事鐵路事業的人必須從基層工作做起，因此回國之後主動去路局工作。當時杭江鐵路採取「先求其通，後求其備」的修建原則，線路一經鋪軌，立即投入運營，並開辦聯運。運輸是當務之急，金先生用其所學，集中調配車輛，統一指揮行車，有成效地提高效率、吸引客貨、增加路收，因此鐵道部調他去問題重重的平綏路任車務處長。他發表以上論文時，年方三十歲剛出頭，可謂鐵道奇才。這些論文，是他任運輸課長時理論聯繫實際的結果，肯定成為他後來享譽鐵道學理論界的那些鴻篇巨著的寶貴素材。

金華到玉山段建設完成、杭江路全線通車後，在杭江鐵路工程局基礎上組建浙贛鐵路管理局，開始續建浙贛路玉山—萍鄉—株洲段。《杭江鐵路月刊》遂於一九三四年五月更名為《浙贛鐵路月刊》。該刊繼承了《杭江鐵路月刊》的傳統，形式簡樸，欄目靈活，文章簡潔。仍任局長兼總工程司的杜鎮遠，照樣為更名後的刊物撰寫了〈卷首語〉：「局名雖經更定，惟杭江鐵路創始之功，自當歷久不淹；……現當改組伊始，內外員工，多為杭江舊部，過去工作，各具相當成績；此後尚望愈加淬礪，毋忘締造之艱難，勿憚辛勞，共策前程之遠大。」該刊前期內容反映工程建設情況，後期則建設、運營各半，但仍以建設為主。

一九三六年，浙贛鐵路收歸國有，《浙贛鐵路月刊》也於一九三六年八月的第三卷第三期改版，加上國有鐵路報刊統一有線路圖的彩色封面，欄目也改為命令、章則、會議記錄、統計、工作概況、附載等。抗日戰爭爆發後的一九三七年底，浙贛全線貫通。不久，國民政府為阻止日寇南侵，下令將錢塘江大橋及至湄池間線路破壞，以後隨著戰爭失利而逐段拆毀。《浙贛鐵路月刊》在四年時間裡，見證該路建設奇蹟般的興與衰後，無奈停刊。

■ 基層專業部門辦報活躍

在路局報刊發展壯大的同時，一些機務、運輸等基層部門也開始辦綜合性或專業性的報刊，成為這一時期路報發展的一個特點。這些報刊，是適應鐵路建設發展需要的產物，對提高員工的業務素質，加強鐵路基層建設，促進運營業務的發展，乃至對鐵路「十年黃金期」的形成都發揮了積極作用。

隴海路的《機務月刊》

「機務一端，尤為路事之鈕鍵」。⑰隴海鐵路管理局機務處，於一九三三年一月十五日在鄭州創刊《隴海鐵路機務月刊》。該刊為當時機務類路報中最著者，其發刊受到路局重視並寄厚望，著名的民國鐵道界名人、時任局長錢宗澤和機務處長孫繼丁分致發刊詞，強調通過辦此刊物來培訓員工的重要。由該刊負責人林翊春所致〈發刊詞（三）〉，詳述的創刊緣由和宗旨，具此類報刊代表性，特摘錄如下：

> 隴海是橫貫東西的唯一幹線，行車職工人數頗多，均未經過訓練的過程，其中經驗巨集富服務勤謹的固不乏

人，而技術幼稚工作粗疏者實屬多數；此種職工，對於司機任務，尚未能十分明瞭，以為開車停車，很是容易，只要懂得開閉機車汽門，就可盡其能事，其他工作，均不深切注意。推原根本，還是由於未經訓練的緣故。但因為行車職工，人人都需隨車服務，往返無定，勢不能聚在一方，同時訓練，所以才編印機務月刊。斯刊宗旨，專為介紹學術，灌輸新知，作行車機務職工的指導。

該刊為十六開本，每期三十頁上下。為方便排印數學公式、外文，按當時少見的現代橫排格式鉛印，公開發行，對內免費贈閱。內容除少量的本處命令、法規和時事評論外，其餘均為與機務工作有關的專業理論和實際操作方面的文章，如〈升火訓練的研究〉、〈修銅瓦的淺說〉、〈金屬製品之接合法〉等。該刊「闢有『讀者問答』一欄，凡本路機段服務員司、行車職工、各廠工匠，如於鐵路行車機械方面，有所心得，或有置疑商榷之處」，⑱都可以投稿；而編輯部則認真、詳細地在刊物上給以答覆。有時也自設員工日常應知應會的問題，通過讀者問答欄目宣講。後來，逐漸發展成深受員工歡迎的「金牌」欄目。另外，對一切需詳細闡釋的重要業務，還經常刊出專號，如《司機司爐特大專號》、《新機車機件說明特刊》等。

該刊發行以來，成為員工業務學習的重要讀物。洛陽機車廠提出應「以月刊為課本」，在下屬各廠增加訓練組織，每星期向各職工講解一、二次，月終由廠考試一次，年終由處派員考試，成績作加薪晉級的標準。該刊在行業內也產生很大影響，吸引其他路局的機務專家經常投稿，逐漸成為一份全行業的刊物。因此，也受到路局的贊許，並兌現了如果機務處辦刊成功，則「推之工務車務兩處分別仿行」的計畫。⑲

企業報上很少刊有企業負責人對本企業所辦報刊的評價，但在《隴海鐵路機務月刊》刊行兩年後，局長錢宗澤對其成績給以褒揚、嘉勉和期望。雖言語古澀，卻也能看出他對當初批准辦刊的決定深感欣慰之情：

> 內容所載，條分縷析，原委井然，發揮旁通，應有盡有。雖不敢云十分賅備，但提要鉤玄，芟繁就簡，文質相間，差為愜當。尤以同人立心之遠，用力之劬，一加檢覽，具顯於字裡行間。荀子曰：「鍥而不捨，金石可鏤」。願借此二語為勖。本年開始，機務處仍依往常例式，賡續發行，適值路線袤長，運務展拓，物資設備努力議增。所冀編譯諸君，深知此意，精益求精，據舊鑒新，以合時要。庶幾專業所敷，不息不已，將於機械之旋轉與進行，同其趨響，則所裨助於全路運務者。寧有涯量，正不獨金鐲玉軑，齊鸞並馳，僅足以彰主管一處之績效已也。⑳

該刊從第三卷起，刪掉路名，更為《機務月刊》，顯示其面向全路機務系統的形象，並增加了文藝和人事兩欄。前者「專登小品文字，不拘體例」，但「富有幽默趣味」；後者「專登本處員工人事及交際方面各種消息，以資聯絡」，㉑同時開始有社會商業廣告發佈。正當該刊大展宏圖之時，七七事變爆發，在此前一月——一九三七年六月發行了第五卷第六期後停刊。

北寧路《運輸公報》和浙贛路《運輸週刊》

運輸是鐵路的主要功能和核心業務，運輸處（課）是路局的指揮調度中心，其工作十分複雜。一方面，它要將各部分整合成一有效運轉的系統，日常有大量的協調事務；另一方面，同路局其他基層部門不同的是，它是路局直接與外界聯繫的一個視窗，需要經常地將有關客貨運營資訊向社會公佈。因此，運輸部門辦報在各路局較為普遍。

其中，北寧鐵路管理局運輸處於一九三〇年三月二十九日創刊的《北寧鐵路運輸公報》（以下簡稱《運輸公報》）辦得較有特色。該刊為週刊，大三十二開版幅，每期五十頁上下，書冊式裝訂；前期免費贈閱，第二卷始定價發售。其封面彩印、設計考究，將反映其運輸特點的「安全・迅速・經濟」幾字置於上方，起廣告的作用，下為北寧路的線路圖。本文上章曾說路報改良時，月刊所定封面樣式是以《鐵路月刊・津浦線》封面為樣本，追根溯源，基層辦的《運輸公報》早在改良前就採用此樣式封面，應是設計這種圖案的首創者。

該刊對外宣傳的意圖明顯，每期都以運輸處的名義在扉頁刊出三條「鐵路的義務」：

（一）對民衆供給完善之運輸，收低廉之運價；
（二）對員工給優良之待遇；
（三）對投入之資本，維持其正當利益。

其欄目仿北洋時期的鐵路公報設置，計有：傳單、通告、局令、處令、呈局文、公函、調查報告、規章、研究資料、本週要聞等；同時，每期都似路局公報有〈營業旬（月）報表〉一樣，也有〈載運旅客天津月報單〉和〈貨物運輸統計月報單〉。整體似一縮編的路局公報，但有幾個欄目不同，有的還很有特色。

關於「傳單」，與今天人們對其理解的涵義不同。它是鐵路系統中處（段）一級主管的涉全域性情況需周知，並需回饋的一種通告形式，因此將其放置首位，並以「傳單」之名區別上級路報的「通告」，例如「傳單（營客字第八·三〇號）：為傳知事，本處為便於統計各站旅客進款起見，擬訂發送各站旅客人數進款月報表一種，發交各站。應由各該站站長，按照表內格式，分別填注，於每月十日以前將上月份表寄呈，勿得延誤。並自九月份起實行，希即遵照辦理。此傳。」㉒路局的公報，往往也為各處專設一「傳單」欄目。

《運輸公報》中也有「通告」，它則是處一級對其主管範圍內針對某一部分或局部情況需周知，並依規自行辦理的一種公告形式，效力比傳單低一等級，例如「通告（運客字第八三・三〇號）：為印發客車零件交付證明書，仰遵照填用。嗣後，客車內附屬品及備存品如發生遺失或損壞，所有添置暨修理之費用，應由負責員役賠償。」㉓

《運輸公報》的本週要聞，在一般公報中少有，其刊載的有一定時效性的消息，使《運輸公報》平添了新聞紙的味道。以一期刊載為例：「本鐵籌辦全路貨物負責運輸事務，已籌備就緒，擬定簡章，設立貨物運輸傳習所，現就本處前次錄取人員，定於本月二十日開始訓練，並登報自十月十一日起，在天津、北平、瀋陽招考貨物員八十名」，「本路錦縣路警韓世琦於七月三十日在站搜查便衣匪人，奮力截捕，被匪射中要害而死，捨身成仁，遐邇同欽，業由警務課於九月十日在錦開追悼大會」，「本處據通遼段長本月十三日電，稱通遼左近發生百斯菌毒，已呈局飭由衛生課設法預防矣」等。十幾條路內外讀者都會感興趣的報導，對枯燥的公文也是一種平衡。㉔從第一卷第三十六期起，該欄改為本路要聞，同時增闢路界要聞。該期以〈中英庚款換文往來照會〉為題，詳細報導了中英雙方協商確定將英國退還庚子賠款向英國購置材料，用以中國鐵路建設的過程。

為了「增進運輸員司學識，解釋業務上之疑問起見」，《運輸公報》從第一卷第三十二期始還增闢「運輸質疑」欄目，刊載員工提出的關於運輸方面的問題和專業部門回覆的答案。這些問答，往往是雖有明文規定，但在執行中有時又無法落實的問題，例如一站長提出：查補站臺票中站長與路警許可權如何劃分？小站腳行裝卸貨物超過法定鐘點，延誤之責由何方任之？營業課對此做出解答。這個欄目，不僅解決了實際工作中的困惑，也會促進規章制度健全完善。同時，通過欄目與讀者互動，也能擴大刊物的影響，發揮刊物的作用。

一九三一年三月一日，《運輸公報》在出版完第二卷第八期即連續刊行了四十八期後停刊。因為此時鐵道部已頒令改良路報，各路局遵令陸續辦月刊、日刊。北寧路局決定，「各處課之令文傳單、法制章程」，均匯入專載公牘的「日刊」。《運輸公報》不無惋惜地說，編輯同人等原打算「歷久而不渝，方期竭力繼續貢獻」，「詎竟中道而廢，誠不勝其遺憾！」㉕

行文至此要補充一點的是，本章前述杭江鐵路工程局運輸課長金士宣先生，正是從北寧鐵路管理局調去。《運輸公報》刊行期間，金先生恰任運輸處文牘課長，肯定主持了創刊和日常的編輯工作。《運輸公報》之所以辦得饒有特點，顯然有他的心血。

另外，浙贛鐵路管理局運輸課創辦的《浙贛鐵路運輸週刊》，在運輸類路報中刊行時間較長，後期辦得也較有特色。該刊前身為一九三一年十一月創辦的《杭江鐵路運輸公報》（週刊）。一九三四年，乘杭江鐵路工程局改組為浙贛鐵路管理局之機，於當年十月十日將其改為《浙贛鐵路運輸週刊》。此非簡單更名，而是自身發起的一次針對公報——「完全登載不另行文的通令和章則」——的改革。鐵路公報雖經改良，但其長期形成的流弊，可謂痼疾，在各路局中仍有市場。其所揭示的公報弊端，在路報中仍具普遍性。運輸課稱：

> 當改組遞嬗的期間，我們看到本路以原有浙江一省經營的杭江路線，進展成為橫貫浙贛兩省的東西幹線，一切設施，都在力謀刷新。原有運輸公報，經過了長時期的實驗，覺得它的缺點（一）公文多有時間性關係，稍為重要點的，自然要隨時立即發佈，不能延待公報定期的發刊，所以登入公報不另行文的多屬於次要一類；（二）章則或有單行本，或已揭載本局月刊，在公報上刊登，往往發現重抄。由於上述事實的結果，同人對於公報，深深覺著枯燥乏味，馴至不屑一顧。因此，我們決計把它徹底改革。㉖

運輸課對改刊後的週刊內容重新規劃，設置的欄目

浙贛鐵路運輸週刊
本路員工信條
編例
服務規範
員工懲罰

▲《浙贛鐵路運輸週報》的獎懲欄目。

有：一週課令、路聞紀要、調查報告、研究資料、專載、譯述、話壇、文選。對於大家既感乏味而各類路報又不能不刊載的「命令」如何處理?他們特別擬定了辦法，即「將一週發生通行各段站的課令號數、日期、送達處所及原令要旨摘登」，各段站據此對照是否已經收到原件，這樣一來，週刊就不再重複發佈，可以騰出大量版幅刊載其他內容。因此，《浙贛鐵路運輸週刊》雖是一份十六開四頁八版的小報，信息量卻很大。而且，他們強調各欄內容以「有關本路事項為限」。

《浙贛鐵路運輸週刊》在刊頭之下固定一「本路員工信條」欄，這是國有鐵路報刊上從未有過的，凸顯了商辦鐵路的特點。據筆者考，在近代中國的民族企業裡，制訂員工信條者並不罕見，但在中國鐵路企業歷史上，據目前所見，這是第一例。現轉錄如下：

余乃杭江鐵路之員工。尤其是余在本路外面機車工警各部分服務，對人接物須持謙恭和藹之態度，並已認清餘自己之地位猶一商店之夥友。本地人民及旅客，均猶顧主；無論顧主何時何地、有理無理，余為夥友者俱當心氣和平，為有禮貌之接待及詳細解釋。不得出言不遜、舉動粗暴致傷顧主之感情，而礙本路之營業及名譽，是為至要！

同時刊行的《浙贛鐵路月刊》上，並沒有「本路員工信條」。《浙贛鐵路運輸週刊》內部發行，是員工人手一份的日常讀物，他們以此為工具，來宣揚企業文化，培養企業精神。後來，該刊又增加「服務模範」和「員工懲罰」兩個欄目，為各路報所僅見。體現獎罰分明，也是其建設企業文化，加強企業管理措施的一部分。直至抗日戰爭全面爆發，浙贛路被拆毀，《浙贛鐵路運輸週刊》才停刊。

北寧路的《改進專刊》

一九二九年，在南京國民政府鐵道部整飭路政的大背景下，中國國有鐵路中最先興築的北寧鐵路組建了改進委員會。從管理學角度看，局、處是一個縱向直線組織，當要開展一全域性的專項活動時，就需要有一種措施——即現代流行的「矩陣式」組織型式——從橫向將各處聯繫起來，保證相互間的協調，形成一個有機的系統，會「使得機關全體運用上格外靈活」。改進委員會就是起這個作用的，「它底任務，是輔助局處謀種種改革。換言之，就是本著專門家底態度和精神來研究各種方法改進本路的業務。」㉗

該會「延攬了不少專門學者和路務有豐富經驗的委員」，為了能有一個讓專家們集思廣益、相互研討交流的園地，充分發揮這個組織的作用，鐵道專家、副局長鄭寶照建議編印一種專謀「改進」的刊物，《改進專刊》遂於一九三四年十月一日創刊。這是各大路局中也是路報歷史上唯一一份此類刊物。

《改進專刊》的「性質是研究專門的問題，或刊佈擬議的計畫，供給大家探討；或制成具體方案，以為實施底張本；此外，個人學術研究，也可以儘量地發表。」而它「當負的使命，就是（一）介紹鐵道學說；（二）研究鐵道各項改革問題；（三）考查國內及沿線農工商業的需要。」㉘

《改進專刊》版幅為十六開本，每期六十頁上下，封面印製精美，每期一換。創刊號的封面歷史感極強：上為光緒七年（一八八一）北寧路鐵軌馬車牽引做動力的圖案，下為北寧路於民國廿一年（一九三二）四月由我國唐山工廠自造的第一輛太平洋式機車。原計劃不定期出版，但基本為月刊，個別為隔月出版，公開發行。總務處處長徐濟任總

▲鐵路局基層部門辦的部分報刊。

編輯。後期，外籍總工程師鄂斯特羅烏莫夫成為該刊主要編輯。

該刊日常刊載的內容只有專載、論文、譯述和路事記要四部分，前三部分都是關於鐵路原理和技術理論方面的文章，專業性很強，似乎是典型的管理、技術刊物。其實，它既然是為「改進」辦的專刊，其內容所指都是當時北寧路存在的問題。例如，為了突破改革的阻力，局長撰文：

中國的事情，有種壞的觀念，對於改革，大家多取觀望態度，不肯積極的進行。總以為不改革是沒有問題的；一經改革，反而生出不少的麻煩來。其實，改革之結果如何，事先不必顧慮，只要能夠負責就行。古人有句成語「難與圖始」，固然一件事情在最初改革的時候，是非常的困難；但是將來改革成功，大家就又覺得「樂觀其成」了。古時遺留的格言，表示中國國民性的「積重難返」，確乎如此。要作建議改善的事情，須有不折不撓的精神，須對於現狀完全明瞭，才能達到目的。本來，改善談何容易，人情樂於守成，偶然改常，每每多所不願，試看中國政治上所反映的因循狀態，就是這個道理。總之，要改善就得打破現狀；要打破現狀，非有魄力不可。㉙

再如，針對鐵路的用人問題，有文章指出：「鐵路對於員司的待遇，與官廳待遇僚屬不同。如果鐵路要商業化，鐵路員司必須有優良的訓練，完美的道德，人人要視路事為己事，視客商為賓朋。為達此種情形，第一要去掉他們『五日京兆』的心理，才能夠努力工作，事情才能辦好，非得有商業化人事的管理不可。」㉚即：一、合理的薪工；二、完善的甄別；三、設施適宜的教育；

四、確實的保障；五、上下的諒解；六、避免人才的浪費。

《改進專刊》大約共發行了第二十多期後，於一九三七年上半年停刊。在兩年多的時間裡，它對改進北寧路的管理，促進鐵路經營商業化，發揮了積極作用。

車務處和車務見習所的報刊

各路局的車務處素有辦報刊的傳統，其中《滬寧滬杭甬鐵路車務週報》辦刊歷史較長。該報稱：「兩路車務週報之刊行，已歷有年所，其起始年月，與格式內容之轉變沿革，因檔案毀於『一二八』戰禍，倉猝難以稽考。『一二八』後重新刊印，自第一期起，迄本年（引者按，一九三四年）七月卅一日止，共計刊行一百十三期。」㉛該刊過去為單面油印，每期只有一至二、三頁，主要刊載車務處的通函、通告，內容簡單枯燥，效力甚微。鑒於此，車務處研究決定停止刊行，改善辦刊。一九三四年八月六日，改版後第一期鉛印的《車務週報》問世。內容除摘要刊發必要的通函通告外，「舉凡有益於國家社會、個人修養，以及本路業務之言論作品」均有刊載，由「公報」轉為「同人問題商討之園地」。

該報十六開四版，按小型報紙形式編排。其特點是，將本來是業務問題的通函、通告都改編成短小精悍的本路新聞報導，既滿足了指揮、調度工作的需要，又增加了可讀性。目前可見《京滬滬杭甬鐵路車務週報》的最後一期，是一九三五年十二月出版的第七十七期。

平漢鐵路在晚清時就辦有車務見習所，為該路培養後備員工。在路局的支持下，見習所學生自治會於一九三二年十月二十一日創辦了《協力月刊》，時任交通總長葉恭綽題寫刊名。〈發刊旨趣〉稱其宗旨有三：一、砥礪學行。「匯個人求知之所得，反而供諸各人之觀摩，……俾吾同學之學行，兩有裨益。」二、發展思想。「思想者，凡百事業演進根源，……集眾思於一城，而共同探討之。」三、鍛煉意志。「剛強弘毅為自立之基，……苟能以艱苦卓越之精神致力於求學之道，為本刊作盡力維護之張本。」該刊主要內容是論著、研究、譯述、文藝等。公開發行，每期附有《平漢路列車時刻表》，並有廣告業務，應該也是平漢路對外宣傳的一個視窗。

其他基層專業報刊

除上述幾份典型的基層專業報刊外，機務類的還有：京奉鐵路管理局機務處的《京奉鐵路機務處技術員學會會刊》（不定期，一九二六—一九二八年），後改為《北寧鐵路機務處技術員學會會刊》（一九二九年—？）；津浦鐵路管理局機務處的《機務譯報》（月刊，一九三三—一九三七年），後又改為《機務月報》、《機務季刊》；平綏鐵路管理局機務處、工務處合編的《平綏技術彙刊》（季刊，一九三四年—？）等。車務類的還有粵漢鐵路湘鄂段管理局車務處辦的《湘鄂鐵路車務公報》（半月刊，一九三二—一九三三年）等。

因各路局管理體制有別，有些路局的運輸業務由車務處主管，該處也辦有運輸報刊，如：膠濟鐵路管理局車務處曾辦《膠濟鐵路運輸統計月報》（一九二八—一九三五年），自一九三四年起改為《膠濟鐵路運輸統計》（半年刊）。另外，北寧鐵路豐台機廠辦有《小小月刊》，平漢鐵路車務見習所同學會辦有《一五會報》等。

■ 闡釋「黨義」報刊氾濫

南京政府成立後，國民黨進入所謂訓政時期。為加強思想控制，鞏固集權統治，以鐵道部長孫科的名義發佈「鐵道部訓令」，要求各路局發展員工加入國民黨。訓令說：

> 奉中央執行委員會特字第一一七六公函，查現在政府機關服務人員多非本黨黨員。但既屬用於黨政府之下奉行三民主義，實施訓政工作之人員而與黨無深切關係，殊非所宜。茲經本會第一一七次常會決議，應由該管長官督促研究黨義，隨時介紹入黨，使為預備黨員。特案函，即希查開並轉行各機關長官知照，……一體遵照此

令。32

國民黨中央訓練部擬具《政軍警各機關工作人員研究黨義暫行條例》，33其中〈各機關研究黨義的方法〉規定「發行定期或不定期刊物，以闡釋黨義。」

根據以上精神，當時的路報，大多開始設黨義專欄。待陸續在各路局建立起國民黨的基層組織——國民黨特別黨部（以下簡稱「特別黨部」）後，由其籌備委員會或執行委員會根據《條例》要求紛紛辦起報刊；有的幹線路局黨部辦有刊期不同的幾種報刊。一時間，此類黨刊大量湧現，與路局行政機關的報刊比肩林立，成為此時期路報的一個特殊現象。

津浦鐵路的黨刊

據現有資料，津浦鐵路可能因靠近南京權力中心，其特別黨部在各路局中首創黨刊，並持續刊行十年。其間，多次更名、改刊，遞嬗複雜。

一九二八年九月，由特別黨部籌備委員會創刊《津浦三日刊》。創刊之前，籌委會就做足了功課，通過《津浦鐵路公報》公告籌備工作進展和籌辦刊物情況，並發佈公文，「通令各處供稿」：

查本路黨員緣處解放之期未久，對於主義乃鮮研求之機。而全路途程跨越數省，以濟案未決，㉞致道途之中梗，消息稽遲且難翔實。敝會宣傳科有鑒於斯，用特發行津浦三日刊刊物一種，日內即將出版，每週計共兩期。內容分載黨義、軍事、政治、國際情形、本路行政、各站要聞等類，用謀主義之宣傳，聲氣之互達，使本路直屬附屬各機關之同志同人，咸不以地阻南北而消息互隔也。惟是，關於本路行政、各站要聞及對於黨義有所闡發、國際情形有所譯述等，深望貴局所屬之同志同人不吝珠玉，惠然投遞。㉟

籌委會結束籌備工作後，該刊至一九二九年二月休刊。同年五月二十四日，由執行委員會「復活」，重新編期。〈復活贅言〉說，「在這復活第一期的時候，又恰巧遇到轟動全世界的我們總理的奉安，這個紀念之於三日刊的意義更加重大了，三日刊使命也更加嚴重了。似乎在這個當兒，在總理靈柩經過本路的當兒，好像冥冥中總理親自將革命的意義和主義的真諦交給我們三日刊去宣傳。」㊱第一期

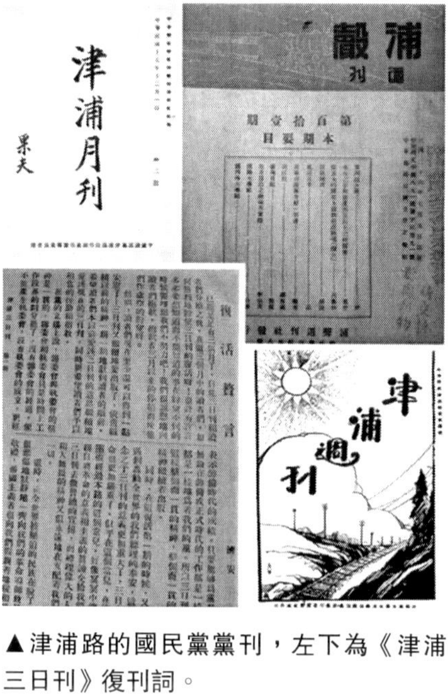

▲津浦路的國民黨黨刊，左下為《津浦三日刊》復刊詞。

定為《總理安葬紀念專刊》。

《津浦三日刊》的「內容以傳達本路黨務及中央黨務、各地黨務消息為主，兼載關於黨的理論文字。」㊲其欄目有：三日一評、代論、中央黨務、本路黨務、本路消息、專載。專載一般為「宣傳科（或組織科）工作計畫大綱」。為了適應國民黨政權的需要，經常出專刊，例如在「蔣馮閻中原大戰」期間出版的第三期，是《討馮專號》，其中刊文列數馮玉祥的五大、七大、十大「罪狀」。

有意思的是，這份以鼓舞人心、宣傳黨義為主旨的專刊，從第六、七期合刊始，新闢了「嗎啡針」專欄。該刊說：「最近我們便感覺到三日刊的內容，太枯燥了，所以本期起添設嗎啡針一欄，專以簡短雋俏的文字，站在黨的立場上，去說人們一切要說而不敢說的話！本來在這烏黑瘴氣漆黑一團的今日社會裡，那一處不需要打嗎啡針呢？」㊳又說，「現在一切的一切，都已陷入頹唐、麻木、萎靡、腐敗的狀況之中！不徹底的嗎啡針，雖然不是根本的治療法，但是打了嗎啡針之後，至少可以有五分鐘的興奮！『嬉笑怒罵』是我們的邏輯，『有什麼說什麼』是我們的精神！」㊴顯見編者面對當時社會狀況的矛盾心理。但這個針砭時弊的專欄可能不為當政者所包容，兩個月後就被撤下，改為「飛輪」，專登革命文藝。㊵

該刊十六開本，二十頁上下，每期至少發行一千二百份。從第三十五期始，「為節儉經濟及擴大消息起見」，改為八開四版的報紙。

一九三〇年一月二十日，《津浦三日刊》更名為《津浦週刊》，又另編期，並改為書冊式，每期更換封面，加注「黨內刊物，注意秘密」。版面增加到六十至百頁上下，欄目改為一週大事述評、選載、特載、專載、讀者園地。每期刊首為一週宣傳要點，諸如：「第一、破壞和平統一者便是反革命，應群起而誅之；第二、注意駁斥怪誕陰險謬誤迭出之政論」等，每一項再細分若干條宣傳題目。所載內容冗長繁複，與同時刊行的鐵路公報不分伯仲。可能無法維持每週出版近百頁的工作量，在第一百期前後，該刊又撤掉封面，壓縮內容，版面減至二十頁上下，並改為公開發行。從第二〇六期起，開始加印一千二百份，「按照全路黨員和預備黨員總數，分別寄交各區黨部轉發。」㊶顯然，國民黨南京政權從初創到平息了「閻馮叛亂」後，開始騰出手來進一步加強一黨獨裁的控制。

一九三五年五月二十日，再次更名為《浦聲週刊》，期號另起，並開始徵集外稿，招攬廣告，擴大社會發行面。約為此計，發行者改為「浦聲週刊社」，特別黨部隱身幕後。欄目有：社評、言論、同路談心、特載、時事紀要、雜著、紀事等。言論一欄的重點是「探討新生活運動及國民經濟建設」；同路談心一欄，「專備本路各同事互談見解，但以對事為原則，絕對避免無關公眾之個人隱私。」㊷關於國民黨黨義和組織活動的內容，主要在特載欄中。另外，關於工會活動的內容，該刊也多有報導。

七七事變後，該刊還正常出版，內容多為關於獻金救國、節衣縮食、捐助前方的報導，還發出〈抗敵救國告全路員工暨沿線同胞書〉，並在每一頁刊登口號：「聞敗勿餒，聞勝勿驕」，「臨危勿亂，受命勿避」。但一九三七年八月二日出版第一一五期後，直至八月十六日才出版第一一六期，因已過一週，該期只以《浦聲》做刊頭，沒有「週刊」二字，而目前能查閱到的最後一期即為該期。此時已爆發八一三淞滬抗戰，南京政府已準備遷往洛陽，《浦聲週刊》可能就此停刊。

在《津浦三日刊》發行的同時，特別黨部還於一九二八年十一月創辦了《津浦半月刊》，第三期後改為《津浦月刊》（陳果夫題刊名）。該刊聲稱：「以發揚三民主義，研究革命理論，貢獻建設方案，介紹批評各種社會思想、學說、理論制度，以專載本黨各項重要消息、言論，及本會工作彙報為宗旨。」㊸為與《津浦三日刊》區隔，特別黨部為其定位：「內容以闡發黨義為主，兼論國際政治經濟及一切社會問題，必要時亦得酌刊革命文藝，其目的在求提高本路同志對黨的認識力。」㊹該刊可能只出兩期，又改為《津浦半月刊》，因現存資料有限，其情不詳。作者推測，該刊後來可能與《津浦三日刊》合併為《津浦週刊》。

以上這些報刊均為特別黨部執行委員會宣傳課編輯出版，還有一份一九三〇年創辦的《訓練半月刊》（後改為《訓練月刊》），是由執委會訓練課負責。

隴海及其他鐵路的「黨刊」

隴海鐵路特別黨部曾先後兩次創辦《隴海旬刊》。第一次是由特別黨部籌備委員會於一九三一年六月十日創刊，該刊為大三十二開，三十至五十頁上下，公開發行。發刊詞聲稱，本刊「負有一種訓練的使命。要使所有的員工，集中在黨的組織與紀律、一貫的理論和一致的行動下邊，致力於三民主義的實際工作」，並使隴海路五千多名員工「一致的受黨義的薰陶從知識方面的增進，促成他們生活上的團體化積極化。」內容分為時事短評、本會消息、論著、專載、文藝、附錄等幾部分，特別強調「一切言論與作品，均以總理遺教為依歸。」[45]

該刊占主要篇幅的內容，大多是各級官員的講話稿、國民黨的規章制度和會議記錄等枯燥的文字。創刊時擬設「工人俱樂部」欄目，可「完全沒有稿子」，編輯期盼以後「關於這類稿件，源源而來」。[46]但只有第二期，編輯自己編了一篇〈訪問豫豐紗廠的一點鐘〉湊數，後來直到停刊，再也沒有刊出。其他欄目，也常常出現「我們簡直沒有接著一篇外來稿件，都是會內幾個同志寫的一點」的窘況。㊼該刊於一九三二年一月發行二十期後休刊。

第二次是時隔近兩年後，由執行委員會於一九三三年十一月二十四日復刊。執委會負責人章谷魂在代發刊詞的〈前奏〉一文中說：

> 過去有一部分人——亦有是黨員——每每有一種疑問：「特別黨部到底做些什麼事情？」固然有些是他們根本不瞭解特別黨部的內容，或者簡直說，根本不曉得「黨」是應該做些什麼事情。可是另一方面，在我們宣傳的不得法，以致引起一部分人的疑問。此後就要有系統的把我們做的一切工作匯紀在這本冊子裡。

顯然，《隴海旬刊》復刊的宗旨是為了宣傳國民黨。章谷魂率先垂範，幾乎每期都有他的文章。僅創刊號，除〈前奏〉外，他就以「魂」、「谷魂」等名，連發〈所謂遠東會議〉、〈對剿赤應有的認識〉、〈在赤都的漢口〉等三篇文章。根據他「根本不曉得『黨』是應該做些什麼事情」的理論，該刊長期連載〈三民主義問答〉，甚至有中英文對照，在路報中獨此一家。這可能因隴海鐵路聘有外籍員工，當局將洋人也列入「馴化」的範圍。該刊發行了六十餘期，約在一九三五年底停刊。

除津浦、隴海兩個橫貫南北、東西的幹線路局外，其他路局也都普遍辦有黨刊，茲列若干如下：《北寧黨務週報》、《鐸聲》（北寧鐵路特別黨部第三區第一區分部）、《兩路黨聲》（半月刊，京滬滬杭甬鐵路特別黨部）、《膠濟鐵路黨義研究會會刊》（半年刊）、《軌道》（平漢鐵路特別黨部）、《武長株萍半月刊》（武長株萍鐵路特別黨務特派員辦事處）、《汽笛》（旬刊，正太鐵路特別黨部）、《路向》（半月刊，粵漢鐵路特別黨部）等。

由於南京國民政府於一九三〇年六月十二日公佈了《工會法施行法》，「允許各機關之工人均得以依工會法組織工會」，並規定「各事業工人所組織之工

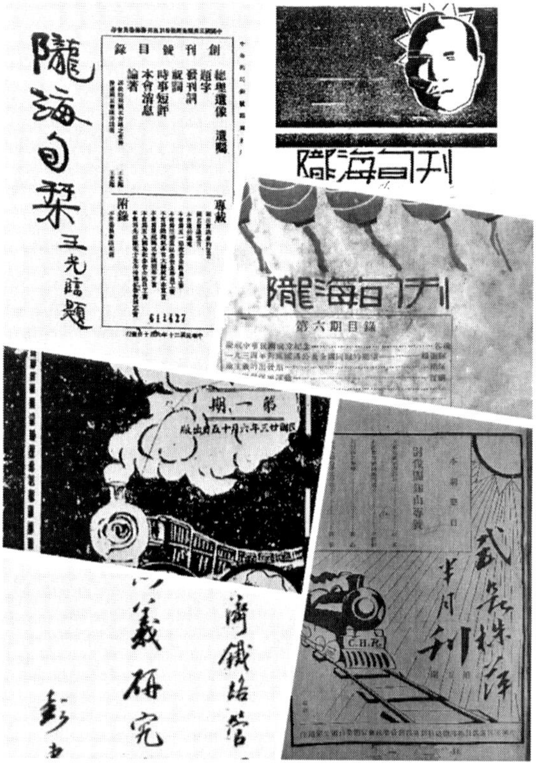

▲隴海鐵路等路局創辦的國民黨黨刊。

會，其主管官署為該事業之主管官署」，㊽因此，鐵道部所轄各路局在特別黨部的組織下建立起工會。領導官辦工會是特別黨部的工作，所以在黨刊中也有反映官方組織下的工會活動的專門欄目或內容。但以鐵路工會名義單獨創辦的報刊已開始萌芽，如隴海鐵路工會於一九三三年創辦了《路工半月刊》，此類報刊在抗戰期間才多了起來。

這些鐵路黨刊，是國民黨推行所謂「國以黨治，路為黨崇」的喉舌；是以「導群之於正軌」為名，控制和馴化員工精神、效忠國民黨的工具。在「蔣馮閻中原大戰」期間和之後，發表大量文章並出「討閻」、「討馮」的專刊，是國民黨「黨同伐異」的武器。在闡釋黨義的名義下，聲討共產黨的言論也累見不鮮，成為國民黨在鐵路系統中反共的輿論陣地。但另一方面，在中蘇、中日路權之爭等涉及民族利益的國際事件中，這些報刊發表的大量言論，均能站在中華民族的立場伸張和維護權利；在日寇侵華日益倡狂之時，也義正詞嚴地鼓吹抗戰。它們還經常刊載糾正封建、落後的社會文化習俗方面的文章。

■ 十年繁榮的終結

綜上所述，在十年黃金期的鐵道建設中，各種類型的鐵路企業報刊是重要的輿論工具，它們從不同角度，對推動鐵道建設、促進鐵路運營、加強企業管理、提高員工素質發揮了積極的作用。這些報刊，詳實記載了中國近代鐵道建設、鐵路運營重要階段的歷史，記錄了鐵路文化建設的足跡。

據不完全統計，此時期刊行的各類鐵路報刊有一百五十多種，達到自中國有鐵路企業報刊以來的頂峰。其中，有三十幾種是中東鐵路和日本南滿洲鐵道株式會社，及所屬企業在偽滿洲國創辦的報刊。九一八後，日本侵略者在我國東北大肆拓展，以滿鐵為主體，建設鐵路、開發礦產，做長期侵佔東北的打算，一批以調查資源、組織經營為目的企業報刊紛紛出籠，如《滿鐵調查月報》、《滿洲經濟統計月報》、《滿鐵資料彙報》、《奉天鐵路管理局局報》、《錦縣鐵路局報》、《牡丹江建設事

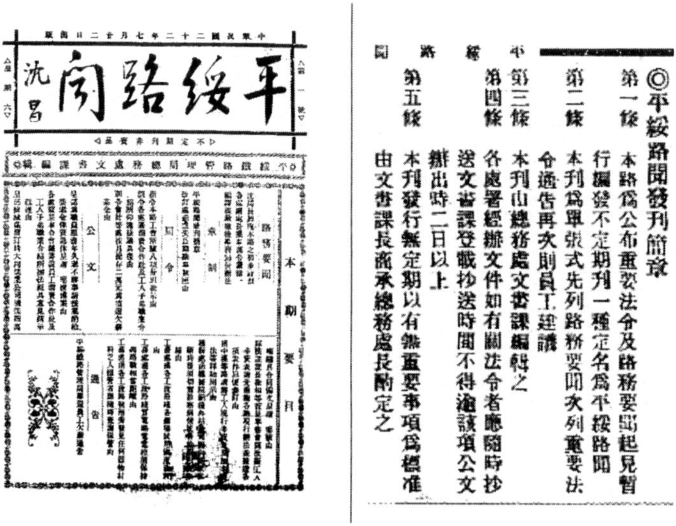
平綏路聞

沈昌

◎平綏路聞發刊簡章

第一條　本路爲公布重要法令及路務要聞起見暫行編發不定期刊一種定名爲平綏路聞

第二條　本刊爲單張式先列路務要聞次列重要法令通告再次則員工建議

第三條　本刊由總務處文書課編輯之

第四條　各處署經辦文件如有關法令者應隨時抄送文書課登載抄送時間不得逾該項公文辦出時二日以上

第五條　本刊發行無定期以有無重要事項爲標準由文書課長商承總務處長酌定之

▲中原大戰後，平綏路局因陋就簡辦的《平綏路聞》。

務所所報》等。這些報刊成為日本侵略者對中國掠奪資源、殖民統治的罪證。

這一時期，鐵路企業報刊的發展並非一帆風順，如中原大戰使平綏、隴海等鐵路遭受嚴重破壞，路報停辦。待戰事平息，鐵道重建，平綏路局因無力辦月刊、日刊，於一九三三年七月二十二日辦起不定期的《平綏路聞》。該刊「為單張式。先列路務要聞，次列重要法令通告，再次則員工建議。」條件稍好，一九三五年又復刊《平綏日刊》。當時，平綏路局為應對經費拮据實施減員，編譯課奉令裁減，「該課職員亦經明令一律停職，該課原有事務歸併文書課辦理」，以上兩刊均為文書課職員兼職編輯，可見路報生命力之頑強。

在鐵路報刊繁榮的背後，危機已經出現。來自日本侵略者的威脅不斷增加，華北已在日本蠶食之下。「長城抗戰」失利，《何梅協定》出臺，偽政權控制華北鐵路，原有路刊更名。南方忙於備戰，無法維持正常的運營，路報秩序混亂。至十年黃金期的末期，路報雖在困難的情況下仍堅持刊行，但已無力按鐵道部的規定出版月刊、日刊，紛紛改辦半月刊、旬刊，外觀五花八門，統一的型式不復存在，有的已不能按期出版，甚至停刊。鐵路企業報刊盛極而衰，十年繁榮漸成昨日黃花，開始進入歷史上最艱難的階段。

注釋

①南京中國第二歷史檔案館編，《中華民國史檔案資料彙編》第五輯（南京：江蘇古籍出版社，一九九四年），頁六四。

②本節內容參見第七章〈南京政府鐵道部改良路報始末〉。

③〈北寧鐵路月刊徵稿簡章〉，《鐵路月刊・北寧線》（天津），民國二十年一月。下段引文出處相同。

④〈論著〉，《鐵路公報・津浦線》（浦口），民國二十二年十二月。

⑤〈路務消息〉，《鐵路月刊・膠濟線》（青島），民國二十年二月。

⑥〈本刊對於同人的渴望〉，《京滬滬杭甬鐵路日刊》（上海），民國三十三年一月四日，頁五。下段引文出處相同。

⑦《京滬滬杭甬鐵路日刊》報眼注明：「本刊專供兩路同人閱讀」，內部贈閱。

⑧〈徵稿啟事〉，《正太日刊》（石家莊），民國二十二年四月十一日。

⑨《全國鐵路職員錄・膠濟線》（南京：國民政府鐵道部編，民國二十一年），頁十一、十二；《全國鐵路職員錄・隴海線》（南京：國民政府鐵道部編，民國二十一年），頁十五—十七。

⑩據《全國鐵路職員錄・隴海線》編制。

⑪淩鴻勳，〈弁言〉，《粵漢鐵路株韶段工程月刊》（廣州），民國二十二年一月。

⑫〈二月一日紀念週淩局長報告辭〉、〈二月十五日紀念週淩局長報告辭〉，《隴海鐵路潼西工程月刊》（鄭州），民國二十一年二月二十九日，頁一—二。

⑬〈行政紀要〉，《隴海鐵路潼西工程月刊》（鄭州），民國二十一年一月三十一日，頁十一—十三。

⑭同注十一。本段引文出處相同。

⑮杜鎮遠，〈今後之杭江鐵路〉，《杭江鐵路月刊》（杭州），民國二十一年十一月，頁一。

⑯〈編者〉，《中行生活》（上海），民國二十三年三月一日。

⑰錢宗澤，〈發刊詞（一）〉，《隴海鐵路機務月刊》（鄭州），民國二十二年一月十五日，頁一。

⑱〈本刊啟事〉，《隴海鐵路機務月刊》（鄭州），民國二十二年一月十五日。

⑲同注十七。

⑳錢宗澤，〈序言〉，《機務月刊》（鄭州），民國二十四年一月，頁一。

㉑〈本刊啟事〉，《機務月刊》（鄭州），民國二十四年一月。

㉒〈傳單〉，《北寧鐵路運輸公報》（天津），民國十九年九月十三日。

㉓〈通告〉，《北寧鐵路運輸公報》（天津），民國十九年九月十三日。

㉔〈本週要聞〉，《北寧鐵路運輸公報》（天津），民國十九年九月二十日，頁五四—五五。

㉕〈本報特別啟事一〉，《北寧鐵路運輸公報》（天津），民國二十年三月一日，頁一。

㉖〈編例〉，《浙贛鐵路運輸週刊》（杭州），民國二十三年十月十日，頁一—二。下段引文出處相同。

㉗殷同，〈發刊詞〉，《改進專刊》（天津），民國二十三年十月一日，頁一。下段引文未注明者，出處相同。

㉘鄭寶照，〈引言〉，《改進專刊》（天津），民國二十三年十月一日，頁十一。

㉙〈殷局長致本會詞〉，《改進專刊》（天津），民國二十三年十月一日，頁十二。

㉚鄭寶照，〈鐵路商業化之面面觀〉，《改進專刊》（天津），民國二十三年十月一日，頁十七。

㉛〈改組緣起〉，《滬寧滬杭甬鐵路車務週報》（上海），民國二十三年八月六日。

㉜《鐵路月刊・廣韶線》（廣東），民國二十年二月，頁七三。

㉝〈政軍警各機關工作人員研究黨義暫行條例〉，《國民政府頒行法令大全（上冊）》（南京：國民政府行政院編，民國十七年），頁四八三。

㉞即濟南慘案，又稱五三慘案。

㉟〈本局通令各處供給津浦三日刊資料〉，《鐵路公報・津浦線》（浦口），民國十七年九月，頁五。

㊱〈復活贅言〉，《津浦三日刊》（浦口），民國十八年五月二十四日，頁十六。

㊲〈宣傳科工作計畫大綱〉，《津浦三日刊》（浦口），民國十八年五月二十九日，頁十六。

㊳〈致讀者〉，《津浦三日刊》（浦口），民國十八年六月十三日，頁三。

㊴〈嗎啡針緣起〉，《津浦三日刊》（浦口），民國十八年六月十三日，頁二一。

㊵〈本刊特別啟事〉，《津浦三日刊》（浦口），民國十八年九月二十七日，頁二七。下段引文出處相同。
㊶〈本刊啟事〉，《津浦週刊》（浦口），民國二十三年十一月五日，頁二六。
㊷〈本刊徵稿簡例〉，《浦聲週刊》（浦口），民國二十六年一月十一日，頁十一。
㊸〈發刊詞〉，《津浦月刊》（浦口），民國十七年十二月一日。
㊹〈宣傳科工作計畫大綱〉，《津浦三日刊》（浦口），民國十八年五月二十九日，頁十六。
㊺〈隴海旬刊投稿簡則〉，《隴海旬刊》（鄭州），民國二十年六月十日。
㊻〈編後〉，《隴海旬刊》（鄭州），民國二十年六月十日。
㊼〈編後〉，《隴海旬刊》（鄭州），民國二十年六月二十日。
㊽〈工會法施行法〉，《鐵路月刊・南潯線》（南京），民國十九年六月，頁五。

第九章　地方商辦鐵路公司的報刊

■ 商辦鐵路報刊異軍突起

自晚清以來，國人在同西方列強爭奪路權、利用民間資本成立商辦鐵路公司籌建鐵路時，就開始創辦報刊為保路搖旗吶喊和做建設、經營鐵路的宣傳工具。如前文所述有商辦廣東粵漢鐵路總公司辦的《粵路叢報》、湖南粵漢鐵路總公司湘路集股會事務所辦的《湘路新誌》、廣西鐵路公所辦的《桂報》等。

民國初年，北洋政府為控制路權，將原有的商辦鐵路公司大多改為官商合辦，南京國民政府成立後，大舉建設鐵路，將商辦鐵路建設也列入了全國鐵道發展規劃中。同國有鐵路企業辦報十分活躍一樣，這些在夾縫中生存的官商合辦鐵路公司，也都紛紛創辦了自己的報刊，作為圖生存謀發展的宣傳工具。

民國時期的一九二〇至一九三七年間，陸續創辦的官商合辦鐵路報刊（以下簡稱「商辦鐵路報刊」）主要有《廣三鐵路局局報》、《南潯鐵路月刊》、《江南半月刊》、《呼海鐵路月刊》、《奉海週報》、《開豐鐵軌汽車公司月刊》、《新寧鐵路公報》等。它們同國有鐵路報刊相比，儘管數量不多且明顯受官辦公報影響，但由於其企業體制有別，因此，它們出於自身環境和經營特點的需要，在辦報旨趣和辦報方式等方面各有千秋，反映出與後者的不同特色。

商辦鐵路是由民間集資或與地方政府合資興建，企業為股份制。它的性質決定其應當對股東負責，因此定期及時地向股東和社會公告其建設、運營及人財物等方面的情況，以接受監督，是商辦鐵路報刊的基本職能，如《南潯鐵路月刊》的〈弁言〉指出：

▲民營鐵路辦的部分報刊。

將公司收支款項以及各種事宜概行分別登載，以符遇事公開之旨。余聞而嘉之。鐵路股款全由募集而來，營業之盈虧關係股東之血本。惟能事事公開，昭示大衆，則全省人民咸曉然於全路之營業情形與收支之狀況。洪纖備列，條目詳明，何者宜擴充，何者宜撙節，當軸者統籌全域，擇善而行。①

其他各報也都明確說明其發刊的目的，是為了「將本路經過之狀況及各種規劃，儘量披露」，「使本路股東咸了然於其中情況，期海內外人士予以批評與指導，相與提挈於其前，而監督於其後。」②

由於商辦鐵路報刊與官辦鐵路報刊的宗旨有別，再加上沒有像官方對國有鐵路報刊那樣的統一規約，其型式各取所需，封面設計繁簡不同，刊名、刊期各行其是，欄目設置、內容也別有洞天。所以，商辦鐵路報刊辦得還較活潑有生氣，在中國鐵路企業報的叢林中異軍突起。

■ 無私無隱的《南潯鐵路月刊》

北洋政府時期，自稱「環顧國內，完全商辦鐵路復不得不推此路為嚆矢」的江西全省鐵路總公司，③於一九二三年三月在九江創刊《南潯鐵路月刊》。該公司聲稱：「今以各處鐵路皆有月刊，意美法良，特仿而行之，按月發刊。」④

《南潯鐵路月刊》雖仿官營「各路所出月刊之例」，但其最初的動機，則凸顯與官辦公報的不同。一方面，是為了滿足社會股東瞭解內情、監督經營狀況的需要；另一方面，則是為經理人能將「經營擘畫之苦衷亦可大白於群眾，以間執讒慝者之口。」主持該公司工作的協理張肇達就說：

> 蒞職以來，夙夜兢惕，未敢或遑。抱定一有利必興，雖微不殆；有弊必革，雖小不容之微旨，以期補救於萬一。弟恐囿於聞見，莫由折衷，且時值難關，如朽索之馭六馬，苦心孤詣，內容或未盡悉。其奚以免疑慮，而資研究，爰仿部出交通雜誌及各路所出月刊之例，組織南潯鐵路月刊一編，詳載公司運輸狀況，養路計畫，以及科檔收支，無不隨時公開，俾與邦人士共之。⑤

《南潯鐵路月刊》的內容，除通告、公牘、規章外，主要以大量篇幅刊載總務處、會計處、車務處、養路處、

▲一九二七年三月更名為《南潯鐵路月報》後的封面。

機務處等各部門的報告和月份車利等各項經營報表。反映出其早期功能主要是通告經營狀況。以「無私無隱，共睹共聞」的風格經辦幾年後，⑥《南潯鐵路月刊》逐漸向服務路政的功能轉變，封面載明宗旨為：「刷新路政，剷除積弊，研究學術，交換知識。」該刊宗旨在當時的鐵路報刊中，可謂獨樹一幟。該刊又聲稱：「關於本路應興應革諸端，以及交通之常識、學術之研究，莫不悉心計畫、從容商榷，以期群策群力，日臻上理。」⑦說明其功能由發佈命令、指揮工作，擴展到傳播知識、推進改革；顯示其與官辦公報居高臨下的姿態迥異，增加了與讀者（員工）互動的氣氛。

儘管該刊也免不了受官辦公報流俗影響，但形式和內容，還是別開生面，如其彩色封面設計新穎，每期一換。直至一九二八年南京政府將公司收歸國有後，封面始同其他鐵路公報一樣有固定版式。其欄目設置，打破了公報的模式，自成一體，除刊有命令、研究資料、法制章程、工作報告、圖表等，在刊首增加了論說、刊中插入了鐵道鱗爪兩個大欄目。每期的論說，刊有如〈整理南潯鐵路之計畫〉、〈論江西鐵路之重要〉、〈特別會計之意義〉等結合實際的論文，評論本公司當時的熱點問題和中心工作；鐵道鱗爪則以短小精悍的多則短文，介紹國內外的路政新聞。尤其是，它將公報通常上指下派的文牘內容，改為由各處即時對外發佈的工作報告，且占該刊主要篇幅，體現其對股東負責的用心。

該刊曾因商辦改官辦、路局改組等原因休刊一段時間，一九二七年三月復刊更名為《南潯鐵路月報》，一九三〇年八月又改回原名，一九三一年一月更名為《鐵路月刊・南潯線》，抗日戰爭爆發前停刊。

■ 反日愛國的《瀋海鐵路月刊》

奉海鐵路——奉天大北門外至吉林海龍縣——是東北第一條由國人集資建設的鐵路。一九二五年五月十四日，東北地區的鄉紳和軍閥張作霖控制的奉天省（即今遼寧省）地方政府合資成立奉海鐵路公司；一九二七年冬，奉海鐵路竣工。北伐後期，東北易幟，接受國民政府領導。奉海鐵路為宣示自己的主張和組織運營，組建公司編譯課，於一九二八年十二月創辦《奉海週報》，但僅辦了一個月，因政局變動即休刊。翌年四月，省城改名為瀋陽，奉海鐵路遂更名為瀋海鐵路，停辦了六個月的《奉海週報》，於當年六月五日復刊並更名為《瀋海鐵路月刊》。

時任公司總經理的張志良（一八七八—一九四七年）——曾為張作霖的貼身秘書，被譽為「遼寧現代民族工業的奠基人」——親自組織了《瀋海鐵路月刊》的籌辦。他說，「月刊之發行，一則萃國人合作之精神，取內外公開之態度；一則集思廣益，冀攻錯於他山，博訪周諮，謀康莊之前路。」⑧該刊版幅為大三十二開，每期一百五十版上下，公開發行。聲稱：「本刊以灌輸鐵路學識，發展本路使命，並以促進建設為宗旨。」⑨時任國民政府東北邊防軍司令長官的張學良為創刊題辭曰：「百里聚糧，八方綰轂，商旅載途，置郵其速，披覽是編，聚乎在目。」

《瀋海鐵路月刊》似有意突出其官方色彩。其欄目仿北洋政府時期確定的國有鐵路公報設置，也是命令、公牘、法制、圖表等。只是其「紀錄」欄目多為報導董事會、股東會的會議決議等內容，反映出其為一官商合營公司的刊物。尤其是篇後的文藝、雜俎、附錄欄目與官報不同，實際都是員工創作的文化作品，後期統合為「藝苑」，內容包括詩詞、散文、小說、隨筆、時評等，文字簡短，豐富多彩，成為瀋海鐵路員工直泄憂國憂民情緒和抵制日貨的園地。這是一般鐵路官報所做不到的。

時值北伐戰爭結束，在慶祝全國統一、南京國民政府成立的鑼鼓聲中，該刊卻「敢冒萬死」，屢屢發文嘲諷「名

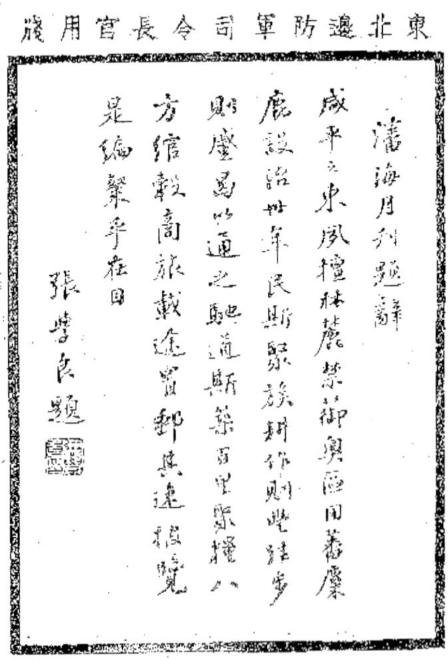

▲張學良為《瀋海鐵路月刊》創刊題詞。

義上」統一，表達對將介石及其政權的不滿和對現實憂慮：

環顧國內情勢，不覺百般感慨，紛至遝來，骨鯁在喉，不吐不快，敢冒萬死，為諸君陳之。我國今日處此重重壓迫之下，國防廢弛，經濟破產，內政不修，意見隔閡，北伐雖已完成，革命雖已入有建設時期，政治雖已入於訓政時期，而不平等條約仍未取消，外界壓迫，依然存在。國民政府名義上雖然統一全國，而交通仍遭破壞，厘金仍不裁撤，軍閥層出不窮，亂事年年不已。所謂黨的政策，未見一條施行。在上者只知縱橫捭闔，希圖滿足其的克推多（引者按，英語「獨裁者」dictator的音譯）或一派一系專政之野心；在下者只知處心積慮，謀所以刮削小民脂膏，聊以自飽。一切情形，一切氣象，與十七年（一九二八）以前，實無大異。嗚呼！無統一之政治，無修明之政府，無眼光遠正之領袖，無知識高尚之國民，而欲新的建設之實施，舊的事業之整理與改良，即退一萬步言之，欲此最低限度的計畫之實現，不難乎！不亦難乎！⑩

因為日本經營的南滿鐵路勢力強大，瀋海鐵路受其擠壓；再加上時值「皇姑屯事件」張作霖被炸身亡不久，日本侵略東北的行動加劇，國仇家恨聚合一起，使《瀋海鐵路月刊》反日氣氛比較濃烈。他們將日貨蔑稱為「仇貨」，發整頁的口號：「打倒仇貨，須先創造國貨。東北資本家和工業人才，當奮袂而起！」幾乎每期都刊有類似的專文，並有人撰文號召公司從自身做起：

本公司所用的一切辦公用品，可以說完全是外貨。如果除本國不能造的以外，完全採用國製品，較比個人所得（引者按，指抵制仇貨）的效果，是不是多呢？……實行以後，不但可為我們全公司提倡國貨的一個領袖，還可以做其他沒有實行的各路一個榜樣。請當事者想一想吧！茲舉現在常用的外國貨如下：員役制服原料、各種單據用紙、各種辦公用具（打孔機、訂書器、鋼筆、鉛筆、橡皮……），以上各種統算起來，為數不問可知啦！完全給外國人進義務，……洋商蒸蒸日上，大有一日千里之勢。再不趕快抵制他們，我們受他們經濟壓迫的創痕將永無復原之一日。諸同人愛國心長，以為何如？⑪

《瀋海鐵路月刊》每期的文化小品，在文字之間也經常流露出反日愛國的情緒，還經常刊載如〈日本對滿蒙鐵路的侵略〉（第二十七期）這類文章，激憤地說：「我們滿蒙的鐵路利權，已經失於日本人手下了。今日之東三省雖是中華民國的一部分，然實際，幾乎是日本的一個屬邦。思念及此，能不長太[歎]息嗎？往者已矣，來者可追。切望我們青年志士，本著民族民權的精神，共起奮鬥。將來能把既失的利權，恢復回來，不是很痛快的事嗎？努力吧！奮鬥吧！」

該刊旗幟鮮明地宣傳反日愛國，同其主持人張志良分不開。張作為曾追隨張作霖的舊官吏和愛國民族企業家，反對軍閥內戰，常懷「抵禦外侮，振興中華」之心。九一八事件發生後，他拒絕為日偽政權做事，辭去一切官職，隱居於大連黑石礁屯，直至抗戰勝利後才回瀋陽。

據目前可見的《瀋海鐵路月刊》，最後一期是第三卷第二十七期，還新換了封面，出版時間為九一八事變前的一九三一年八月五日。因此可以推測，突如其來的事變，使該刊來不及出版九月號即被迫停刊。

■增進社會文化的《開豐鐵軌汽車公司月刊》

《開豐鐵軌汽車公司月刊》，是由奉系軍閥郭松齡牽頭鄉紳成立的遼寧開豐長途鐵軌汽車公司創辦，「以宣傳本路工作情況及謀本路發展為宗旨」。⑫具體的職能是：「發展本路營業，傳播路務情況，灌輸鐵路常識，增進社會文化。」⑬

該刊初名為《開豐汽車公司旬刊》，創刊時間不詳。一九三一年四月改組，更名為《開豐汽車公司月刊》，並重新編期號，第三期時才加「鐵軌」兩字，改為現名。一個鐵路公司，竟稱為「汽車」公司，在鐵路史上可能是孤例。筆者查閱資料時，看其刊名，就險些將其從鐵路報刊排除。當時人們可能對火車與汽車這兩個新事物還缺乏科學界定，以為「蒸汽動力之車」或直觀地看到冒著蒸汽的車即可稱作汽車；與馬路上跑的汽車不同的是，它是在鐵軌上行駛。這也是一則路史趣事。

該刊一突出特點，是將「增進社會文化」作為其宗旨之一。除文化性質的雜組欄辦得很活躍外，還有多篇文章專門論述鐵路與文化的關係。另外，將多幅鐵路常識、雋語警句作為補白在每期文章中穿插刊出，也是引人注目的特點，其中反映出當時人們認識鐵路這一事物的時代特徵。試舉第二期若干條如下：

鐵路最大的功用，是運輸；而運輸知識的功用，猶在運輸武力以上。（頁六）
凡在鐵路上服務的員司，無論在任何場合下，均應以公衆的安全，為第一要義。（頁十）
鐵路的意義，不在於他運輸營業的目的，而在於他發展事業的使命。（頁十四）
鐵路上的某一個員司，最好都是一個工程師，都能以科學家的態度，建設他本身的職務與理智上。（頁二七）
一個站長在鐵路上占的地位，應當比一切人都要重要；同時也應當具備一切應當知道的知識。（頁二八）
有人說社會進展之輪，是隨著交通的大輪子前進著的是不錯！我們隨時隨地都可以看到，鐵路的機關車輪，在把新文化，曳到荒僻的窮鄉中去。（頁三三）
統計在鐵路上的功用，不單在表現運輸狀況的良好，同時也在顯示營業方策的正確與錯誤。（頁三四）
鐵路要努力於發揮運輸的效率，因為只有這個最重要；只有這個最有益於鐵路本身。（頁五十）

該刊為十六開本雜誌型，每期五十頁上下，公開發行。每期前後有固定的兩頁，一是卷頭語：「打破個人利益，努力公司發展」，反映出化解股份公司常有的內部矛盾的意圖；二是廣告語：「請看東北唯一的民營鐵路四大特點——安全、迅速、正確[點]、低廉」。欄目有：專載、公司事務紀要、鐵道上的新消息、雜俎。其雜俎欄內容豐富多彩，小說、詩歌、評論、笑林、神話、珍聞等一應俱全。時值中日、中蘇鐵道交涉，該刊發表較多文章，呼籲國人為維護國家、民族利益做後援。

《開豐鐵軌汽車公司月刊》辦得生氣勃勃，但目前僅存六期，何時、因何停刊不詳。

■ 其他商辦鐵路公司的報刊

除以上幾份典型的報刊外，民國期間還先後有一些商辦鐵路公司創辦報刊。

《廣三鐵路局局報》是由美國合興公司投資和廣東省地方集資興辦的民營廣三鐵路，於一九二一年三月十五日創辦，月刊，十六開本，公開發行。其欄目有：省長令、粵軍總司令令、局令、公牘、佈告、紀事、餘載。該刊可謂生不逢時，一直處於民國早期粵系軍閥與滇系軍閥爭奪地盤的戰亂環境中。隨著「城頭變幻大王旗」，省長令和粵軍總司令令取消了，不久刊首就換成了「滇軍第四師部令」、經常發佈該師師長關於「路務以及提撥車利」由「大本營統屬」等方面的命令。刊物內容的變化，映射了民國商辦鐵路的多舛命運。

《江南鐵路半月刊》是由安徽商辦江南鐵路股份公司於一九三二年十二月創辦，原名《江南半月刊》，第六十三期始改為現名。該刊打破路報多為雜誌型的傳統模式，為十六開本四頁八版的小報，文章簡潔，信息量較大且緊貼公司經營和員工生活實際，辦得比較活潑。主要欄目有：報告、專件、本路要訊、工作概況、海外鐵路珍聞等，其間穿插遊記等小品。每期報眼，登載重要通知等事項；從第六十九期始，固定刊載〈本路員工信條〉，砥礪員工忠於職守的精神。這是除前述《浙贛鐵路運輸週報》之後，目前所見第二份刊有〈本路員工信條〉的鐵路企業報刊。〈本路員工信條〉全文如下：

余服務江南鐵路公司，認本路為余之終身事業。路存余存，路榮余榮；余願恪遵本路一切規章，及不嫖不賭不營私舞弊之戒條；余深知無私乃能全私，利公即以利己，願秉有路無我之精神，謀路務之進步，營業之增加，費用之減少，旅客商貨之安全、迅速、便利、滿意；凡江南員工，皆為余之兄弟友好，平素應至誠至愛，同工合作，並當互相勗勉，自治自致，克勤克儉，共上成功進步之途徑。

《本路員工信條》反映出商辦鐵路對建設企業文化的追求，同時也說明其大致能按通行的經濟規律辦企業。作為所謂「公司信條」、「企業精神」的早期案例，為鐵路文化史留下印跡。該刊於一九三七年停刊，抗日戰爭勝利後復刊至一九四八年九月終刊。其間，一九三三至一九三四年，江南鐵路的蕪乍線曾辦有《蕪乍半月刊》。

《新寧鐵路公報》是由旅美華僑陳宜禧籌集僑資組建的廣東新寧鐵路公司，於一九三〇年八月三十一日創辦。該刊聲稱：「本公報發行之旨趣在以本路辦理之狀況公諸當世，使社會人士有參加批評及指導之機會，籍匡不逮。」而且，強調「本公報取公開態度，凡海內外碩彥如有以對於鐵道事業之宏篇巨作見貺及對於本路有所規畫指示，無不樂為登載。」⑭表明其主要為接受社會股東監督和集思廣益而辦此刊。同時，該刊還將總理孫文名言——「國家之貧富，可以鐵道之多少定之；

地方之苦樂，可以鐵道之遠近計之」——刊於每期封裡首頁，以此彰顯其集資興辦鐵路的目的。

該刊大三十二開本，公開發行。與其同時期創辦的生氣勃勃的《開豐鐵軌汽車公司月刊》等相比，《新寧鐵路公報》顯得有些「循規蹈矩」，甚至沉悶。如其刊名，欄目設置與北洋時期國有鐵路公報相仿，有圖畫、論著、法規、命令、公牘、會議錄、路務、專載、統計、選錄、通告、消息、附錄等十三項。該刊雖形式仿公報，但實際每期擇登的文章——主要是會議錄、路務、統計、通告等反映本路工作的內容——還是以「我」為主，而不是同公報那樣按欄目做「填空題」。由此也看出民辦鐵路以「實」為本，與官營鐵路慣做表面文章的作風形成反差。

新寧鐵路是中國唯一一條僑辦鐵路，它從籌備、設計、修建、經營到管理都是由中國人獨力完成的，曾因是華僑在中國最成功的投資事業而載入華僑史。《新寧鐵路公報》記載了這段史實。

另外，奉系軍閥張作霖於一九二二年宣佈東北三省自治後，開始修建自己控制的奉海、吉海、齊克、呼海等官商合辦鐵路，在籌建和運營過程中，一批鐵路報刊也相伴而生，但大多時間不長，辦辦停停。其中，由哈爾濱呼海（呼蘭至海倫）鐵路管理局創辦、總務處文藝課編輯的《呼海鐵路月刊》（後更名《呼海鐵路旬刊》）曾連續刊行八、九年（一九二五—一九三三年）。東北淪陷後，日本人控制了鐵路，不久該刊即告停刊。

注釋

①李廷玉，〈弁言〉，《南潯鐵路月刊》（九江），民國十二年三月。
②〈發刊詞〉，《新寧鐵路公報》（廣東），民國十九年八月。
③張肇達，〈緣起〉，《南潯鐵路月刊》（九江），民國十二年三月。
④同注一。
⑤同注二。
⑥蔡成勳，〈南潯鐵路月刊發刊詞〉，《南潯鐵路月刊》（九江），民國十二年三月。
⑦〈本報啟事〉，《南潯鐵路月報》（九江），民國十七年四月。
⑧張志良，〈發刊詞〉，《瀋海鐵路月刊》（遼寧），民國十八年六月五日。
⑨〈本刊投稿簡章〉，《瀋海鐵路月刊》（遼寧），民國十八年六月五日。
⑩炳哲，〈對路政改良計畫述略管見〉，《瀋海鐵路月刊》（遼寧），民國十八年九月十一日。
⑪駿逸，〈抵制仇貨之我見〉，《瀋海鐵路月刊》（遼寧），民國十八年十月十一日。
⑫〈本刊徵稿簡章〉，《開豐鐵軌汽車公司月刊》（遼寧），民國二十年六月一日，頁五七。
⑬東阜，〈編輯餘談〉，《開豐鐵軌汽車公司月刊》（遼寧），民國二十年八月一日，頁四五。
⑭編者志，〈例言〉，《新寧鐵路公報》（廣東），民國十九年八月三十一日，頁一。

第十章　東省（中東）鐵路和南滿鐵道的報刊

民國時期，分別由俄、日兩國在中國東北經營的東省鐵路管理局（以下簡稱「東省鐵路」）、南滿洲鐵道株式會社（以下簡稱「滿鐵」）的企業裡，也辦有各種類型的報刊。它們作為一種特殊類型，在鐵路企業報刊中，是除國有鐵路報刊外最大的群體。

東省（中東）鐵路和滿鐵都設有調查機構，東省鐵路稱為「經濟調查局」，滿鐵稱作「調查部」，它們類似民國時期銀行企業普遍設置的經濟研究室，負責與本企業業務相關的調查研究工作並編輯企業報刊。但與銀行企業不同的是，由於當時的特殊歷史原因，這兩個鐵路企業在當地近乎是政企合一的鐵路沿線區域的殖民機關，因此它們的調查機構工作範圍更廣，所辦刊物的報導涵蓋了地方的政治、經濟、社會、文化等各方面的情況。尤其是滿鐵的調查部，實質是為日本長期佔領東北並進而侵吞中國做準備，是有計劃地蒐集中國各方面情報的特務情報機構。它們創辦的企業報和其他出版物，既具有文化侵略的性質，也記載了歷史，對研究那一時期東北鐵路乃至東北社會政治、經濟、文化等發展情況具有重要的參考價值。

■東省鐵路管理局的報刊

東省鐵路於一九〇三年七月十四日全線通車，開始正式營業後，沙俄鐵路當局為維護其在華利益，輿論先行。前文已述，東省鐵路先後創辦了兩種機關報——俄文《哈爾濱日報》和中文《遠東報》。此外，東省鐵路還辦有《遠東鐵路生活》（俄文週刊，一九〇八－一九一七年）、《中東鐵路通訊》（俄文週刊，一九二〇－一九二四年）、《前進報》（俄文，一九二〇年－？）等。

其中，紅黨①的《前進報》是東省鐵路局俄國工人總聯合會的機關報，日報，創刊於十月革命勝利後的一九二〇年二月十四日。該報宣傳「民主革命」等思想，與東省鐵路沙俄殘餘勢力爭奪輿論陣地。東省特別區特警處以「宣揚過激主義」為名，於一九二一年四月十八日逮捕了該報的部分人員，迫使該報於六月五日終刊。據中共早期領導人瞿秋白所撰《俄鄉紀程》記載，當年他在赴莫斯科途經哈爾濱時，曾多次採訪了《前進報》社長。

一九二四年五月三十一日，中國政府正式收回中東路權，鐵路業務由中蘇兩國共管。一九二五年三月十五日，東省鐵路局創辦了中文版的機關刊物《東省經濟月刊》，並同時對應創辦了俄文的

《東省雜誌》。

《東省經濟月刊》刊行時間較長，發行範圍較廣。在政企合一的中東路區域以致東北地區，成為一種重要的地方傳媒，因此影響較大。該刊由東省鐵路經濟調查局負責編輯，十六開本，每期一百二十到二百頁上下，公開發行。刊頭先後為中方派駐中東鐵路的督辦于沖漢、呂榮環題寫。②從其聲稱宗旨為「指導社會，發展經濟」可以看出，③該刊不囿於企業框架，放眼於宏觀經濟的探討。以第五卷第一號欄目刊載文章內容為例：

論著：〈現在中國應工重於商〉、〈東省之稻田事業〉。

譯述：〈現代經濟學之趨勢〉、〈滿洲問題

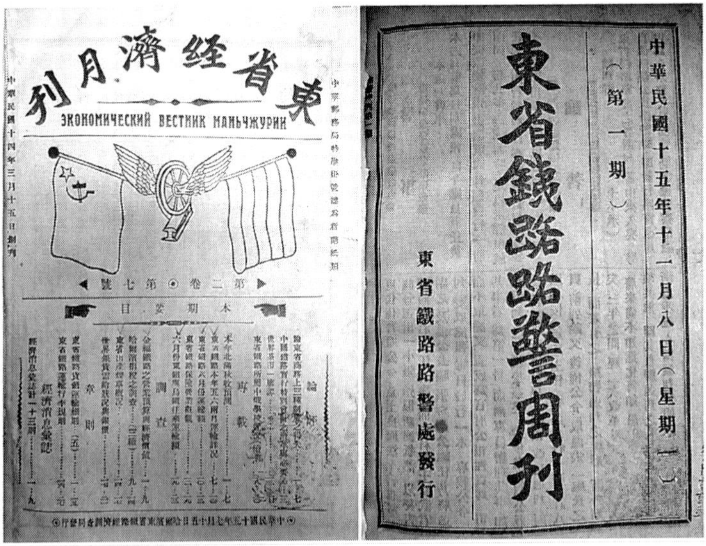

▲東省鐵路管理局辦的報刊。

之經濟觀〉、〈遠東之塞門德製造業〉。

調查：〈民國十七年海拉爾之商況〉。

專載：〈德國整頓馬克之經過〉、〈北滿一帶之牧畜及東鐵改良該業之設施〉、〈東省鐵路十七年十一月份運輸概況〉、〈民國十七年十二月份東鐵運輸概況〉、〈中國關稅自主運動史〉、〈東省天然藍之研究〉、〈東省鐵路管理局局令摘要〉。

經濟消息匯志：〈國內經濟消息〉、〈國外經濟消息〉。

與東鐵業務直接相關的主要是專載欄目，這同關內官辦鐵路企業報刊以本路業務為主明顯不同，顯然與東省鐵路「政企合一」有關。

該刊每期有大量廣告，除東鐵及所屬企業的業務廣告外，本地知名企業和俄羅斯遠東地區企業的廣告也很多，甚至還為南滿洲鐵道株式會社做整頁廣告，可見該刊在東北地區乃至遠東的影響力。為招攬廣告客戶，該刊還宣傳廣告的作用：

> 敬啓者，竊維商業之發達，必先騰播聲名，庶足以廣招徠。歐美商業，稱雄寰宇，故由貨物精良，經理得法，而亦全恃廣告為之宣傳。是廣告者，實騰播聲名招徠顧客之唯一利器也。④

短短數語，在此商品經濟落後時期，不啻於一段對人們廣告知識啟蒙的精闢短文。

《東省經濟月刊》每年還專門發行一期紀念東省（或「中東」）鐵路中俄合辦週年的特刊。一九二六年八月十五日出版的《東省鐵路中俄合辦二週年紀念》特刊的卷首紀念文章，記述了東省鐵路從簽約合辦，到托俄代管，再到中俄合辦的簡要過程，是有助於後人側面瞭解這一早期中國鐵路重要事件複雜歷史沿革的資料，特擇錄如下：

東省鐵路自合肥李文忠公（引者按，即李鴻章）與俄廷結約開始敷設……。始則以沿線荒僻，物產無多，養路之資，不給甚巨。及稍能自立，而歐戰勃發，而俄國之政變隨之。一時干戈蠢動，連歲不寧，路政交通，未遑顧及。我國政府誠恐長此以往，交通秩序益陷於紊亂，商務民生日趨於凋敝也，因於民國七年約依代管。顧維時路線則千瘡百孔，財政則羅掘皆窮。我當局殫精竭慮，以圖為應付現狀者，殆垂七年之久。逮民國十三年伊始，蘇俄遣使來華，重敦睦誼，閱時半載，協定告成。自是年十月三日，乃由兩國特任專員，從事合辦。此蓋由向之代管而入於中俄正式合辦之嚆矢也。⑤

俄文的《東省雜誌》（一九二五—一九三四年），是對應東鐵中文《東省經濟月刊》辦的一份面向俄語讀者的刊物。東清鐵路是當時溝通歐亞的唯一一條陸路通道，使哈爾濱成了華洋雜居的移民城市，是同上海、天津等口岸比肩的商貿大埠。除俄、日外，十幾個歐美國家在此設領事機構，為此《東省雜誌》於一九二七年，又出版了英文版。該刊十六開本，印製精良，「係請本埠及外埠中俄日本各經濟專家擔任撰著，由本局職員共同編輯，敦請列夫闊夫斯基主任其事，每月出版一次，志在闡明東省鐵路業務，滿洲農工實業狀況，並將中俄遠東各地方事業，調查發表，以供各界研究。」⑥此外，該刊還附刊《經濟週刊》，詳載東省鐵路管理局局令及有關商務運輸的規定、章程，因此也被稱為《運輸公報》。這兩種刊物向國內外公開發行，東鐵職員訂閱有折扣，全年訂費從薪水中分四次扣付。

另外，東省鐵路所屬專業部門還辦有《東省鐵路路警週刊》（一九二六年）、《東省鐵路運輸公報》（一九二七年）等。

■《中東經濟月刊》和《中東半月刊》

一九三〇年三月，在中國政府收回東省鐵路路權五週年之際，東省鐵路正式改稱為中東鐵路。原《東省經濟月刊》，為「以符名實而歸一致」，⑦於當月出版《五週年紀念特刊》時，更名為《中東經濟月刊》。同時，辦刊方向也開始發生變化——更多地加強中東路沿線乃至東三省經濟的研究和報導，將向全國招商引資、開發東北作為其重要使命。

新任中東鐵路督辦莫德惠在《紀念特刊》發表文章說，原來東三省的人口只有二、三百萬，「至今日止，不過三十年，而全東三省人口以三千萬見告，九倍於當時。推求其所以急速進步之原因，則中東路之功不可沒焉。然東三省可耕之地，未墾者尚有三分之二。若再開墾完竣，並振興工商業，使城市人口集中」，「東三省之發達日臻於完成。其道雖多，而最須要者，是為鐵路。由以往而論將來，則中東鐵路者，實為發達東三省之乾路，此為中東路今後使命之一。」⑧

《中東經濟月刊》稱：

本刊既以中東為名，而發刊之地又是東省重鎮之哈爾濱。循名覈實，本刊對於東省之經濟界所負之任務尤為重要。矧東省地廣人稀，蘊藏至富，其有待於開發者非止一端。凡關於農工林礦商業交通各項，固應有具體之刊載，以供國人之研究參考，籍以引起興趣，庶群策群力獲有充分開發之機。⑨

該刊還刊出〈實業家注意〉啟事：

▲中東鐵路時期，管理局辦的《中東經濟月刊》和《中東半月刊》。

凡國內外實業家欲來東三省興發產業，如對於農林工商漁礦畜牧交通出入口等等有所詢問者，本刊皆有專人答覆；如需要精密計畫及報告時，本刊亦可代覓專家代勞。⑩

《中東經濟月刊》儼然成為為招商引資的部門。為適應新的使命，該刊「特派專員分赴三省，切實調查」。⑪由此，《中東經濟月刊》的內容，重點是介紹東三省的自然資源、工商農林等各業的現狀和鐵路航運交通網絡，研究如何利用東三省的優勢發展經濟，例如更名後出版的第一期（總第六卷第三期）的主要文章有：〈十九年春初哈爾濱之商情及其趨勢〉、〈哈爾濱之銀行及其業務〉、〈吉林省土地所有權之取得及墾殖〉、〈東三省出口大豆之缺點〉、〈五年來東三省經濟發展之回顧及其前途〉、〈一九二九年之吉黑實業與將來發展之途徑〉、〈符拉迪沃斯托克港之設備及其運輸〉、〈營口埠之運輸工作〉、〈吉黑兩省移墾之調查及指針〉、〈由天災人禍說到移民〉等等。他們認為，人口增長了，既可減少荒地，又可促進城市工商業的發展。因此，幾乎每期都有關於移民方面的文章，如〈由天災人禍說到移民〉連載幾期，鼓動關內的災民到東北來墾殖荒野。

東省鐵路改為中東鐵路不久，在刊行《中東經濟月刊》同時，中東路管理當局中國方面，又於一九三〇年七月十六日創辦了《中東半月刊》。〈創刊詞〉指出：「本半月刊為中東路局國人方面所主辦，名之曰『中東』以示有所屬也。」⑫

該刊「與中東經濟月刊同係以開發東三省富源為主旨。而東路狀況隨時確切敷陳，俾讀者了然之東省物產之豐盈及東路之重要。惟月刊所載大部長篇論述記事，半月刊則每月兩次，篇幅又較少。凡所論述記事多以新近事實為限，籍以補月刊所不及。」⑬顯然，中東鐵路是從時效性出發考慮，創辦半月刊對於加速東三省的開發是必要的。因此，該刊的文章內容雖與月刊大同小異，但有了「新聞」的味道，關於市場情況可以比較及時的報導，如《創刊號》刊有〈哈埠錢糧市半月間平均市況紀要〉，〈大連錢糧市半月間平均市況紀要〉等。另外，「中東鐵路管理局局令」也在此刊得以及時發佈。

從《東省經濟月刊》到《中東經濟月刊》、《中東半月刊》，刊行以來「極蒙海內歡迎。凡大埠通都、鄉村邑鎮，函購電索者，紛至遝來。故每刊數千冊，尚覺不敷分配。」⑭

東北早期的發展，與中東（東省）鐵路直接相關，其中鐵路報刊的作用自不可低估。尤其進入中東路時期，鐵路報刊將報導重點放在吸引關外移民，開發東北資源方面，推動了東北地區開發的進程，如莫德惠評價說，「東三省特產占世界市場之一席，本由於中東路的介紹。現在東三省人口幾十倍於當時，亦不能不謂為非中東路所助。」⑮

九一八事變後，這兩份刊物淪為為偽滿洲國效力的漢奸刊物，日本投降後停刊。

中東路時期，中國共產黨的地下組織，曾以中東鐵路總工會的名義，於一九三〇年十一月十四日創辦了《火車頭》報。該報在創刊號申明其辦報綱領：「推翻國民黨軍閥政府，建立蘇維埃政權。中俄工友聯合起來，擁護蘇聯勞動法。」

南滿洲鐵道株式會社的報刊

與東省（中東）鐵路相較，日本經營的南滿洲鐵道株式會社（以下簡稱「滿鐵」）作為政企合一的小社會，在其體系內創辦的報刊，更是五花八門，數量龐大，種類繁雜。

一九〇四至一九〇五年的日俄戰爭後，戰敗國俄國將南滿鐵路（即東省鐵路長春至大連段）所有權轉交給了日本。一九〇六年九月，日本在大連成立滿鐵，作為日本對中國東北進行全面侵略和殖民統治的核心機構。滿鐵首任總裁是曾任

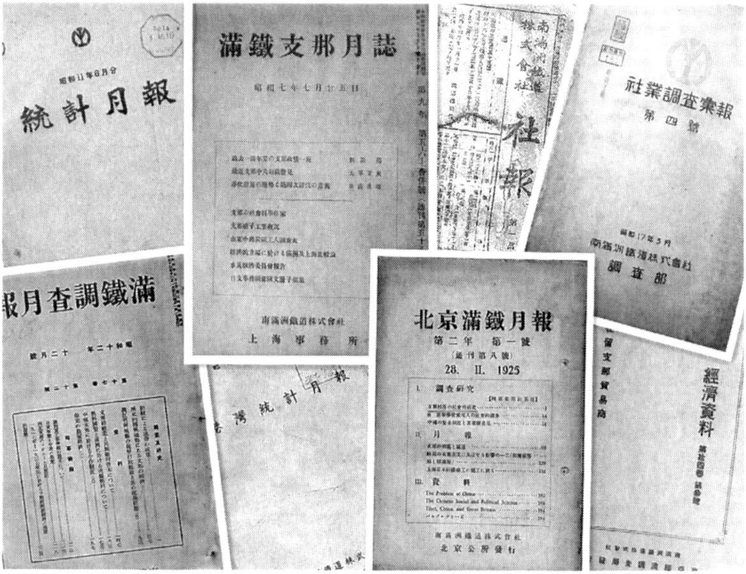

▲南滿洲鐵道株式會社經辦的大量刊物。

臺灣總督的後藤，他到任後就表示，為了促進滿洲的發展，一定要借助報紙的力量。一九〇七年十一月三日，滿鐵機關報——《滿洲日日新聞》在大連創刊，報社社長是後藤從臺灣帶來的親信森山守次。該報開宗明義，稱報紙是為滿鐵經營服務，實質是日本在東北地區實行殖民統治的重要宣傳工具。該報分日、英文對照兩欄，後來在日報的基礎上，又增辦了分早晚出刊的《朝刊》、《夕刊》。發行以大連為中心，輻射全東北地區，逐漸成為當時東北地區影響最大的日本報紙。它連續刊行三十八年，直至一九四五年日本投降才停刊。

《南滿洲鐵道株式會社社報》是與《滿洲日日新聞》同時期在大連創辦和停刊的另一滿鐵機關報，與後者不同的是，它是以滿鐵員工為讀者對象的內部刊物，即日本新聞界所謂的「社內報」。該報八開四版，日刊，其內容主要是滿鐵的公告、訓令、規章及內部和沿線的新聞等。因此，它的功能是組織協調經營，溝通內部資訊。除例假外，每天刊行一份，連續三十八年從未間斷，是與《滿洲日日新聞》內外呼應，維持滿鐵運營的重要工具。

除機關報外，滿鐵的會社一級還辦有其他三類報刊：一是以調查統計為宗旨的報刊，此類報刊數量繁多，如滿鐵產業部於一九二〇年一月創辦的《滿鐵調查月報》，由資料室編輯，日文，三十二開本，公開發行。其主要欄目有：調查與統計、資料、時事摘登、重要日誌等。內容是對我國以東北為重點的北方地區農、工、商、交通、金融等各業，及時事、政治、社會、文化等各方面的情況進行調查、統計和分析論述。所涉對象，鄉村深入到農家，城市深入到社區，因此所用大多是基礎資料，情報詳盡。每月一期，每期達二百多頁，竟連續刊載了二十多年，足見其所下功夫之大。

又如，由南滿產業部編輯，加「秘」字內部刊行的《統計月報》，每月對南滿內部組織、人事情況和其經營狀況做全面統計和分析。據一九三六年的一期揭示，滿鐵的經營範圍除主業鐵道外，還包括：旅館、港灣、炭礦等，其關聯企業涉及工業（二十一家）、礦業（九家）、土建（六家）、電氣瓦斯水道（三家）、農林（七家）、金融（四家）、通信交通（十二家）、商業（九家）、新聞業（四家）、其他（二家）等，共計七十八家，幾乎滲透和控制了各經濟領域。

再如，滿鐵在北京、上海等主要城市都有派出機構，這類機構是名為「調查」實為蒐集情報的特務機關，它們也辦有報刊，例如滿鐵北京公所研究室就辦有《北京滿鐵月報》（一九二四年—？），三十二開，每期近二百頁，將「調查研究」欄目放在首位，占半數篇幅，其他是「月報」和「資料」欄。另外還有《哈爾濱事務所調查時報》（滿鐵哈爾濱事務所，一九二三年—？）等。

其他主要還有：《支那礦業時報》（南滿地質調查所，一九一三—一九三六年）、《調查時報》（南滿總務部調查課，一九二〇—一九四五年）、《滿洲經濟統計月報》（南滿總務部調查課，一九二四—一九四五年）、《港灣統計月報》（南滿鐵道總局）等。此類報刊對東北的資源、物產、港灣等均有詳盡的報告和資料統計，已超出滿鐵正常的業務範圍，充分暴露出滿鐵作為日本侵華的橋頭堡和擬作長期殖民統治的野心。

二是專業研究類，主要有：《鐵道之研究》（滿鐵技術研究所，一九二四—一九四五年）、《運輸之研究》（滿鐵運輸部，一九二三年）等。這類刊物的研究重點，也是東北地區的鐵路運輸問題。

三是員工生活類，如：《滿鐵自修會雜誌》（滿鐵自修會，一九〇九—一九一四年）、《滿鐵讀書會雜誌》（滿鐵讀書會，一九一四—一九二五年）、《柔克》（滿鐵婦人協會，一九二五年）等。

滿鐵的下轄機構，也辦有同會社一級類似的各類報刊，例如：《大連運輸事務所所報》（滿鐵大連運輸事務所，一九二〇年）、《長春運輸事務所所報》（滿鐵長春運輸事務所，一九二一年）、《大連鐵道事務所所報》（滿鐵大連鐵道事務所，一九二三—一九二七年）等。以上報刊都是內部發行。也有以旅客為讀者對象的公開發行報刊，如《廣軌》（滿鐵奉天列車區，一九二三年）、《旅行情報》（奉天滿鐵東亞旅行社，一九二五—一九四五年）等。

以上這些報刊，在中國東北刊行了近半個世紀，隨著日本侵略者的徹底失敗，它們也雲消霧散。

注釋

①因俄國無產階級政黨領導的軍隊稱為紅軍，故當時哈爾濱人稱布爾什維克為紅黨；反之，稱代表資產階級的黨是白黨，他們的軍隊是白衛軍。
②偽滿洲國成立後，于沖漢和呂榮環分別任監察院院長、經濟部部長，都淪為漢奸。
③〈本刊啟事〉，《東省經濟月刊》（哈爾濱），民國十四年三月十五日。
④〈本刊招登廣告啟事〉，《東省經濟月刊》（哈爾濱），民國十八年一月十五日。
⑤〈民國十三年十月三日迄十五年十月三日之東省鐵路〉，《東省經濟月刊》（哈爾濱），民國十五年八月十五日，頁一。
⑥〈東省鐵路東省雜誌社廣告〉，《東省經濟月刊》（哈爾濱），民國十八年一月十五日。
⑦〈本刊重要啟事一〉，《中東經濟月刊五週年紀念特刊》（哈爾濱），民國十九年三月。
⑧莫德惠，〈東省經濟月刊五週年紀念號發刊詞〉，《中東經濟月刊五週年紀念特刊》（哈爾濱），民國十九年三月。
⑨〈本刊重要啟事二〉，《中東經濟月刊五週年紀念特刊》（哈爾濱），民國十九年三月。
⑩〈本刊重要啟事：實業家注意〉，《中東經濟月刊五週年紀念特刊》（哈爾濱），民國十九年三月。
⑪同注九。
⑫莫德惠，〈創刊詞〉，《中東半月刊》（哈爾濱），民國十九年七月十六日。
⑬〈中東半月刊啟事一〉，《中東半月刊》（哈爾濱），民國十九年七月十六日。
⑭〈本刊招登廣告啟事〉，《中東經濟月刊》（哈爾濱），民國十九年三月十五日。
⑮同注十二。

第十一章　為爭取抗日戰爭勝利堅持辦報刊

從一九三七年七七事變到一九四五年八一五日本宣佈投降，全面抗日戰爭的八年，是中國鐵路企業報刊發展史上最蕭條的時期。據現存資料，從初期有少數路局的報刊仍堅持繼續刊行，到武漢淪陷後的一九三八年底，關內我方各路局原有報刊大部分停刊。而同時期，淪陷區日偽政權控制的鐵路企業創辦的報刊則大行其道。隨著我方在戰火中建設的戰略運輸鐵路線開工、通車，以及大後方開闢國際通道，相關路局、工程局在極其艱難的環境下仍創辦了報刊，為「萬馬齊喑」的鐵路企業報刊帶來一線生機。

這一時期的我方路報，尤其是為抗戰承擔運輸和鐵道建設的路局報刊，其刊行的主要目的是為抗戰服務。數量雖不多，但它們與國家、民族共同度過艱難的歲月，並發揮了支援抗戰的重要作用，在路報歷史上留下輝煌壯麗的一頁。

■ 鐵道相繼淪陷，路報命運各異

抗戰初期，淪陷區的路報被迫停刊，或陷敵手被改造成日偽控制鐵路的輿論工具；其他鐵路線忙於運送軍隊、軍需到各戰場，轉運物質、設備到大後方，打亂了原有運營秩序，也已無法正常出版，只有粵漢等少數路局的報刊仍堅持刊行了一段時間。

粵漢鐵路自廣韶、株韶、湘鄂等三段於一九三六年中統一後，即值抗戰軍興，成為重要的戰略運輸線。由於暫時尚未直接受戰火波及，「路務組定，為應事實【時勢】起見」，①循新辦路局的慣例，還在加強路報的建設。該局感到現有《粵漢鐵路旬刊》「出版即【既】嫌遲緩，取材亦欠精彩」，遂於

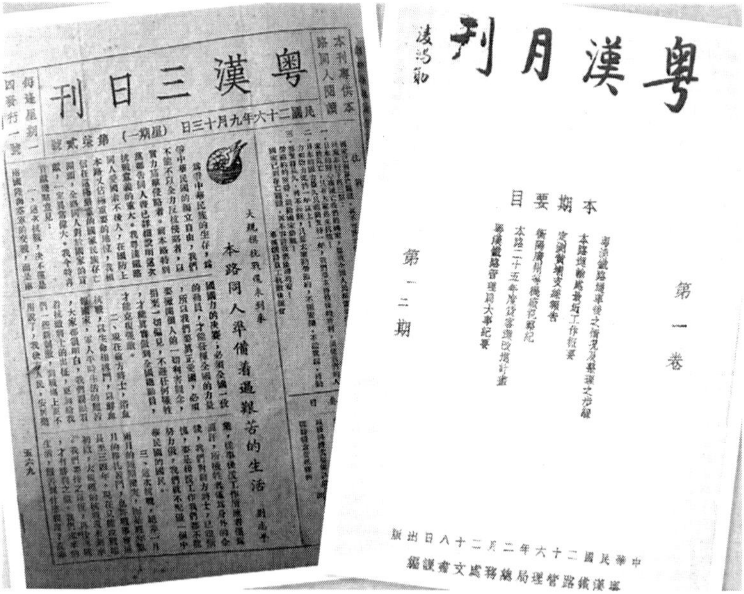

▲抗戰初期粵漢鐵路的兩種報刊。

一九三七年一月起將其改為《粵漢三日刊》和《粵漢月刊》兩種，「以期一切路政，得以分別儘量宣傳」。實際上，後組建的粵漢鐵路管理局，儘管在困難的環境下，也還是想模仿原國有路報月刊與日刊並行的模式，只是囿於條件，將日刊辦成「三日刊」。《粵漢月刊》與原統一的鐵路月刊比較，除刊名及封面不同外，其宗旨與內容無異：「有關學術研究性質者，如本路內外各項建設經過情況、各處工作報告及與鐵道有關的論文著述等，則均於月刊登載。」而《粵漢三日刊》，為十六開兩頁四版的小報，「篇幅小，僅能專載各種簡短消息及普通承轉暨各種例行公文」。

改刊不久，全面抗戰即爆發。篇幅小的《粵漢三日刊》成為戰時的宣傳快報，每期都充滿濃烈的抗戰氣氛。除反映日常經營的動態外，基本都是與抗戰有關的言論和消息，且往往放頭條，如〈大規模的抗戰還未到來——本路同人準備著過艱苦的生活〉（第七十二號）、〈本路抗敵會組織婦女服務團〉（第七十二號）、〈捐款慰勞前方將士〉（第七十三號）、〈本路員工抗敵後援會舉行「九一八」紀念宣傳大會〉（第七十四號）等。每期都刊出不同的抗敵口號，如「國家存亡在此一戰，戰死沙場死有光榮」、「汪逆偽組織是罪犯漢奸的總集團」等。有時頭條就是醒目的抗敵口號，如「節省無益消費，加緊戰時生產」、「在前方的努力殺敵，在後方的努力助戰」。

當時粵漢鐵路是中國政府通過香港九龍接受國際援助和出口物資的最重要國際交通線，在武漢會戰中又擔負著繁重的軍運任務。路報的職責，就是發動員工完成以上使命。但隨著粵漢路由北到南逐段陷入戰火，堅持辦刊時間最長的粵漢路的兩刊，約在一九四〇年中期停辦。後在一九四三年，該路國民黨特別黨部執行委員會曾創辦《粵漢半月刊》。

隨著我軍的節節失利，喪師失地，關內的絕大多數鐵路相繼陷落敵手，鐵路企業報刊即與路局遭遇同樣命運。據現有資料，至一九三九年底，抗戰前創刊發行的路報近乎絕跡。

■「野火燒不盡，春風吹又生」

鐵路交通是戰爭的生命線，在戰時的重要作用不言而喻。因此，尚未淪陷、地處敵我交錯戰區的路局，仍冒著炮火恢復運轉，稍有喘息的機會，就有路報復刊，以配合戰時的運輸。

隴海鐵路管理局被迫西遷西安，甫定，就以路局、特別黨部名義先後恢復

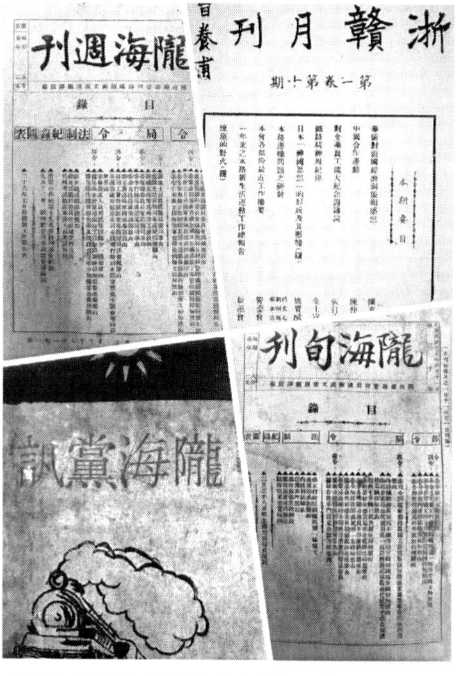

▲戰中復刊的部分鐵路企業報刊。

了報刊。一九三七年九月六日，首先復刊局報，將抗戰前的《隴海日刊》和《隴海月刊》合刊，更名為《隴海週刊》。由該局文書課下設編譯股——而不是原來的編譯課——負責編輯。該刊十六開本，每期二十頁上下，設有部令、局令、法制、記錄、圖表等欄目，似微縮的「公報」。所刊主要是運營業務方面的內容，少有抗戰報導。一九三八年四月一日第二十九期時又更名為《隴海旬刊》，顯然是因條件所限而延展刊期。

一九四二年十月，隴海鐵路特別黨部的刊物也復刊。因原刊名《隴海旬刊》已為局報所有，故更名《隴海黨訊》（月刊）。該刊三十二開書冊式，彩色封面，編印精美，與當時碩果僅存的路報反差強烈，顯得有些奢侈；它毗鄰的工程局報已用草紙油印。隴海路辦「黨刊」，在各路局中可謂突出，不僅歷史久且延綿不斷，投入的力量也大，即便在抗戰的困難時期。該刊的欄目有：特載、論著、中央政令、工作報導、公文、法規、路訊等，內容主要是宣傳「以黨治路」、「黨員訓練」等方面的內容。國民黨控制鐵路的意圖和力度都顯而易見。

抗戰爆發後，浙贛鐵路一度取代長江成為華南的東西交通幹線。該路橫貫浙贛兩省，成為軍運主要路線，其戰略地位十分重要。但時運不濟——「本路誕生，時遭多故，工程未竣，抗戰即起」，②到一九三九年時，浙贛路僅剩東段仍堅持運營。「路斷以後，處境維艱」，《浙贛鐵路月刊》被迫停刊，「久輟弗聞」。該路深知「精神食糧，未可或缺」，沒有辦紙質報刊的條件，遂在該路駐地玉山，辦起「保中華」壁報，自一九三九年七月起，每週出版一次。辦壁報採取張貼十三張社會報紙和自編相結合的方式，「內容除刊載新聞外，複設有『戰時常識』、『牆頭小說』、『歌謠』、『漫畫』等欄。出版以來，成效頗宏。」③待環境稍有好轉，浙贛鐵路東段管理委員會就於一九四〇年元旦復刊路報，名為《浙贛月刊》。原本擬辦半月刊，「因印刷困難，不能如期出版」，④故辦月刊。該刊編排打破戰前《浙贛鐵路月刊》體例，設有時評、論著、報告、統計、瑣聞、常識、雜俎、法規等欄目，以時事、業務和文化娛樂內容為主，政令、法規次之。還強調，時事和論著要「側重『黨義』及有關交通之專門知識及技術」。

為適應戰時條件，《浙贛月刊》採取靈活的編輯體制。該刊實際是以管理委員會的名義，由特別黨部具體負責編輯出版的「黨政合一」的路報。如其所聲稱，要將該刊辦成「建築浙贛文化和黨政的堅強新堡壘」。⑤為此，該路成立「編輯委員會」，下設期刊、叢書、出版等三組，由倪國經任主任，聘舒國華等二十五人任委員，「集中黨路各方專門人才，共同編輯書報及刊物，宣揚抗敵文化，並啟導全體員工研究學術興趣」，規定「來稿關於路政紀要及有關交通之著作送由」管理委員會秘書室匯轉，其他稿件和總成則由特別黨部負責。⑥

《浙贛月刊》復刊的同年，該路特別黨部編輯委員會又創辦了專門的黨刊——《指導通訊》。一九四二年，浙贛路淪陷後，該路報刊被迫停刊。

■ 為抗敵服務，辦後援報刊

抗戰期間，在堅持運營的各路局裡，普遍以「抗敵後援會」、「工會」等鐵路員工團體名義創辦各種刊物，宣傳和鼓舞抗戰，活躍在對敵鬥爭第一線。

七七盧溝橋事變的爆發，使中華民族面臨生死存亡的危急關頭，全國人民在抗日民族統一戰線旗幟的引領下，迅速掀起了聲勢浩大的抗日救亡運動，各界救亡團體如雨後春筍般湧現，其數量之多、範圍之廣、熱情之高，前所罕見。鐵道系統以「本中央既定方針作抗敵後援，共謀完整國土，復興民族」為宗旨，也紛紛成立抗敵後援會、戰時服務團等開展抗日後援工作，在配合各路局組織軍運、支援前線作戰等方面發揮了積極作用。

一九三八年六月，隴海鐵路抗敵後援會車上服務團的《隴海鐵工》創刊；一九三九年十一月，浙贛鐵路的《戰時工人》創刊。使隴海和浙贛路在已辦有局報、黨刊的情況下，形成「政、黨、工」三方均辦報的「一路三刊」局面。這也是當時鐵道系統各路局的辦報模式。

其他，還有平漢鐵路管理局工會辦的《平漢工會週刊》、京滬滬杭甬鐵路特別黨部暨職工會辦的《兩路半月刊》等。抗戰末期，撤退到大後方的京滬滬杭甬鐵路員工還在貴陽創辦了《京滬滬杭甬鐵路貴陽員工通訊》（又名《兩路員工通訊》），以此將散落各處的員工聯絡、組織起來，為抗戰勝利後復原做準備。

由這些團體經辦的報刊，是廣大鐵路員工為抗戰吶喊的喉舌，其內容主要是關於宣傳抗戰的言論，開展捐款、捐物、勞軍和搶修鐵路、支援前線的報導，以及反映員工福利、文化活動的消息和文藝作品。它們是物質文化生活極度貧乏時期裡，員工「精神食糧」的主要來源。

值得注意的是，這類實際由特別黨部操縱的報刊，在抗戰前剛剛萌芽時，其內容中有不少反共言論。而在抗戰期間，可能因實行「抗日民族統一戰線」，所以同路報中的國民黨「黨刊」一樣，這類文章基本消失了。這類報刊之所以紛紛出現，抗戰激發起全民族的愛國熱情是主要動因，而當局——對鐵路完成支援抗戰任務就不能忽視鐵路員工——有了新的認識也起到了推動作用。當時鐵道部總務司設勞工課，其一項職責是專司對各路局工人團體組織報刊的管理。勞工課辦有《鐵工陣線半月刊》，與基層的工人團體報刊上下呼應。

興建轉移路線，新報艱難問世

一九三八年，南京政府將鐵道部併入交通部，並制訂戰時鐵道建設方案，利用軍事物資著手興建湘桂、湘黔、黔桂等線，以便利向大後方撤退的戰略轉移。在此背景下，幾份反映邊施工邊運營的路局報刊，在「全國抗日血戰方酣」之際相繼問世。

> 長達三百六十餘公里之路線，於一年間完成通車。實為吾國家民族在抗戰軍興後建設之最大成績；而成功之速亦突破我國鐵道史之紀錄。此段路線貫通湘桂兩省，聯絡西南交通，貢獻於國防與民生。……抗戰必勝，建國必成之信念，今得此事實證明。……為使鐵路界同仁及全國民眾知所埋頭苦幹，加緊邁進，特發行週刊，為全路之喉舌。⑦

以上這段文字，摘自杜鎮遠——時任湘桂鐵路衡桂段管理局局長——為《衡桂週刊》創刊所撰「獻詞」。

湘桂鐵路從衡陽到桂林段，於一九三七年十月十一日開工，

▲建設向後方撤退鐵路時，湘桂鐵路辦的報刊。

一九三八年九月二十八日全線通車。一九三九年元旦，《衡桂週刊》創刊，以「輯布路務消息，激勵員工精神，俾使密切聯繫，克盡職責」為宗旨。⑧該刊十六開八版，後增至十二版，僅設：重要言論、工作規章、路務紀要、一週時事等幾個欄目，頭版的兩邊側固定有「抗戰必勝，建國必成」口號。每期有「刊後語」對內容進行評點，畫龍點睛，多為鼓動抗戰，如第三期刊載〈桂林北站被炸案應受獎懲人員姓名表〉，〈刊後語〉評論說：「冒險工作者，不特為個人忠於國家之光榮表現，並於精神上獲得無上之安慰；其畏險規避者，不特有愧職守，抑且遺羞儕輩。吾人對於服務，當求盡其在我，無負於路，無負於國。」

該路處長沙會戰、衡陽保衛戰戰區，軍運任務艱巨。《衡桂週刊》幾乎每期都刊載相關內容，如〈局長令〉：「望凡我同仁懷於國步之艱難，應知責任之重大，益奮才能，精勤所事。」（第四期）〈慰勞前方將士征勞款項〉一文號召員工「捐一日以上所得，購辦慰勞品轉送前方」，「前方將士獻身國家，效命疆場，轉戰萬里，殺敵致果，自應踴躍捐款慰勞，以示崇德報功之意。」（第六期）等等。

後來該路改為湘桂鐵路公司鐵路管理局，管轄湘省所有鐵路，《衡桂週刊》於一九四一年一月六日更名為《湘桂週刊》，在戰火中堅持發行至一九四二年底。另外，該路特別黨部曾於一九四〇年四月一日創辦《湘桂月刊》，自稱為「溝通全線黨務之津梁」；⑨湘桂鐵路理事會同人讀書會於一九四二年十一月創辦《紫山村訊》。

在向後方轉移時期鐵道建設中創辦的報刊，還有昆明敘昆鐵路管理局的《敘昆週刊》（一九三九年）、貴陽黔桂鐵路工程局的《黔桂半月刊》（一九四一年五月），和該局特別黨部的《黔桂職工》等。

《黔桂職工》創辦於一九四三年六月一日，月刊，聲稱「本刊是本路沿線唯一的一冊專供員工精神食糧的刊物。」⑩該刊曾因有兩位名人參與辦刊，使其與眾不同。

一是著名愛國華僑教育家王淑陶主持辦刊。他撰寫的〈創刊詞〉振聾發聵，茲摘錄幾節如下：

> 近代的戰爭可說是交通的戰爭，誰把握著交通的樞紐，誰就得到勝利。……鐵路不僅是國防的長城，並且是國家經濟的動脈。我們黔桂

▲《黔桂職工》和著名木刻版畫家唐英偉的作品。

鐵路是負荷這樣的　種使命。……職工們，努力吧！我們的車頭就是前方的坦克，我們敲一口釘等於前方將士向敵人放一口炮。流血和流汗，國家同樣的需要。

此前，王先生是香港華僑中學的創辦人和校長。抗戰中他在重慶江津復辦華僑中學，抗戰勝利後，他創辦了廣州私立華僑大學，並邀國學大師錢穆做文學院院長。王淑陶有多部詩稿、書法作品傳世。

二是每期封面和刊中的插圖均為木刻版畫，而作者是最早投入中國木刻運動的著名版畫家之一的唐英偉。唐先生曾受魯迅通函指導，他的木刻畫被認為是「代表勞苦大眾申訴的作品」。抗戰開始後，他創作了木刻：〈中國的一日〉、〈鐵蹄下的華北〉、〈保衛我們的領土〉、〈火線〉、〈蘆溝橋抗戰〉等作品。他曾於一九四三年任職黔桂鐵路，編輯《黔桂職工》，使該刊成為他用刻刀戰鬥的陣地，也有幸留下他在這一時期的抗戰救亡作品。同時期，他還出版了反映抗戰題材的《黔桂版畫集》。

■ 開拓國際通道，工程局報創刊

一九三九年初，我國沿海港口已被日寇封鎖。打通西南、西北與國際聯繫、接受國際援助的陸路通道，成為當務之急。

當年三月，國民政府決定趕修滇緬鐵路，溝通與緬甸的國際交通。杜鎮遠調任滇緬鐵路局局長兼總工程司，領導修建了這條以悲壯和慘烈鐫刻在中國抗戰史上的鐵路。在工程推進的關鍵時刻，《滇緬鐵路月刊》於一九四〇年一月創刊。

杜鎮遠親筆題寫刊名，每期一幅，並為刊物明確宗旨：「檢討既往」、「策勵將來」、「通內外之情」，「收聯繫之效」。⑪他闡釋：

> 本路工程由昆達緬，沿線山洞橋涵之艱巨，瘴癘疾疫之侵襲，徵集工人之複雜，購運材料之困難，幾無一事不經縝密之研究，始克有濟；亦無一事不經隨地之改良，始克奏功。而韶光如電，部限有期，屈指東段通車，只餘一載，今後同人之絞腦汁，出血汗，以求推進本路之一寸一尺者，將於此刊見之。……打通國際路線，增加抗戰力量，開發西南富源，奠定復興基礎，將於同人是望，亦將於此刊驗之。

▲鐵路工程局在開拓國際交通線時辦的報刊。

該刊大三十二開本，每期七十頁上下。其編排有些「因循守舊」，仍按原公報的模式設置欄目內容，不過將關於本局的內容提前，將部令、法規等置後。當時「所處環境，極為惡劣，印刷材料，極為絀短」。《滇緬鐵路月刊》堅持出版十期後，因仰光被日寇封鎖，國外鐵路器材無法運進，滇緬鐵路被迫停工，該刊遂結束短暫的生命而停刊。

杜鎮遠又奉交通部命令同時負責勘測趕修西祥公路，滇緬鐵路和西祥公路合組成新的工程管理局。一九四一年六月，西祥公路建成通車；同月，《滇緬鐵路西祥公路月刊》又問世。該刊除增加了公路方面業務內容外，型式、體例與原刊無異。但不久，日軍鐵蹄踏進雲南，為了防止日軍打過怒江、沿西祥公路入侵成都，國民政府於一九四一年底下令將路破壞。剛剛出生僅半年的《滇緬鐵路西祥公路月刊》雖然也以夭折告終，但它與《滇緬鐵路月刊》作為史詩般壯烈的抗戰鐵路、公路建設的記錄者，亦應載入抗戰史冊。

西北方向，隴海鐵路自西寶段於抗戰前建成後，由平原進入隴南山嶽之地，「寶雞至天水一段為全路最艱巨之序幕」。⑫太平洋戰爭爆發後，蘇聯作為盟國參戰。為能接受蘇聯援華物資，建「西北走廊」，迫在眉睫。國民政府下令「寶天段」趕工完成。一九四二年十月十五日，寶天鐵路工程局創刊《寶天路刊》（月刊）。該刊十六開十八版上下，內部發行，因條件所限，印製簡陋，有時用草紙刻字油印。即使戰時環境如此艱難，該刊仍連續刊行了近三年，直至抗戰勝利前夕才停刊。

同西南相比，西北受戰事的直接影響小，而施工環境更加艱難且週期有限。因此，《寶天路刊》的內容主要是圍繞施工的技術、理論探討和現場管理以及員工生活方面的文章、報導，關於戰事，少有涉及，更像一冊專業技術刊物。路報創刊往往都有發（創）刊詞，該刊則開門見山，以時任局長兼總工程司凌鴻勳的文章〈寶天鐵路趕工應有之認識〉做卷頭語，號召「全體同人，共任其難」，「認清國家之目標，事業之前途，與集體成就之必要，使力量集中發揮」，「以全力赴之」。

其間，寶天鐵路工程局還曾專為民工辦過《工地簡訊》（一九四四年），專業技術人員同人辦有《工作與學習》（雙月刊，一九四二—一九四五年）。

■ 與國共度時艱，路報特點彰顯

在這一特殊歷史時期裡，由中國鐵路企業出版的報刊，為抗日戰爭的全面勝利作出重要貢獻的同時，呈現出一些極具時代特徵的現象。

一是報刊的外觀型式完全突破了南京政府鐵道部關於統一路報「名稱」和「劃一尺寸及封面樣式」的規定。存續的路報和新創辦的路報，如前所述，均按自己的條件和意願各取所需：刊名和規格，幾乎無一路報相同，刊期也長短不一。這是自民國以來，路報群體一個明顯特殊的現象。而且「鑒於戰時物力之艱難」，《衡桂週刊》、《寶天路刊》等很多路報採用土紙、草紙印刷，條件好些的，也「採用本路沿線附近出產之國產紙張」，如《浙贛月刊》的「封面紙採用河口連史裱福建毛邊，正文紙採用鉛山造紙廠改良報紙，插頁則採用衢州玉泉紙廠國產表古紙。」⑬各路局原配的印刷所不能運轉，有的就採用刻板油印。總之，為發揮路報在抗戰中的作用，各路局不圖形式，千方百計堅持辦報。

二是路報將側重點轉到報導基層員工動態、宣傳鼓動及撫慰員工。這是抗戰前的國有路報所不多見的，而今成為常態。戰爭造成社會動盪、人心恐慌，鐵路首當其衝。淪陷區鐵路或撤退或疏散的員工，為靠近戰區的路局繼續派用，人員管理複雜。維持運輸，建設新路，關鍵因素是「人」。所以，各路局「除嚴密工人團體組織，設法增加運輸能力以適應抗戰需要外，對於員工身心之修養與訓練尤多致意。」⑭路報的版面充滿關於福利、薪酬和戰時撫恤等與員工切身利益相關的規定、消息，圖書館、運動場建成恢復使用等文化活動報導，以及員工創作的文藝作品，即使刊載的局長講話、報告，也多是針對員工問題而發。《衡桂週刊》還在頭版頭條全文刊載了交通部頒佈的「各路員工因抗戰捐軀者將來由部路分別建碑紀念」的命令，其中說：「本部已將死難員工姓名及死難事實先行項目登記，俟戰事結束後，由部路分別建碑，將此項死難員工姓名及死難事實一併刊入。其死難事實之可歌可泣者，本部並專案匯輯，編送中央，以便採入抗戰史內，用示永久紀念。」⑮路報再加上工人團體辦的報刊，將員工作為主要對象，有的放矢地開展宣傳，顯然起到安撫人心、動員鐵路員工努力生產支援抗戰的作用。

三是路報的編輯體例和文風發生積極變化，更適應戰時的需要。路報在很長時期裡約定俗成的欄目模式和鐵道部規定的統一編輯體例，在抗戰期間已不復存在，代之以靈活多變、簡潔明快、符合本路特點的各種欄目。抗戰的形勢發展，關係國家、民族和個人的命運，尤其鐵路處於戰爭的漩渦，戰況等自然成為員工關注的焦點。各路報大都闢有時事方面的專欄，有的路報將時事置於原來放論著、命令欄目的刊首位置，除報導國內外、路內外的新聞、戰況，還對戰事、重大事件做評論。在交通癱瘓、資訊閉塞（如山區施工）的狀況下，不啻給為抗戰而奮戰在鐵道線上的員工送來一線光明。路報的學術研究類論著減少，多為通俗易懂、切合實際的稿件。《浙贛月刊》就提出：「取材惟謹，不願稍涉矜飾，只願各人以平日服務觀感和研究所得，供奉切磋，使精神食糧增加、求進心理增切於不知不覺中。」⑯一年後，他們總結辦報工作時感慨地說：「經驗昭示吾人：『抗戰八股』已不克適應長期抗戰之客觀需要，而蔣百里氏亦謂：『文章的構造與氣勢，要隨物質進化，追上時代』。」⑰

綜上所述，中國鐵路為抗日戰爭的勝利做出了重要貢獻，毋庸置疑，其中鐵路企業報刊功不可沒。這一時期的我方路報，一方面記錄了中國鐵路員工愛國愛路，為抗擊侵略者運送軍隊軍需、搶修鐵道、開山築路的壯麗史實；另一方面，路報以筆做刀槍，在極其艱險困苦的環境下堅持出版，對員工進行抗戰宣傳、生產鼓動、生活撫慰，配合鐵路當局，順利完成了在戰爭中擔負的特殊使命。

注釋

①楊裕芬，〈卷頭語〉，《粵漢月刊》（武昌），民國二十六年二月二十八日。本段引文出處相同。

②〈發刊詞〉，《浙贛月刊》（玉山），民國二十九年元旦。本段引文除注明者外，出處相同。

③〈黨務報告〉，《浙贛月刊》（玉山），民國二十九年元旦，頁二三。

④〈發刊詞〉，《浙贛月刊》（玉山），民國二十九年元旦。本段引文出處相同。

⑤束頌聲，《浙贛新堡壘》，第一期，頁一。

⑥〈一、編輯委員會〉，《浙贛月刊》（玉山），民國二十九年元旦，頁三五；〈徵稿條例〉，《浙贛月刊》（玉山），民國二十九年元旦。

⑦杜鎮遠，〈衡桂週刊獻詞〉，《衡桂週刊》（衡陽），民國二十八年一月九日，頁九。

⑧〈規定週刊閱覽及保存等辦法〉，《衡桂週刊》（衡陽），民國二十八年一月十六日，頁十七。

⑨〈創刊詞〉，《湘桂月刊》（玉山），民國二十九年四月一日，頁一。

⑩〈編者的話〉，《黔桂職工》（宜山），民國三十二年十月十日，頁二三。

⑪杜鎮遠，〈發刊詞〉，《滇緬鐵路月刊》（昆明），民國二十九年一月。以下兩段引文出處相同。

⑫淩鴻勛，〈寶天鐵路趕工應有之認識〉，《寶天路刊》（寶雞），民國三十一年十月十五日。

⑬舒國華，〈一年來之本刊〉，《浙贛月刊》（玉山），民國三十年一月三十一日，頁二七。

⑭張自立，〈發刊詞〉，《浙贛月刊》（玉山），民國二十九年元旦，頁一。

⑮〈各路員工因抗戰捐軀者將來由部路分別建碑紀念〉，《衡桂週刊》（衡陽）民國二十八年九月十八日，頁一。

⑯編者，〈編後〉，《浙贛月刊》（玉山），民國二十九年元旦，頁六〇。

⑰舒國華，〈一年來之本刊〉，《浙贛月刊》（玉山），民國三十年一月三十一日，頁二七。

第十二章　為侵華張目的日偽鐵路企業報刊

■ 淪入敵手的路報被改造

日本侵華全面戰爭爆發後，華北鐵路最早全部淪陷。華北日偽政權接管的平綏、北寧等路局的報刊，被改造成侵略者控制鐵路的工具。

一九三七年七月二十九日，北平淪陷後，日軍扶植成立漢奸傀儡政權，先以偽「冀察政務委員會」、後以「北平地方維持會」的名義開始接管平綏鐵路。原路報《平綏日刊》繼續刊行，給外界以「無事發生」的假象，但其版面的悄然變化記錄了日偽侵佔平綏路的過程。

該路原有路報《平綏日刊》，創辦於一九三五年十二月二日。該路局認為：「國無鐵路，則趨於貧弱；路無日刊，則形同窒塞。」①因此，十分重視路報，除例假和特殊情況外逐日按時出版。

從一九三七年七月三十一日起，由第二十九軍軍長宋哲元任命的平綏鐵路管理局局長張維藩的署名從第五〇九號刊頭刪除，「局令」也從欄目中撤掉；至第五一三號（八月五日），局令恢復，發佈〈任免升調八件〉，署名局長改為原二十九軍投靠日軍的高級軍官、漢奸張允榮，說明此前幾天平綏路已被日偽政權接管；發行第五二一號（八月十四日）後，休刊近半個月才發行的第五二二號（八月二十六日）揭開了偽裝的面紗。

該期發佈偽冀察政務委員會的一系列任免令，並換上新上任的漢奸副局長歐大慶題寫的刊頭。同時，刊載《平綏日刊》編輯室的〈本室啟事〉說：「茲奉令復刊，即應遵辦。惟本路客貨運輸尚未恢復，稿件仍難充實，故暫改為三日刊，定每星期一、四出版，自五二二號起，按期刊行。容儘量充實內容，再行恢復日刊。」

翌日，第五二三號刊載局令，要求「全體員工，更宜力持鎮靜，照常安心工作，方克有濟；萬勿聽信謠言，自相驚擾，……照常忠勤職守，力維路務。」發佈告：「沿線各職

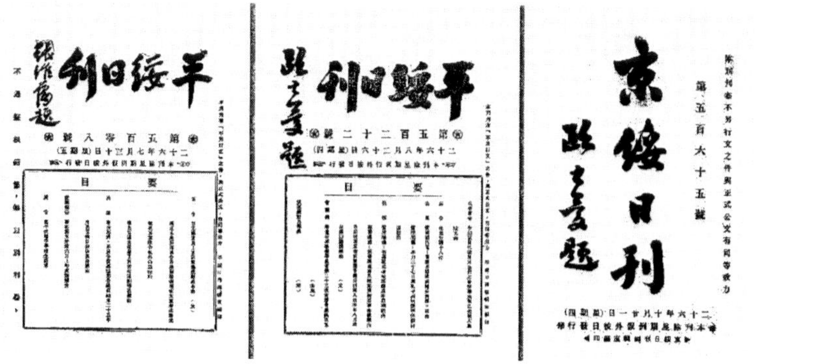

▲平綏鐵路被日偽政權接管，原《平綏日刊》（左），先改刊頭題字（中），後改為《京綏日刊》。

工，多有離站四散，……趕速回路報到。」同時，宣佈成立「宣撫委員會」，日本顧問進駐。第五二五號局令同意「日刊主編張彬請辭，……由秘書歐陽儉叔接充。」至此，偽政權也完成了對《平綏日刊》的接管。從第五三三號起恢復日刊，第五六五號（十月二十一日）更名為《京綏日刊》。儘管外觀型式、體例無大變化，但它已徹底淪為日本侵略者控制平綏路的喉舌。

■日寇侵佔的三個區域路報概況

在中國鐵路企業報刊處於多數停刊、少數艱難維持的局面下，由日本侵略者扶植成立的東北「滿洲國」、華北「冀察政務委員會」和南京「維新政府」，其控制的鐵路創辦的報刊卻在不斷增多，一直刊行到侵華戰爭失敗。

九一八事變後，日寇於一九三二年在東北成立的偽滿洲國，開始接管東北鐵路並先委託南滿鐵道株式會社經營。滿鐵開始佈局其所轄路局及附屬企業的報刊，新辦了《奉天鐵路管理局局報》、《瀋海鐵路日報》、《滿鐵調查月報》（滿鐵總務部調查課）、《滿洲經濟統計月報》（滿鐵總務部調查課）、《支那礦業時報》（滿鐵地質調查所）、《協和》（滿鐵社員會）、《鐵道之研究》（滿鐵技術研究所）、《炭の光》（滿鐵撫順炭礦）、《築豊炭礦業會月報》（滿鐵撫順炭礦）

等。

一九三三年三月，偽滿洲國成立交通部鐵道總局，在滿鐵的協助下管理東北鐵路。鐵道總局創辦了《奉天鐵道總局總局報》、《愛路》，所轄路局創辦了《奉天鐵道局局報》、《錦縣鐵路局報》、《哈爾濱鐵道局局報》、《齊齊哈爾鐵道局局報》、《鐵道人》（哈爾濱鐵道局人事課）等。

同時期，獨立經營的滿鐵，又新創辦了《大連鐵道工廠報》、《旅行情報》（滿鐵東亞旅行社）、《電氣彙報》（滿鐵鐵道部電氣課）、《滿鐵資料彙報》（滿鐵總務部資料課）、《牡丹江建設事務所所報》（滿鐵牡丹江建設事務所）等幾十種。此時期，原來滿鐵辦的一些調查統計出版物，內容也超出東北的範圍；還新辦了一些專門負責華北地區調查統計的報刊，如《北支經濟統計季報》（南滿鐵道北支事務局調查部）、《滿鐵北支經濟調查所雜誌》等。

在華北、華中淪陷區，②日本侵略者為實施長期佔領的圖謀，打破中國自有鐵路伊始即採取的「以線劃局」做法（即每條鐵路是一個路局），改為按地域劃局（即將途經某個區域的數條鐵路路段集合劃分），假偽政權之手，先後成立了所謂「中日合資」的華北交通株式會社和華中鐵道株式會社，分別統管華北和華中的各路鐵道交通。這兩個公司，分別創辦了社報和對內、對外的多種報刊。

▲日偽華北交通株式會社辦的部分報刊。

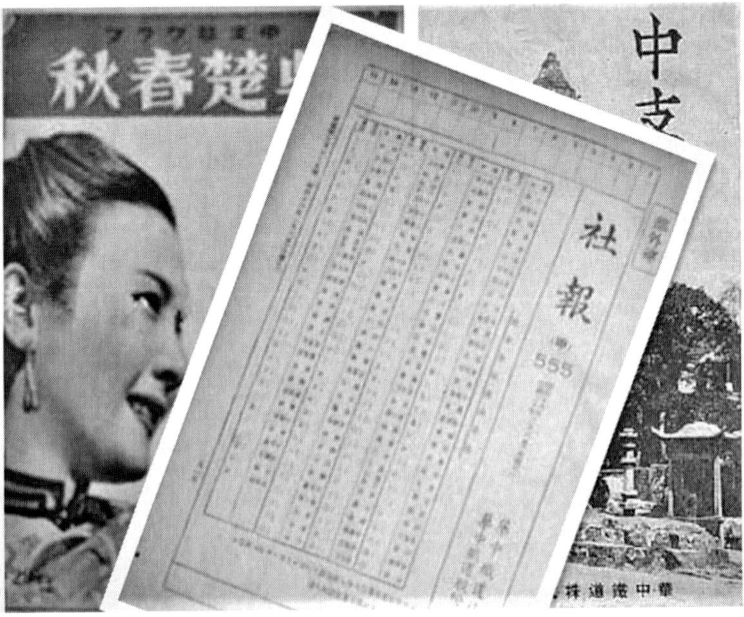

▲日偽華中鐵道株式會社辦的部分報刊。

《華北交通株式會社社報》創刊於一九三九年四月，是企業傳達指令、組織經營的報刊。版幅為十六開，每期一般在五至十頁左右，中日文對照，上欄日文，下欄中文。除星期日、節假日和公司休業的翌日外，逐日出版，公開發行，具體負責編輯出版的是總務局。在偽政權組建的所謂「中華郵政」登記註冊為「第一類新聞紙類」，發行人為陶山邦夫，編輯人是左伯惣一，發行所在公司總部北京東長安街十七號。主要欄目和內容是：

社告：以總裁名義簽發的關於經營的規章制度。

示達：以總裁名義簽發的關於更正或補充修改有關文件規定的命令。

辭令：人事任免事項。

雜報：公司內部經營及與公司經營相關的消息報導。

廣告：公司附業及公司員工文化生活方面的報導，如新書刊介紹。

另外，在節慶日，該報還在首欄設「訓諭」，發表公司總裁關於時事形勢、公司任務的講話。這些講話大多是為其侵華政策辯護，鼓吹「中日親善」、「東亞共榮」和對員工進行奴化教育的內容。例如，一九四二年元旦出版的第七九〇號訓諭發表總裁長篇〈歲首之辭〉說，「日本為東亞百年之大計，而開始大東亞戰爭，……回溯皇軍執干戈以伐暴戾之蔣政權，吾等挺身參加新東亞之建設以來，已歲移五度矣，皇軍於此獲得日新月異之戰果，吾等亦與年俱進，同新覺悟，繼續邁進於大業之途。」除此以外，這份本為組織鐵路經營的刊物，在日寇為鎮壓華北鐵路沿線的抗日武裝而開展所謂「治安強化運動」時，該報予以配合，連續在每期刊首刊登諸如「我們要剿滅共匪，肅正思想」、「我們要建設華北，完成大東亞戰爭」等標語口號。③

華北交通株式會社在其所轄路局，也辦有《北京鐵路局局報》、《濟南鐵路局局報》、《張家口鐵路局局報》等。還曾辦有面向社會、旅客公開發行的《北支》（後更名《華北》）、《蒙疆路》和以「社員會」名義辦的《興亞》等多種報刊。

《華中鐵道株式會社社報》，日刊，是華中鐵道株式會社（後稱華中鐵道股份有限公司）於一九三九年在上海創辦的內部刊物，內容主要是反映華中鐵道運營動態。其所轄各路局也辦有此類性質的局報，它們還以「共榮會」的名義，在已經辦了日文的《華鐵》之後，繼於一九四三年九月創辦了中文的《華鐵月刊》。該刊鼓吹其辦刊原則，「第一是『共榮』精神的發揚，第二是鐵道建設之實現。本刊的使命是：『共榮之鐵道』或『鐵道之共榮』。即是我們應該建設促進共榮之鐵道，由建設鐵道而促進共榮。」④其內容除刊載「加強共榮會的論著」和「有關鐵道的專門研究報告外」，「小說、詩歌、小品、遊記、生活素描，兼收並蓄，無所不包」。主要是宣揚所謂「大東亞戰爭和中日提攜」，載有〈中國與日本的存亡關係〉、〈共榮會中國會員的使命與實踐〉、〈共榮會大事記〉等。該刊雖標示由日本人秋田正男任發行人和主編，但看其內容，就知實際是由漢奸在日人指揮下具體承辦。

一九四五年五月，華中鐵道株式會社創刊《愛路報》，這是為配合開展「鐵路愛護運動」辦的報刊。所謂「愛路運動」，是日軍在佔領區的鐵路每十公里兩側，設一「鐵路愛護村」，以「官方愛護村民，村民起來護路」名義開展的「宣撫」活動，目的是為了防止抗日游擊隊、民眾破壞鐵路運輸線和鎮壓沿線開展抗日活動。此前，東北、華北也都辦有以「愛路」名刊行的報刊。

另外，還出版有介紹華中鐵路沿線的文物古蹟、風物習俗、山水風光各種專刊，如《吳楚春秋》、《吳楚風物》、《杭州》、《嘉興煙雨樓》等，公開發行，以招徠旅客。

■另類社報：《同軌》和《新輪》

日本侵華期間，在東北和華北的鐵路，還辦有另一種類型的社報。它用中文刊行，裝幀精美，按月出版，讀者對象主要是鐵路員工中的中國人，在鐵路企業影響較大。它是日本人幕後操縱，中國人出面編輯，專門對中國員工進行思想奴化教育和對外宣傳的日偽刊物。如果將上節所述局報、社報視為管理鐵路經營的「事報」，則它可稱為對中國員工進行訓育的「人報」。兩種社報，軟硬結合，相輔而辦，是日本侵略者為長期控制中國鐵路所採取的戰略措施。

《同軌》，由偽滿洲國奉天鐵道總局創辦於大同三年二月一日（一九三四年二月一日），內部發行，非賣品。由總局總務處文書課編輯出版，發行人為向野元生，編輯人為松山信輔。大三十二開本，每期四十至百頁上下不等，封面為偽滿鐵道路線圖，偽滿政府總理鄭孝胥題寫刊頭，聘偽滿交通總長丁鑒修和總局警務處長後宮大佐任顧問。聘後者為顧問，顯然與利用該刊在「愛路」等「維持治安」方面發揮作用有關。

該刊每期封裡都標示「本志之綱領：德性之磨礪，業務之研究，鐵道知識之向上，上下意見之疏通，合作精神之振起。」徵稿啟事則標榜：「不談政治，趨重德行，不及譏評」，且屢屢強調「唯若涉及政治論，或違背日滿之合作之精神」，「不得登載」，「小品文勿論感想」。⑤特別強調「不談政治」，是警示其員工言行莫觸犯偽滿時期臭

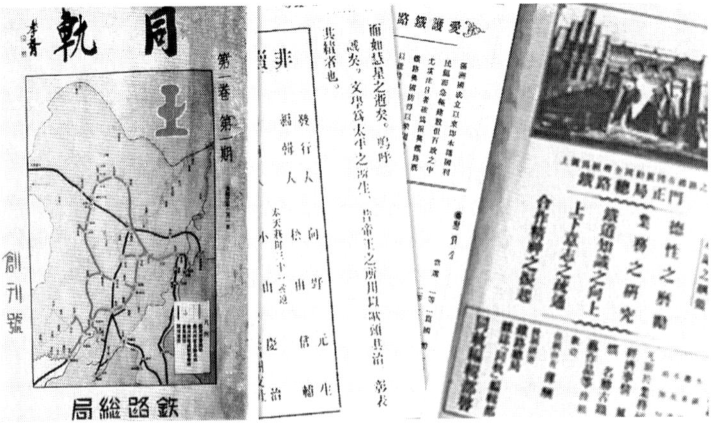

▲偽滿洲國奉天鐵道總局機關刊物《同軌》。

名昭著的所謂「思想犯」、「國事犯」的法律規定，老老實實地當亡國順民。其〈發刊詞〉卻暴露出馬腳，證明該刊正是「談政治」、「思想訓育」的工具：「人類乃思想之動物，思想的新舊，要不外由於時代之變遷潮流之移動耳」，「庶可免虛妄之誚，抑且時代雖有變遷，吾人決不能逾越而過」，「時代與思想，均有一定之軌轍」，「願各循軌轍，互相觀摩，不為陳腐所固執，繼續向上之研求，而以本志為歸納之機關」。意圖誘導中國員工接受偽滿「建國現實」，適應「新時代」，進入侵略者設置的「軌轍」——《同軌》刊名的寓意也昭然若揭。

《同軌》內容包括「業務研究，經濟事情，風俗習慣，名勝古蹟，文藝作品」等幾個部分。因偽滿鐵道總局除轄鐵道外，港灣水運及長途汽車也屬其所轄，所以也有少量這兩部門的內容。其初期欄目為：卷頭語、講釋、論說、研究、時報、講座、藝苑等。除鐵路業務和專業技術問題的報導外，關於日本的風俗習慣介紹和日語學習的內容持續不斷，佔據很多版面。再有就是「愛路」問題是報導重點，每期都有「愛路」、「警備」口號幾幅穿插在版面文章之間，如「王道樂土，始於鐵路；路民合作，以民護路」等。該刊還發起徵集「愛路」歌曲活動：「為普及鐵路知識及闡揚愛護鐵路之精神起見，擬徵集愛護鐵路唱歌以廣宣揚」，強調「詞句務求淺釋明瞭，適合兒童歌唱為宜」。⑥

刊行幾期後，該刊的編輯部門改為「總局人事局養成課」，徹底露出其「訓育」的真實面目。尤其是七七事變中國全面抗日戰爭爆發，繼而太平洋戰爭爆發後，其欄目改變為時事論說、東亞鐵道動態、交通新聞、現場報告、施設特輯、副業問答、文藝等。反映其經營業務的內容明顯減少，報導東亞、太平洋戰事和「慰安」的文章、新聞、圖片充斥版面，常常是中日文對照。一九四二年，偽滿成立鐵道省；六月，《同軌》第十卷第五期始由滿鐵接辦，出版時間也放棄偽滿年號，改用日本的「昭和」，成為徹頭徹尾的鼓動和支援侵略戰爭的輿論工具。

《新輪》，是由華北交通株式會社於一九三九年六月一日在北京創刊，發行人是江口胤秀，編輯為曾榮伯。副總裁殷同⑦致〈創刊辭〉說：「本公司係適應特殊環境所組織之中日合辦事業，中國從業員，為數不少，應如何提高其工作效率，以促進機構之健全；應如何提倡其合作精神，以發揮互助之效能；應如何陶冶其兼善品性，以培成協調之信念。……非有一種精神上之食糧。」「俾全體國人，不分中日，無問內外，以新知識培養新思想，以新精神負荷新事業。」顯然其發刊是意圖促成所謂中日親善，化解尖銳的民族矛盾。由「編輯同人」撰寫的〈發刊詞〉更露出媚日嘴臉，赤裸裸地表示：「努力介紹日本國情、日本文化，總之，日本的一切，俾有裨於國人徹底理解鄰邦，而為兩國合作造一精神基礎。」⑧

該刊為非賣品，大三十二開本，每期百頁上下，日本企業的廣告很多，欄目有：言論、自由論壇、衛生、業務講座、家庭婦人、文藝作品、娛樂園地等。儘管欄目涉及多個方面，但內容核心都同鼓吹東亞共榮、配合戰事為侵略者歌功頌德有關。如言論方面，發表〈建設東亞新秩序之意義〉、〈論日本文明〉、〈新國民運動與反共〉等；業務講座是連載〈日語學習法〉、〈日語講座〉等；家庭婦人則講〈日本民族性〉、〈日本的習俗〉（每期按時令、季節刊出）。《新輪》還密切配合日軍的行動，如日軍進行屠殺與懷柔相結合的所謂「治安強化運動」時，該刊就適時地推出「新輪治強運動徵文」。

該刊曾說：「在昔中國鐵路，向有月刊發行，類皆文電居多，內容枯燥，從事員不感興趣。茲刊內容務期充實，意義力求刷新，自不可以同日語。」⑨《新輪》的宣傳報導的確「巧妙」，將侵略者的意圖通過文化的傳播侵入精神，創刊第一篇文章就是〈中日合作從精神始〉。其辦刊由總裁室人事局的人事課編輯，也證明其目標是「人」，是要改造人的精神。

以上這些日偽鐵路報刊，配合日本侵華戰爭，曾在佔領區的鐵路沿線肆虐一時，但日本投降後就在中國永遠消失了，留存的報刊成為日本侵華的直接罪證。

注釋

①王懋功，〈發刊詞〉，《平綏日刊》（北平），民國二十四年十二月二日，頁一。
②日本侵華期間，所稱「華中」也包括華東地區地區的上海、江浙等地。
③參見《華北交通株式會社社報》，民國三十一年十月九日至三十日。
④〈創刊之辭〉，《華鐵月刊》（上海），民國三十三年九月。
⑤〈希望諸君踴躍向同軌投稿〉，《同軌》（奉天），康德元年十月一日，頁五一；〈同軌募集懸賞文的要綱〉，《同軌》（奉天），康德元年十月一日，頁五八。
⑥〈愛護鐵路唱歌懸賞徵集〉，《同軌》（奉天），大同三年二月一日。
⑦殷同，原為北寧鐵路管理局局長，華北陷落後淪為漢奸。
⑧編輯同人，〈發刊詞〉，《新輪》（北平），民國二十八年六月一日。
⑨殷同，〈創刊詞〉，《新輪》，民國二十八年六月一日。

第十三章　抗戰勝利初期的鐵路企業報刊

抗日戰爭勝利後，國民政府交通部基於便於管理等因素考慮，改變原有鐵路管理體制，沿襲日偽時期鐵路管理模式，將按路線管理變為按區域管理。全國鐵路被劃分為京滬區、平津區、平漢區等若干大區，每區含若干線路的鐵路管理局，如平津區轄河北、察哈爾、綏遠、山西、熱河等五省內各線路局。隨後，派出特派員赴各區負責接管曾被日偽侵佔的全國鐵路，並開始組織復建因戰爭毀壞和沒有完工的鐵路線。國有鐵路企業報刊，遂陸續以簡陋的型式創（復）刊。

■ 接管鐵路，公報捲土重來

各鐵路大區，首先以臨時管理機構——「特派員辦公處」的名義創（復）刊路報，如平津區於一九四五年十月十二日創辦《交通部平津區特派員辦公處公報》。該報日刊，十六開，每期視內容多寡，有二至四頁左右，欄目簡單，以處令為主，輪換刊出佈告、電報、雜件等欄日，後期又增加新生活運動，內容均為接管期間的各項工作指令，如人事調遣、復建工程安排等。其型式和內容基本恢復了民國初期鐵路公報的面目，應是特殊時期的無奈之舉。創刊號發佈的辦公處第一號佈告，就交待對原日籍員工政策：「對於日籍員工未離職者和平相待，而日籍員工既未奉命離職尤應念我最高領袖仁恕之懷，正其思想，忠其職責，不可妄自懈怠。」

一九四六年六月一日，平津區完成改組，「特派員辦事處」結束使命，同時成立平津區鐵路管理局，公報遂於第一九三期始更名為《交通部平津區鐵路管理局公報》。隨後在一九四七年，又改為《交通部平津區鐵路管理局日報》。因此時國共內戰已爆發，該報在三、四版刊有大量關於時局和戰事的報導。

▲抗戰勝利初期，交通部直轄鐵路大區及所轄路局創辦的報刊。

平津區所轄各路局也同時辦有類似報刊，如太原路局於一九四五年十一月十三日辦《太原鐵路管理局報》，日刊，後更名為《太原鐵路管理局公報》，其外觀型式與欄目內容與平津區公報大同小異。

這種先以「特派員辦公處」後以「鐵路管理局」名義辦報、兩級路報格局以及如平津區路報的刊名、型式、內容、編排的體例，是抗戰勝利後全國各鐵路大區普遍採取的基本辦報模式，不一一贅述。此時期，各區路報「面目統一」，顯然是交通部有統一規定。儘管有些大區根據自身條件和需要，後來又創辦了新的報刊，但以這種模式刊行的路報，仍然一直延續，至各路局陸續因國共內戰中國民黨軍敗退，而停止運轉才終刊。

抗戰勝利後，由於日本侵華戰爭的破壞，全國鐵路秩序混亂、滿目瘡痍。以平漢路為例，「在三十四年九月復員接收時，漢口至黃河南岸（本路南段）原有的三百多座大小鋼鐵橋樑，或被敵偽拆除，或被戰火破壞。」①各區路局面臨從日偽手中接管的複雜局面和復建的繁重任務，發揮路報的基本職能——發佈各種指令、規章——來重整鐵路秩序就成為當務之急。因此，這類早已被北洋政府、南京政府鐵道部淘汰的公報之所以又捲土重來，顯然是適應形勢需要的必然產物。同一般社會報刊基本保持外觀型式不變不同，型式服從需要，是企業報刊的一個特徵。公報在接收和復建鐵

路的特定時期亦發揮了一定的作用。

■ 工人團體報刊復甦

抗戰期間曾風行一時，以抗敵後援會、服務團等名義刊行的工人團體報刊，在抗戰後期沉寂幾年後，開始復甦，紛紛復刊、創刊，成為路報中除局報以外最大的報刊群體。因此時已成立全國鐵路工會組織——全國鐵路工會聯合會籌委會，所以創辦者大多打出鐵路工會的旗號。

《鐵工》（半月刊），由浙贛區鐵路工會於一九四六年一月十五日創辦，其前身為抗戰時期的《戰時工人》。該刊為十六開四版的小報，版面靈活，文章簡潔，信息量較大，內容主要是圍繞工會問題的言論和消息，如工會活動、員工生

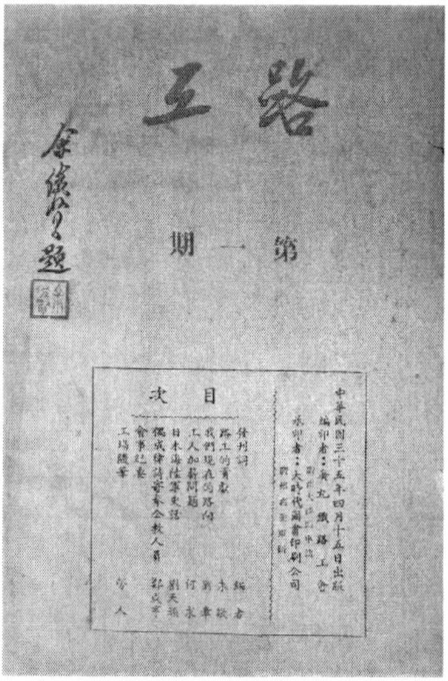
路工
第一期
目次
發刊詞
路工的責任
我們現在的路向
工人加薪問題
日本海陸軍史話
會事紀要
工場隨筆
中華民國三十五年四月十五日出版

鐵工
半月刊
公用事業加價
防止日本再起

▲鐵路管理局以鐵路工會名義辦的報刊。

活、工作心得、對本路的建議及文藝小品等。除轉載的國民黨政府的公文中，有對共產黨的言論外，其他內容均規避國共和內戰問題。辦報經費除會費收入外，由局方補貼，沒有反映出「黨部」背景。該報強調反映員工的心聲，在溝通勞資雙方關係方面發揮作用。工會負責人曾說：「大家都報導一下自己一天生活的情形，集合起來，這就是我們浙贛路全部的寫照。」②

《路工》（月刊），由廣九鐵路管理局工會於一九四六年四月十五日創刊，十六開，每期十四頁上下。〈發刊詞〉在回顧鐵路工人於抗戰中的貢獻後說，「我們在物質條件缺乏，生活異常困苦的情況下，克服了種種的困難，迅速地恢復了本路的運輸業務，這說明本路的工友，不但在抗戰中盡了責任，在復員工作中也盡了應盡的責任」；該刊要「站在工友們的立場」，「成為本路工友們的喉舌」、「發展本路業務的助力」、「三民主義思想的傳播者」。該路工會是黨部批准設立的，並派出指導員，還撥給十萬元做經費。同《鐵工》相比，該刊不僅反映工人的報導很少，大塊的官樣文章充斥，而且內容有明顯的政黨色彩，打著「工人喉舌」的幌子，宣傳「三民主義」。此為工會報刊的另一種典型樣本。

抗戰勝利後，國民政府接管臺灣鐵路，其工會組織辦有《路工月刊》。各路局工會的支線支部，也辦有報刊，如津浦區鐵路工會直屬浦口支部辦的《路燈半月刊》、浙贛區支線工會辦的《饒向工訊》，隴海鐵路在西安和徐州分別辦有《鐵力月刊》和《隴海工人月報》。

一些路局的共產黨地下組織也創辦了面向工人的報刊，如北平鐵路中共地下工委辦的油印小報《鐵路之友》（一九四五年）、張家口鐵路工廠中共地下支部辦的《鐵路工人報》（一九四五年），它們是一九四九年後在大陸大量湧現的中共領導的鐵路企業報刊的雛形。

■ 其他類型路報的狀況

基層部門辦的報刊，僅有京滬區鐵路管理局運務處辦的《運務週報》（一九四六年五月）、廠務處電氣課辦的《電友》（一九四六年七月）和粵漢區鐵路管理局會計處同人辦的《社聲》（一九四八年七月）等幾種。《運務週報》，

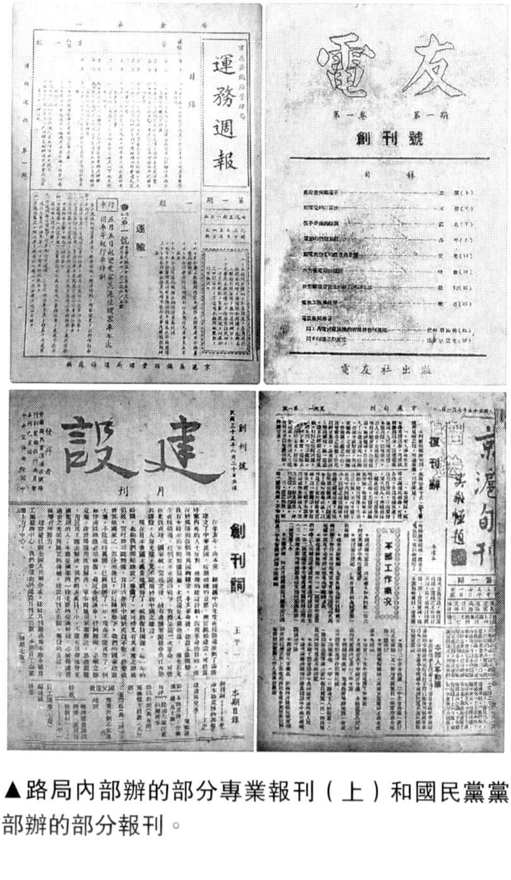

▲路局內部辦的部分專業報刊（上）和國民黨黨部辦的部分報刊。

是一份對外招攬業務的小報，十六開八版至十二版，內容有：本路與聯運各項規章、各種客票價格、行李包裹運價、貨物分等，各等貨物運價，零擔或整車貨物計費辦法與貨車裝載量計算，以及托運行李包裹貨物手續等。公開發行，很受工商界歡迎。從十一期始，由二十版逐漸增至六十多版。凡經營工商、實業、轉運各界，均訂閱。

這一時期由路局特別黨部辦的報刊，據現有資料看，數量很少，僅存在於幾個主要大區的路局。合併改組路局為若干大區後使直轄路局減少，可能是因素之一，其他是否還有經費支絀和復建、內戰等原因不詳。

《建設》（月刊），由津浦區鐵路管理局特別黨部執行委員會創辦於一九四六年八月二十日，十六開本，每期二十頁上下。〈創刊詞〉說：「政治問題用政治解決，軍事問題用軍事解決，思想問題用三民主義去解決」，「《建設》月刊，就是三民主義的理論指導刊物。」它對刊物的定位，從側面反映了在當時國共和平談判陷入僵局、內戰爆發箭在弦上、人心浮動的社會局勢下，國民黨欲加緊思想控制的意圖，企望通過刊物的宣傳，使「我們的五萬員工中，不能有信仰違背立國原則的人。」其欄目有評論、專載、要聞、工運等。該刊曾信心滿滿地規劃：「暫出月刊，稍俟時間及經濟的許可，決改為半月刊旬刊週刊，最終極目的，希望於半年內改出津浦路建設日報。」③他們的計畫沒能實現。

京滬區鐵路管理局特別黨部執行委員會於一九四七年七月一日復刊的《京滬旬刊》，其前身為十六開雜誌型的《兩路旬刊》；復刊後改出十六開四版或八版的小報。〈復刊詞〉說，「抗戰勝利以後，困難嚴重愈甚，人民痛苦愈烈，本黨責任，倍增重火，吾人工作，更為艱苦！唯有淬勵奮發，急起直追，衝破難關，自救救人！而欲達到此一目的，必須分頭努力，共同奮鬥外，必須有一園地，做闡揚主義之中心，宣導政令之樞紐；於此以研討業務，講求技術，聯絡感情，統一意志。故不計經費之如何支絀，材料之如何困難，而將本刊，提早復版。」其欄目有：言論、本部工作概況、國際十日、國內十日、路訊等。辦到第八十二期時，「為加強工運，充實內容，改進形式，俾收擴大宣傳效能，經洽妥自本月份開始與京滬區鐵路工會聯合編輯」，並改出四開報紙一張，「按期贈閱，不再收費」。④實際此時（一九四八年底）國共內戰正酣，東北和平津戰事結束，中共軍隊已準備南渡長江，位居上海的京滬鐵路特別黨部已感到國民黨軍敗退的壓力，擬通過《京滬旬刊》來安撫人心，「統一意志」。

平漢區鐵路管理局特別黨部執行委員會於一九四七年十月二十日創辦的《正路旬刊》，也是十六開四版的小報，它也將「闡揚主義之中心，宣導政令之樞紐」作為報刊的宗旨。

《建設》等三份黨刊，與路局公報的內容往往回避國共之爭和內戰局勢不同，它們則多有評述，「逢『共』必反」，對戰事進展也多有報導。《京滬旬刊》曾說：「目前之環境複雜，將後之隱狀堪慮，允宜如何加強組訓，以固黨本。」⑤在東北戰事失利後，還刊載〈絕對不能與「敵人」妥協〉的長文，⑥旨在鼓動大廈將傾之際做最後努力。在國民黨政權控制的路報中，這類黨刊於一九四八年底前後就先於其他類別路報停刊。

注釋

①〈編者〉，《平漢半月刊》（漢口），民國三十六年四月一日。

②杜遠相，〈《鐵工》是我們的〉，《鐵工》（杭州），民國三十六年八月一日，頁一。

③〈編後談〉，《建設》（浦口），民國三十五年八月二十日。

④〈本社啟事〉，《京滬旬刊》（上海），民國三十七年十一月十一日。

⑤〈復刊詞〉，《京滬旬刊》（上海），民國三十五年七月一日。

⑥李達三，〈絕對不能與「敵人」妥協〉，《京滬旬刊》（上海），民國三十七年十一月十一日。

第十四章 國共內戰時期的鐵路企業報刊（上）

從國共內戰爆發到中華人民共和國成立，是中國鐵路企業報刊發生翻天覆地變化的重要歷史時期。刊行近半個世紀的原有鐵路企業報刊，進入即將陸續全部退出歷史舞臺的最後階段。據現有資料，最後一份停刊的是西南昆明區鐵路管理局的《昆鐵旬刊》（一九四九年十一月）。

在各區域的路局普遍辦公報的同時，抗戰勝利後復刊、創刊時間比較晚的南方粵漢區、湘桂黔區鐵路管理局的報刊，則呈現另外一番景象——創辦了意欲革故鼎新的所謂「綜合式公報」。其中幾條幹線路局，還創辦了同時面向社會公開發行的報刊。這兩類報刊，其編排品質之優良竟為路報歷史之高峰，但刊行時日

▲《粵漢半月刊》編輯陳偉美提出辦「綜合式公報」及他作詞的歌曲《偉大的粵漢路》。

已無多，閱後令人不禁發「迴光返照」之感慨。

■《粵漢半月刊》與綜合式公報

在鐵路企業報刊的歷史上，國有鐵路曾有過三次比較大的路報整頓、改良，都是由政府的鐵路主管部門自上而下主導進行的，各路報基本是「等因奉此」，經年遵照執行；雖有時也小改小革，卻都沒有大的突破。唯有北伐戰爭後期，在局勢混亂的情況下，曾有個別路局有過突破公報僵化模式的短暫嘗試，但一旦局勢穩定，它們又重歸老路。尤其是，據現有資料看，從上到下，還未發現有過如何辦公報的理論思考和研究。

一九四六年七月一日，是粵漢路全線復建通車日，粵漢區鐵路管理局的《粵漢半月刊》於當天在衡陽創刊。粵漢鐵路在抗戰初曾辦有《粵漢三日刊》和《粵漢月刊》兩種路報，後停刊。現路局管轄範圍擴大為「區」，新辦的路報既是創刊也可視為復刊。該刊十六開二十至三十頁上下，從形式到內容，在路報中顯得與眾不同。《粵漢半月刊》呈現新面貌，源於該刊編輯陳偉美針對傳統公報的弊端而實施的改革。他首創「編輯方針——綜合式公報」之說：

……現在一般機關所出版的公報，編排像僵屍似的無生氣，連篇累牘又盡是「等因奉此」，甚至文不標點，校誤隨便，實在使人生厭。……內容枯燥，難得發生作用。

……要盡些心力改良它，讓大家也有翻一翻它的興會，同時問題也就跟著來了。公報究有它的制約性，除非逃出這範疇，改良也是有限度的。因此我乃想出一個編輯方針：雜誌化的公報，公報化的新聞。申言之，便是充實粵漢半月刊的內容，使它可能成為雜誌、報紙化的綜合式公報，一面傳達路局消息，一面也做同人切磋觀摩的場合。①

陳偉美據此編輯時，對素材不是照搬照登，而是經過精心巧妙的加工。將一些「命令」，改編成可置於「路聞」裡的文章，以體現「公報化的新聞」的方針。在例行刊載命令、法規等公報欄目時，將同軌珍聞、交通簡訊、交通文摘、人事動態、粵漢園地、粵漢點滴、來函照登等可讀性強的小欄目文章穿插其間，還用一些鐵路知識、珍聞等做補白，打破了連篇累牘大段枯燥文字的格局。同時，標題和正文的字型大小交替輪換使用，版面錯落有致，將雜誌型式「取小型報紙的形式編出」。閱後讓人耳目一新，實為路報之有益探索。需要指出的是，陳偉美發表的改革公報的檄文——〈我怎樣編粵漢半月刊〉——就刊載在時任局長杜鎮遠的〈警惕與共勉〉一文後。在局長的眼皮底下改革，顯然得到了他的支持，起碼是默許。

典型的綜合式公報，還有由湘桂和黔桂兩路改組成立的湘桂黔區鐵路管理局辦的《湘桂黔旬刊》。該刊於一九四六年九月一日創刊，十六開十六頁。時值修復鐵路的「復軌工作」要開始，局長袁夢鴻提出：「本刊之作，即所以通全路之消息，聯上下之情感，並以檢討工作，共鑣進行，更進而作學術之研究。」②明確將聯絡感情、溝通情況、檢討工作、學術研究作為辦刊宗旨。儘管也有傳統公報必載的論著、法令、規章等，但都做了弱化處理，篇幅很少，大量的版面留給本路概況、本路新聞、各路要聞、人事動態等新聞性較強的欄目和刊載員工文藝作品的雜俎欄目。因此，版面比較活潑，內容比較豐富，可讀性也比較強。

陸續創辦的此類路報還有昆明區鐵路管理局的《昆鐵旬刊》，及所轄路局的《滇緬半月刊》、《川滇滇越兩路旬刊》等。

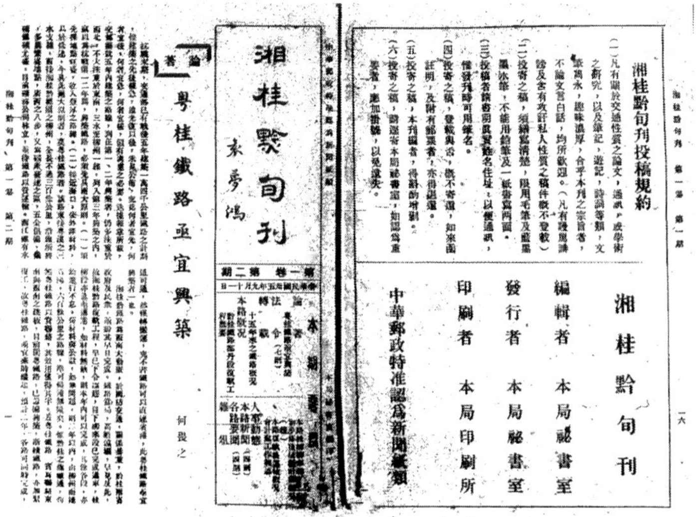
湘桂黔旬刊 第一卷 第一期

湘桂黔旬刊投稿規約

(一)凡有關於交通性質之論文，通訊，或學術之研究，以及筆記，遊記，詩詞等類，文筆雋永，趣味濃厚，合乎本刊之宗旨者，不論文言白話，均所歡迎。(凡有涉及謗詐及含有攻訐私人性質之稿件概不登載)

(二)投寄之稿，須繕寫清楚，限用毛筆及鋼筆墨水筆，不能用鉛筆及一紙書寫兩面。

(三)投稿者請書明真實姓名住址，以便通訊，惟發刊時可用筆名。

(四)投寄之稿，登載與否，概不寄還，如來函註明，及附有郵票者，亦得退還。

(五)投寄之稿，本刊編者，得斟酌增刪。

(六)投寄之稿，請逕寄本局祕書室，如認為重要者，應加掛號，以免遺失。

湘桂黔旬刊

編輯者 本局祕書室

發行者 本局祕書室

印刷者 本局印刷所

中華郵政特准認為新聞紙類

一六

湘桂黔旬刊

袁夢鴻

第一卷第二期

中華民國卅五年九月十一日

論著

粵桂鐵路亟宜興築

何璞之

湘桂黔旬刊 第一卷 第二期

▲綜合式公報《湘桂黔旬刊》。

路報編輯們力圖改革公報並不順利，陳偉美就曾感歎：「我深深明白環境的困難及自己所處地位的關係，在這裡未便先為本刊開出新希望的菜膳，只能懷著『低調』的心情，腳踏實地，做一步算一步吧！」「公報究有它的制約性，況在這年頭，這制約性越加濃重了，所以編取文稿時，不能不多方顧慮，以免意外挫折。」[3]《湘桂黔旬刊》的編輯，面對讀者要求「增闢時事撰評欄，由貴刊聘請局內外各名流，就時事中極其要者撰評之」時也說：「立言自有其範圍，如超越此範圍，即為事所不許。」[4]因此，面對來自傳統的壓力，有志改革的編輯們，還不得不「穿著『公報』的衣裳」，「至多只能在這衣裳上染染顏色，動動針線」，如同陳偉美那樣巧妙應對。

應該說，辦綜合化公報，是自有路報以來，鐵路報人就在不斷探索的目標，無論路報歷史上還是同時期，都有類似《粵漢半月刊》的案例。但難能可貴的是，陳偉美首先將其要義提煉成一名詞，並做簡潔精當的理論闡釋和自覺實踐。他在〈我怎樣編粵漢半月刊〉中又說：「標題如何求其暢達、活潑，版樣如何求其勻調、美化，處處都涉及新聞學的領域。」說明又是陳偉美較早地明確認識到應按新聞規律才能辦好路報，突破了路報編輯不過是路局一般文秘工作而已的窠臼。

但遺憾的是，陳偉美們的變通改革為時已晚，國民黨政權已氣若遊絲，留給有志編輯們將路報「棄舊圖新」的時間不多了。

■《平漢半月刊》與鐵路刊物的風格

在《粵漢半月刊》的陳偉美提出綜合式公報的概念並進行實踐之後，《平漢半月刊》的總編輯陸德輝又提出了「鐵路刊物的風格」問題。鐵路企業報刊在漫漫近半個世紀的歷史上，還從沒有人提出過，更遑論研討鐵路刊物的風格問題。

平漢鐵路管理局經辦路報歷史悠久，從民國初年創辦《京漢鐵路管理局局報》後，經歷了《交通部直轄京漢鐵路管理局公報》、《鐵路公報・京漢線》、《漢平新語》、《平漢鐵路公報》、《鐵路月刊・平漢線》等階段。抗日戰爭期間曾停刊，抗戰勝利後復刊，名為《平漢旬刊》。至一九四七年四月一日，更名為《平漢半

▲首倡鐵路刊物風格的《平漢半月刊》。

月刊》時，已有三十多年辦報刊歷史，可謂歷經滄桑，積澱深厚。但除《漢平新語》曾有過短期的變革以外，該報在長時期裡未見有實質突破。

可能是抗戰勝利的喜悅和劫後餘生的感悟，使路局開始思考應該辦一種什麼樣的路報和如何辦路報。而忙於接收、復建鐵路和做內戰準備的政府主管部門，無暇控制路報，也使路報有了一個相對寬鬆的環境。

《平漢半月刊》的創刊號提出：「我們要以鐵路刊物的風格，發揮本路獨具的精神。」⑤何謂鐵路刊物的風格？何謂本路獨具的精神？從下述變化，似乎可以看出一些端倪。

一是，《平漢半月刊》的〈發刊詞〉由編者——而不是通常由局長——所撰，這是平漢路局歷次發刊路報的第一次。其內容和文風也與前迥然不同，全篇為「五願」。擇錄如下：

願我們努力開發稿片富源，使每期都有珍貴的禮物，貢獻給讀者；願我們好好的運用本刊這片園地，多多播植良好的種子，使它茁發生長，充溢生氣……；願復興建設新平漢，早日完成；願復興建設新中國，早日實現；願和全世界的交通從業人員，尤其鐵路人員，大家努力發展世界交通，……把人世造成自由、健康、幸福、美滿的樂園；永遠沒有什麼煩惱，更不會有戰禍、災難等討厭的問題的存在。⑥

「五願」反映出經歷過抗戰的艱難，劫後餘生的人們更加珍惜生命，憧憬新生活。因此，版面上少說教，多為與員工工作、生活相關而且充滿人情味的稿件。

二是，辦刊的宗旨，首先是「對本路同仁作業餘有益讀物」和「對乘車旅客作旅遊良好伴侶」，然後才是「對政府機關作成績檢視報告」、「對社會工商作發展業務宣傳」、「對國內鐵路作相互參鏡資料」。⑦員工在先，對上報告在後，顛覆了路報原有辦刊目的順序。它們設置了類似「員工與家庭」這樣路報未曾有過的欄目，還經常刊載懷念戰爭中因公犧牲、遇難工友的文章和紀念活動、慰問遺屬的報導。

三是，編排體例與前相比，發生明顯變化。每期篇幅由一百五十頁左右，壓縮至四十頁。重新設置了欄目，撤掉了期期刊載的總理遺像、遺囑，刪除了冗長、空泛的理論文章和拉雜的工作報告等。代之以緊密結合本路路務，貼近員工生活的短小精幹的欄目，意圖體現「本路獨具的精神」。（詳見表八）

四是，在日常編輯中，該刊採取如下具體措施：內容方面，「要以站在時代前面的姿態，吸受多方面的實用新知，介紹給各方讀者。我們希望嚴肅性與輕鬆性的文字，兼收並採，以調和讀者情調。」版式、插圖方面，「一方面用活的方式，表現本路成績，一方面用美的方式，推廣業務宣傳。……製版套印，力求美感清新，足以怡悅讀者。」行文與思想方面：「以明暢愉快的筆調，新

表七、平漢鐵路各時期報刊欄目設置沿革一覽表

時期	刊名	刊期	欄目設置	篇幅
民國初期	交通部直轄京漢鐵路管理局公報	日刊 週刊	命令、局令、公牘、局務、選錄、雜錄	六一八頁
北洋政府時期	鐵路公報・京漢線	旬刊	圖畫、命令、部令、局令、營業概況、法制章程、研究資料、公文、調查報告、各項圖表、鐵路淺說、各站出產、僉載	二八頁
北伐戰爭時期	漢平新語	月刊	總理遺像（囑）、插圖、命令、法制、公牘、大事記、工程報告、表冊、黨務、專載、譯叢、漢平路帶、研究、記事、調查、輿論、文苑、附錄	八〇頁
南京政府時期	鐵路月刊・平漢線	月刊	總理遺像（囑）、插圖、論著、研究、譯述、工作報告、大事記、紀錄、調查、專載、黨務、法制、交通鱗爪、附錄	一五〇頁
抗日戰爭勝利後	平漢半月刊	半月刊	插圖、路務紀要、論述、專載、法規（員工獎懲）、平漢園地、員工與家庭、員工通訊、半月大事記、本路花絮	四〇頁

穎前進的思致，表現我們新的中國新的平漢新的精神。」

五是，該刊每期固定刊出「本刊人員與本期作業」欄目，讓編輯們亮相，並明確編輯分工。「洪德輝：編者九片、⑧路務紀要、補白文剪、定型、計字；涂薇：員工與家庭；嚴繼光：半月大事；陳樹瓔：美術設計；馬謙：封面攝影；全體人員：寫與校。」隱匿在幕後幾十年，一直默默無聞、辛勤耕耘的路報編輯人員終於走上前臺。其目的，不外是為讓他們的工作接受讀者的檢驗和評議，促進刊物品質的提高，同時增加編輯們的榮譽感、責任感。

找出並解析《平漢半月刊》這些歷史性變化的目的，不在於要即刻從中提煉出其「本質」的東西，來為「鐵路刊物的風格」的定義做出結論，這應是鐵路企業報刊長期堅持不懈地追求的目標。它的意義在於「鐵路刊物的風格」是鐵路企業報刊區別於其他種類報刊的本質屬性，是鐵路企業報刊賴以生存的基礎。其實質，即如《平漢半月刊》所言——「發揮本路獨具的精神」——要有自己的特色，但走過漫長的道路，卻從未引起路報的重視。正是《平漢半月刊》首先提出了事關「如何辦路報」這一重要問題並開始探索，成為「第一個吃螃蟹的人」。

從現存資料看，《平漢半月刊》刊行一年後，在一九四八年一月更名為《平漢路刊》（三日刊）。中共軍隊發起的徐蚌會戰開始後，於一九四九年初即終刊。前後才刊行了兩年時間，但他們對「鐵路刊物的風格」的短暫追求，卻在鐵路企業報刊史上留下閃亮的足跡。不同的時代，風格將有不同的時代特徵，他們將課題留給後來的鐵路企業報人去不斷求索。

■《京滬週刊》們的最後輝煌

東北戰事正激烈進行之際，從一九四七年初起，關內的京滬、浙贛、平津區等路局的車站、列車裡，突然陸續出現以《京滬週刊》（一九四七年一月）為典型的《浙贛路訊》（一九四七年一月）、《平津鐵路雜誌》（一九四八年十月）和前述《平漢半月刊》等幾份路報。它們印製精美，圖文並茂。除《浙贛路訊》是十六開四版小型日報外，其他為十六開雜誌型式，公開發行。乍看與一般社會報刊無異，實與歷史上的路報迥然不同，特色鮮明且彼此相同之處頗多，是具有所謂「鐵路刊物的風格」的一類報刊。它們的刊行，受到路報同行的「羨慕」，認為是對傳統路報的「脫胎換骨，醒人眉目」，而其他路報卻「至多只能在這衣裳上染染顏色，動動針線」。⑨

這幾份「另類」路報，主要是宗旨發生了由「灌輸命令」為「溝通工具」的轉變。通過抗戰，使路局的管理者們看到了廣大鐵路員工所迸發出來的力量，離開他們，將一事無成。平津區局長石志仁就說：「大眾的力量才是力量。」他在為《平津鐵路雜誌》致發刊詞時指出：「因為公報只是灌注命令性質的刊物，我們所以另行辦這雜誌，把他作為『溝通工具』，要使上下內外彼此之間的

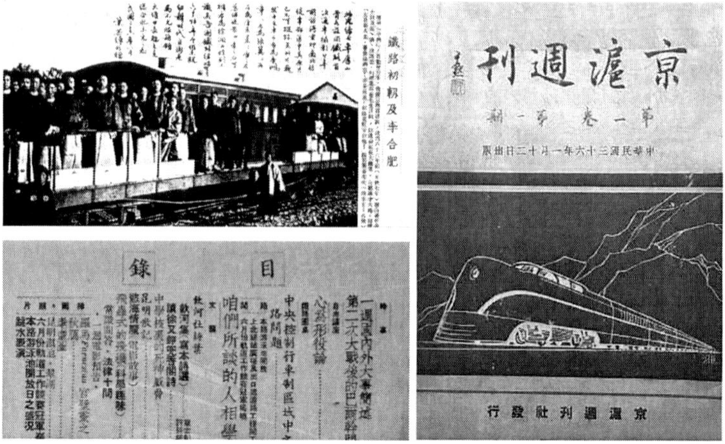

▲《京滬週刊》及其上刊載的葉恭綽所贈「鐵路初軔與李合肥」歷史照片（第一卷第四十二期）。

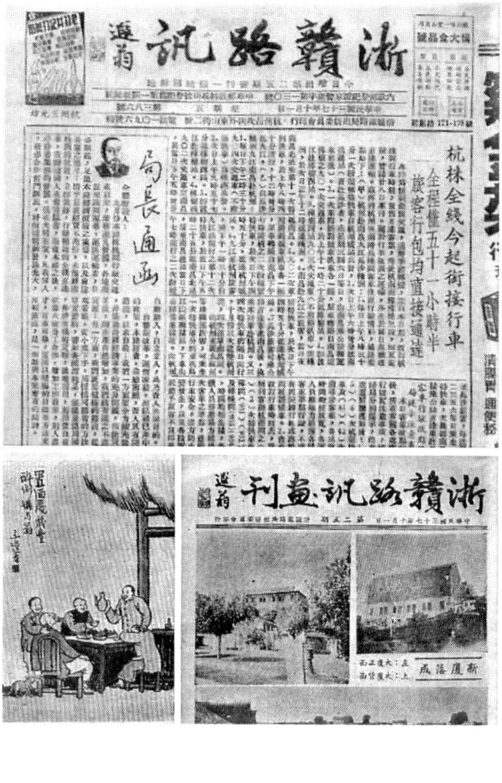

◀《浙贛路訊》、《浙贛路訊畫刊》和豐子愷的作品。

意見籍以交流，生起自動（或啟發）式的作用。」而且，為解決辦這類報刊「所用的紙張，及印刷費用」，不惜「減少公報發行份數」。

由於宗旨的悄然轉變，導致從形式到內容都發生了一系列變化，擇其共性及要者綜述如後。

一是，讀者對象從僅面向員工，改為兼顧旅客或兩者並重。《京滬週刊》的刊發詞說：「京滬鐵路有員工警兩萬人，每月有乘客兩三百萬人，員工工餘需要讀物，乘客中消遣也需要讀物，本週刊是為供應這兩種需要而設的。」其他幾份路報也表示要「對乘車旅客作旅途良好伴侶」。《京滬週刊》的後期甚至主要面向旅客，關於路局的內容僅限於刊載廣告和列車時刻表。伴隨讀者範圍的擴大，也發生了幾處細微變化：出版者大都冠以週刊社、聯誼社、出版委員會等

▲公開發行的《平津鐵路雜誌》。

名義，鐵路管理局退到幕後，成了發行所在地；往往由局長所致的發刊詞，也改由編者撰，局長則為發刊手書題詞；尤其是路報歷史上從未明確標示的「總編輯」名稱赫然出場，如《京滬週刊》為孫宕越。以上都是為隱去官方色彩以體現民辦而採取的一些配套措施。

二是，內容少說教，比較親民。這些刊物都一改冷冰冰的面孔，放低了身段。《京滬週刊》創刊始，就連載作家茅盾的〈回憶之一頁〉，回顧抗戰往事，作家冰心也在該刊第一卷第二十七期上，發表過散文〈談生命〉，畫家豐子愷在第二卷第三十七期至三十九期連載發表了〈八年離亂草〉。這些都表現出懷舊和人情味濃厚的特點。

三是，「軟硬結合」與「兼收並采」。《京滬週刊》對欄目內容的要求是：「比較硬性的文字方面，有重要時事的撰述」，「興趣文字方面有文藝、科學、雜俎等，不拘一格，不拘一式。」⑩

四是，關心時局發展，時事評述增多。除「黨刊」外，路報一般對時事方面的內容都諱莫如深，少有涉及，尤其在此特殊時期，就連平津區局長石志仁也說：「我根本不問政治，我是一個鐵路工作者，我只知修建鐵路，使車輛在軌道上行駛。」⑪鐵路員工關心時局的發展，要求路報增加時事述評內容，但有的路報編輯無奈地搪塞：「鐵路刊物中，除兩路所辦《京滬週刊》有時事述評一欄外，尚未之他見。」⑫但這幾份路報的時事方面內容卻明顯增多。《京滬週刊》首欄即為時事，分為「一週國內大事簡述」和「一週國外大事評述」兩個子欄目，期期如是；逢月，則有月份的經濟評述。時事內容幾占三分之一篇幅，其敘述還算客觀，評論涉國共問題時則避實就虛，之乎者也。國外大事述評的作者，有很多期是上海同濟大學文學院外文系主任陳銓，該教授曾留學美國、德國，後在清華、西南聯大等校任教，並有多部文學作品傳世。

最後一點是，名家名作多，充滿濃厚的文化氣息，為報刊大增光彩。這首先是由於當時主持這幾份報刊的人本身就文化背景深厚，惺惺相惜，延攬了一些文化人來負責編輯和做特約撰稿人。

時任京滬區鐵路管理局局長的陳伯莊，曾在孫科掌鐵道部時任建設司司長、粵漢鐵路完成委員會委員長，並奉派赴英交涉退還庚款建設粵漢路。九一八事變後，曾在交通大學研究所專研經濟學，造詣頗深。抗戰期間，隨孫科赴蘇聯考察，著有《蘇聯經濟制度》一書。陳氏與胡適是早年同期留學美國的好友，與錢鍾書等文化大家關係密切。他延聘其廣東同鄉、留法地理學博士、著名地理學家孫宕越做《京滬週刊》發行人，留法碩士、經濟學家吳正任總編輯，書法大師沈尹默題寫刊頭。據筆者查閱從創刊號到第三卷第四期（一九四七年一月十二日至一九四九年二月六日）的不完全統計，經常發表文章和書畫作品的大家就有：茅盾、豐子愷、傅抱石、關山月、黃君璧、沈尹默、羅家倫等；為章士釗和潘伯鷹分別設有關於詩詞方面的《飲河集》和《友聲集》專欄；為傅抱石出版過畫集；還為他們的作品和畫展做廣告。《京滬週刊》可謂群英薈萃。

主持《浙贛路訊》的舒國華，時任浙贛鐵路管理局副局長兼編輯出版委員會主任，是民國書畫名家。《浙贛路訊》圖文並茂，每半月還附出一張《浙贛路訊畫刊》。國學大師、原南京政府鐵道部長葉恭綽，以其號「遐翁」為路訊和畫刊題寫刊頭，並時有文章和書法作品發表。尤其是書畫大師豐子愷是舒國華的摯友，經常在該報發表漫畫。據不完全統計，一九四七年十月三十一日至一九四八年四月一日期間，豐子愷在《浙贛路訊》發表的漫畫就有四十幅之多。⑬其中有些作品，連豐子愷結集出版的畫冊都沒有收入。豐家「湖畔小屋」距《浙贛路訊》社址不遠，兩人常常相聚小酌。其女兒回憶，每到春秋農閒的時候，便可看見門口有成批的農民燒香客，往靈隱寺方向迤邐而去。舒國華寫詩曰：「不是急來抱佛腳，為乘農隙去燒香。」豐子愷看到了，覺得很入畫，便拿來作為畫題，對著門口走過的燒香客畫了一幅寫生畫，詩、畫一併發表在《浙贛路訊》上。⑭一九四八年九月，豐子愷去臺灣觀光並舉辦畫展，《浙贛路訊》用兩個整版的篇幅發表其在臺灣創作的漫畫和照片。

以《京滬週刊》為典型的這類路報，可以視為鐵路企業報刊有史以來的高峰。如《浙贛路訊》廣告所言：「京滬週刊，旅途良伴，內容豐富，編排精美」。它們的出現，是路報工作者近半個世紀心血積蓄的總爆發，和經驗集合的必然產物。國民黨政府忙於內戰，「局座」們各懷心事，客觀上也給它們的變革提供了相對寬鬆的環境。但歷史常常戲弄人，它們的非常表現，最終成了退出舞臺前的「驚豔亮相」。《平津鐵路雜誌》創刊時，編者曾祈望「以求發揚光大於無盡期」，但隨著中共軍隊的平津戰役拉開序幕，它也僅辦了兩期即停刊。

綜上所述，南京政府掌握的鐵路企業報刊，從公報捲土重來就已顯露衰相，雖有改革成綜合式公報的努力，並有短暫《京滬週刊》式的輝煌，但因國內大局生變，最終也難挽頹勢。但路報有識之士總結歷史經驗提出的「綜合式公報」、「鐵路報刊的風格」之說，以及其辦報實踐，是路報辦報思想和辦報水準的歷史高峰，它將作為這個時期產生的文化遺傳載入鐵路企業報刊史冊。

注釋

①陳偉美，〈我怎樣編粵漢半月刊〉，《粵漢半月刊》（武昌），民國三十七年一月一日，頁二、三。
②袁夢鴻，〈發刊詞〉，《湘桂黔旬刊》（長沙），民國三十五年九月一日，頁一。
③同注一。本段引文未注明者出處相同。
④〈編者〉，《湘桂黔旬刊》（長沙），民國三十七年十二月二十一日，頁十六。
⑤〈本刊徵稿啟事〉，《平漢半月刊》（北平），民國三十六年四月一日。
⑥編者，〈發刊詞〉，《平漢半月刊》（北平），民國三十六年四月一日。
⑦同注五。後兩段引文出處相同。
⑧《平漢半月刊》的總編輯陸德輝，每期都對一些稿件做「編者按語」。「編者九片」即該期做了九篇。
⑨〈編者的話〉，《粵漢半月刊》（廣東），民國三十六年十二月一日，頁十六。
⑩〈刊發詞〉，《京滬週刊》（上海），民國三十六年一月十二日。
⑪〈戰火下的華北鐵路〉，《平津鐵路雜誌》（北平），創刊號，頁二八。
⑫同注四。
⑬鍾桂松，〈西湖邊的詩畫之誼〉，《團結報》（北京），二〇一五年十一月五日。
⑭豐子愷繪，豐陳寶、豐一吟著，《爸爸的畫（第二集）》（上海：華東師範大學出版社，一九九九年）。

第十五章　國共內戰時期的鐵路企業報刊（下）

國共內戰爆發後，東北地區率先出現由中國共產黨掌管的鐵路局所創辦的鐵路企業報刊。伴隨戰事的推進，舊去新生，共產黨領導的路局報刊相繼創辦。

■ 共產黨辦的第一份路報：《西鐵消息》

抗日戰爭勝利後，中共中央調兩萬幹部、十萬軍隊進入東北，在與國民黨軍事對峙的同時，發動群眾，建立東北根據地，作為與其爭奪東北的依託和基礎。一九四六年五月二日，東北民主聯軍西滿軍區司令部決定在後方組建西滿鐵路管理局。為了宣傳、鼓動鐵路員工迅速恢復轄區內鐵路運輸，支援前線戰事，一九四七年一月一日，由中共領導的首家鐵路企業創辦的第一份鐵路企業報刊——《西鐵消息》，在齊齊哈爾西滿鐵路管理局誕生。它作為屈指可數的幾份早期中共領導的鐵路企業報刊之一，是那一時期中共掌管鐵路企業創辦報刊的縮影。

《西鐵消息》為八開報紙，創刊初為單張兩版，第四期後改為對開四版。其版面內容為：第一版，國共戰事和路局的重要新聞；第二版，運輸生產新聞；第三版，時政評述和新聞報導；第四版，文化副刊。該報初始發行週期在十天左右，至第六十六期（一九四七年七月十七日）改為週二刊，從第九十七期（一九四七年十一月三日）始又改為三日刊（星期日也計算在內），直至終刊。按全路局平均每二十名職工一份，免費發行到路內各基層單位的讀報小組。①

作為在炮火中創刊的《西鐵消息》，反映出以下特點：

一、以「工運部」的名義辦報。由於當時中共黨組織

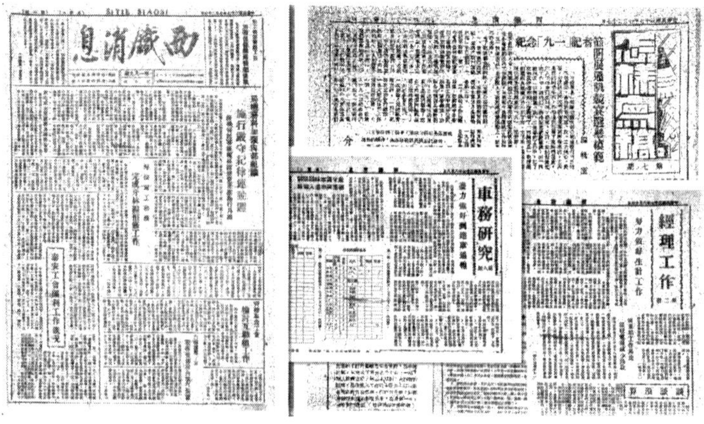

▲《西鐵消息》及其所辦各類專刊。

尚未公開，為爭取群眾，開展活動往往以工運部或工會的名義。因此，該報刊頭上的發行機關注明為西滿鐵路局工運部，後又改為局職工總會，但實際是西滿鐵路局中共黨委主辦的機關報。這種做法，為中華人民共和國成立前後創辦的鐵路企業報刊所普遍沿用。

二、一切宣傳報導都是為了支援前線。生產運輸的宣傳鼓動，是日常報導的主要內容，同時持續刊載宣傳新政權及其領導下的鐵路的方針政策及評述文章。通過小講壇、時事講話欄目，講解鐵路工人要作人民鐵路主人的道理，啟發廣大員工積極生產的自覺性；工人課本專欄，以每期講一課的形式，對員工進行通俗的思想政治教育，例如〈發展生產對於國家有啥好處〉（第二五一期）和〈要重視技術，要改進技術〉（第二五二期）。

三、經常報導支援前線、增產節約等方面的模範集體和先進工作者的事蹟。《西鐵消息》每期都刊有在各方面做出成績的好人好事，從節約物料到小改小革等，都適時地給以表揚、鼓勵，對突出的事蹟重點報導。例如，第二三八期一版刊載通訊：「昂昂溪三〇〇五次列車十六名乘務員完成任務功勞大」，報導了在錦州戰役的關鍵時刻，由昂昂溪地區機務、車務部門員工組成的包車組，冒著槍林彈雨，為前線搶運彈藥、裝備。

四、有針對性地出版各類專刊。在第三版，定期地輪換出版《機修園地》、《新工電》、《車務研究》、《經理工作》、《衛生常識》、《小學教育通訊》等專刊，對提高廣大鐵路員工的技術、業務水準，活躍業餘文化生活，顯然發揮重要作用。另外，還根據形勢的需要，適時地編輯發行各次戰役捷報的《號外》、《生產快報》等。

五、重視通聯工作，發動員工辦報。該報創刊後，就在基層各單位組織起通訊員網路，對於鐵路員工來說，由於文化水準較低，給報紙寫稿更是新鮮事。為此，報紙專門在第四版定期刊出〈怎樣寫稿〉專刊，對通訊員怎樣調查研究、怎樣寫作、當前的報導重點進行指導。報社還開展「通訊競賽」，對活動中產生的模範，召開「模範通訊員代表大會」進行表彰。該報說，「《西鐵消息》到現在能大部分完成發刊的目的，毫無疑問，是由於各地黨政工的關心，和通訊員同志們的積極寫稿所得來的。」②

六、與同時期的企業報尤其是路報相比，起點比較高。該報在版面設計、標題製作、文章採編等方面，都具備當時社會一般新聞紙的基本特徵，說明「土八路」出身的辦報人員裡有行家裡手。該報編輯室設在路局工人運動部宣教科內，創辦時負責人由宣教科長王世珍兼任，後來先後擔任過負責人的還有司輪、王麗英、陳洛毅、梁甫、任宏等。編輯部由經過西滿新聞幹部學校培訓和從基層單位抽調來的十幾個人組成。③不足之處是沒有圖片，可能是條件所限。

總之，《西鐵消息》一改傳統路報自上而下發號施令的面孔，代之以鐵路員工唱主角的新姿，沒有那些供少數人閱讀的冗長的論著、譯述，有的是供大眾閱讀的通俗易懂的文章。一出世，就顯示出新政權的企業報刊與原路報的區別。尤其是，改變原路報往往以書冊雜誌為主的型式，以報紙的形態辦路報，成為後辦路報的基本型式。在新政權的鐵路企業裡辦報刊，《西鐵消息》首開先河。它的成功嘗試，無疑為中華人民共和國成立後如何辦路報提供了樣板和經驗。

東北全境戰事結束後，根據鐵路工作實行統一管理的要求，《西鐵消息》併入東北鐵路總局的《火車頭》報社。一九四九年六月七日，該報發表〈停刊的話〉，總結了兩年半的工作，並與讀者告別和提出繼續支持《火車頭》的希望：

由於全國勝利形勢的發展，鐵路工作也需要更集中統一地來發揮更大的力量，完成新民主主義經濟建設的新任務。同時全國鐵道部的機關報——《人民鐵道》已於北平出版，東北鐵路總局也有《火車頭》報，因此，本報在新的形勢下，決定停刊來集中力量辦好全東北鐵路職工統一的報紙——《火車頭》。在臨別之時，我們願意向大家說幾句話。

二年半來，《西鐵消息》在齊鐵黨委領導下，傳佈了黨的政策，反映了齊鐵兩萬五千員工的生產熱情和實際生活情況，尤其是在英模立功運動及實行負責制和新行車法過程中，《西鐵消息》在一定的程度上起到了集體宣傳者與集體組織者的作用。這些成績是由於全體職工熱烈愛護，大家動手和全體通訊員同志們積極努力所得來的。《西鐵消息》雖然停刊，原有的通訊小組仍要鞏固擴大，更要加強，由《火車頭》報來領導，所有通訊員都作為《火車頭》報的通訊員，要比以前更積極地來提供稿件，大家來辦好全東北鐵路職工自己的報紙——《火車頭》。這是我們對齊鐵全體職工的希望。④

■ 新路報的典型：《人民鐵路》

繼《西鐵消息》之後，辦報很有特色的典型是《人民鐵路》。該報是在徐蚌會戰中，由共產黨掌管下的鄭州鐵路管理局創辦的，也是新政權在鄭州市的第一份報紙。鄭州地處隴海和平漢兩條鐵路大動脈的交叉樞紐，在當時的歷史時期，其軍事、政治、經濟地位十分重要。《人民鐵路》對組織鐵路員工搞好生產、支援前線和戰後恢復國民經濟，發揮了重要的作用。同時，該報在通聯工作、通俗化、批評與自我批評等方面所做的積極探索、不懈努力，為後期辦好路報留下值得記述的經驗。

在中原的炮火中誕生

一九四八年十月二十二日，中國人民解放軍中原野戰軍攻克中原重鎮——鄭州。接管鄭州鐵路管理局後，在恢復鐵路運輸的同時，他們還沒換下軍裝就來辦報紙，《人民鐵路》遂於一九四九年二月二十八日創刊。

《人民鐵路》的版幅為八開四版，白麻紙鉛印，豎排十欄，每欄八個字。刊期從創刊後的第二期（三月十四日）開始定為週刊；後根據廣大職工的要求和路局黨委指示，一九四九年九月一日（第二十八期）改為五日刊；一九五〇年二月二十五日（第六十期），報紙創辦一週年時，改為週三刊，同時將報頭字改為自左向右排列，並換白報紙印刷；一九五一年七月二十一日（第二三〇期），又改為週二刊，同時將報頭移至報紙上部左端，從此固定下來。一九五二年四月十五日，《人民鐵路》尾加「報」字，更名為《人民鐵路報》。報紙創辦後的一年多，免費在路內分配贈

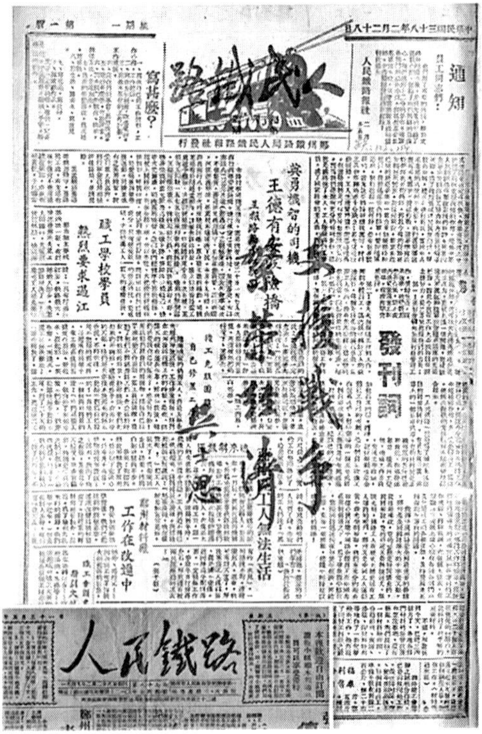
通知

發刊詞

人民鐵路

▲《人民鐵路》創刊號，左下為新版刊頭。

閱。從一九五〇年六月三日第八十八期始，為了滿足廣大讀者主要是路內職工的需要，改為自由訂閱，並面向外路局發行。

《人民鐵路》的宗旨，如局長吳士恩和軍代表許子威為創刊號題詞所言：「支援戰爭，繁榮經濟」和「加緊生產，提倡節約，發揚主人翁的勞動精神，以全力恢復和改進交通，支援前線，建設人民的鐵路。」在第二期，又刊載了以局長和軍代表名義簽署的《路局通令》，要求「凡在工友聚集處，必須設閱報處；在職員工人中，必須組織讀報小組，每期必讀」，以便充分發揮報紙的作用。

報紙經過一年的實踐後，一九五〇年三月十日，中共鄭州鐵路局黨委做出〈關於加強《人民鐵路》報的決定〉，⑤指出：

《人民鐵路》報是黨在鐵路企業機關的唯一報紙，它是領導工作的重要工具之一，《人民鐵路》報所發表的一切指示、社論，即是黨在企業機關中的主張、政策、指示，各單位都必須認真貫徹執行，尤其是一切黨員、團員、工會會員，更當以身作則，無條件的保證百分之百的實現。

〈決定〉明確了報紙的性質是中共黨委機關報，而且強調，在當時特殊的歷史條件下，它具有行政命令的職能。為了加強報紙工作，〈決定〉指出，要建立編輯委員會，同時對基層單位如何讀報、用報、撰稿等也做了明確規定。

創刊時，《人民鐵路》報社只有兩個人，是隨軍接管的部隊宣傳幹部，負責採編、通聯、接洽印刷、發行等全部業務，負責人是後來成為著名作家的徐辛雷。不久，報社增加了幾個人，但工作尚無明確分工。一九四九年四、五月間，由河南中原日報社調來幾人，接著又從中原野戰軍中原大學新聞班分配來幾名學生，再加上從各地陸續調來一些人，報社初具規模，開始有了明確分工，分為採通、編輯、發行、資料等幾個組，同時也建立起自己的印刷所。

創刊初期，鄭州市內還時常響起零星的槍聲，報社工作人員不懼危險，深入一個個基層單位採訪。到沿線工區採訪當天不能回來，就像行軍的戰士背著行李，同工人們一起吃住在工棚。有一位同志的腿有傷，但堅持每期報都跑十五里路，到中原日報社印刷廠去送稿付印。內勤的同志，一手拿著基層單位通訊員的名單，一手搖電話機約稿，經常搖一兩個小時。徐辛雷在總結報紙創刊一年的工作時說：「大家一個目標，一條心，拼破腦袋也要把小報繼續堅持辦下去！」⑥

思想教育利器，業務學習園地

在新舊制度更替的特殊歷史條件下，為了支援前線，為了恢復和發展經濟，必須打通交通大動脈，推動運輸生產的順利進行。而要完成這一任務，必須啟發職工們的覺悟，轉變他們的勞動態度，教育他們以主人翁的姿態進行創造性的工作。因此，《人民鐵路》把「思想教育」和「業務教育」作為它首要的任務。

首先，它對職工進行對新政權、新制度和共產黨的認識的思想教育，如刊載〈蔣管區工人無法生活，逃來解放區〉（創刊號）、〈今天和過去的對比〉（第十三期）、〈蘇聯工人生活剪影〉（第二十二期）等文章，引導員工熱愛新生活、新制度。為抵消蔣介石政權長期宣傳的影響，關於中共的性質、綱領等內容的解釋性宣傳，在報紙上佔有一定篇幅，例如〈鐵路工人高明誠談為啥加入共產黨〉一文，曾在報上連載數期。

《人民鐵路》在進行思想教育宣傳時，往往採取現身說法的形式。報上所發的這類稿件，大多是工人自己寫的切身體會，即使少量記者採寫的文章，所記也都是人們所熟悉的人和事。「多用眼前的事實」，[7]是《人民鐵路》早期宣傳上的一個口號。另外，報紙還經常刊載〈工人的旗幟趙占魁〉（第四期）、〈向馬寶武學習〉（第五期） 這類介紹先進模範人物事蹟的通訊、報導，樹立各方面的榜樣。

《人民鐵路》還持續不斷地進行業務知識的宣傳教育。鐵路員工對這方面的要求非常強烈，當報紙還在籌辦中，他們就說：「政治覺悟提高以後，就要積極生產，積極生產必須有很好的技術」，渴望報上能「專載一欄關於鐵路業務的技術講話，有助工人的技術學習。」《人民鐵路》創刊第一期就設置了「業務研究」專欄，以後幾乎每期都有。結合運輸生產的實際情況和工人的接受能力，刊載了許多短小精悍的應用技術知識文章，如第二十期刊載有〈朱會榮的新發明，創造杠杆、螺絲工具〉、〈機車壓火方法〉、〈怎樣制砂紙〉等等。另外，有時也採取連載的方式，完整地介紹一項技術，如〈一股道上的錯車方法〉。不久，又增設了「員工服務」專欄，以回答問題的形式，向職工傳播技術業務知識，例如第六十四期刊載了〈怎樣做個調度員？〉、〈什麼是新養路法〉。當時在普及教育還沒開展起來的歷史時期，《人民鐵路》成為鐵路員工學習技

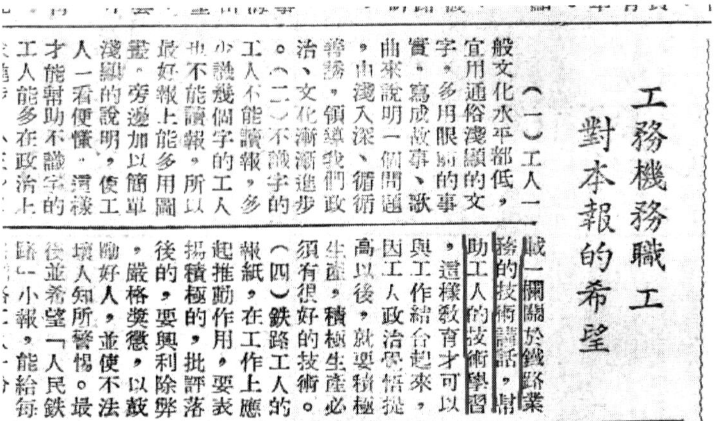
工務機務職工對本報的希望

（一）工人一般文化水平都低，宜用通俗淺顯的文字，多用眼前的事實，寫成故事、歌曲來說明一個問題，由淺入深，循循善誘，領導我們政治、文化漸漸進步。（二）不識字的工人不能讀報，多少識幾個字的工人也不能讀報，所以最好報上能多用圖畫，旁邊加以簡單淺顯的說明，使工人一看便懂，這樣才能幫助不識字的工人能多在政治上

載一欄關於鐵路業務的技術講話，幫助工人的技術學習，這樣教育才可以與工作結合起來，因工人政治覺悟提高以後，就要積極生產，積極生產必須有很好的技術。（四）鐵路工人的報紙，在工作上應起推動作用，要表揚積極的，批評落後的，要興利除弊，嚴格獎懲，以鼓勵好人，並使不法壞人知所警惕。最後並希望「人民鐵路」小報，能給

▲〈工務機務職工對本報的希望〉，刊於《人民鐵路》創刊號。

術、業務的重要資料。

領導經濟工作的工具

《人民鐵路》為推動生產而進行的經濟宣傳，在報紙的版面上佔有主要的篇幅。創辦後的二年中，報紙先是以穩定職工生產情緒、消滅事故、迅速恢復生產為內容，後則以開展生產競賽、提高效率、繁榮經濟為內容，刊載了大量鼓動職工「克服困難，自己修廠房」，「搶修鐵路，打撈機車」，部隊「打到什麼地方，鐵路就修到什麼地方」，「開展正點運動」等等的生產宣傳稿件。

《人民鐵路》的經濟報導注意緊密結合當時的生產形勢，針對性強，而且抓住問題不放，連續報導。例如，一九五〇年初，該局管區內事故頻發，嚴重影響了正常的運輸生產，這個問題就成了《人民鐵路》宣傳報導的中心。該報於第四十六期，在頭版以大字標題發表頭條文章：〈嚴格樹立勞動紀律，向舊作風做堅決鬥爭——路局首長號召全體員工加強學習，克服不良現象〉，並配言論：「從自己做起！」接著，從第四十八期始連續三期，在頭版顯要位置並占大量版面，樹立先進典型：〈漢口機務段重視行車事故，訂出防止對策〉、〈發現破損趕快報告，總站員工認真負責〉（第四十八期）、〈開展運輸業務，消滅大小事故，漢口分局調整車務組織〉（第五十期）。

其次，報導反面典型，敲響警鐘：〈開封車站事故多，各部門應注意防止〉（第四十八期）、〈工作馬虎粗心要不得！中牟站副站長魏寶德連肇事故，已降職降薪，轉運員陳心明送地方政府判處勞役〉（第四十九期）。同時，該報還開闢了「請大家研究」專欄，介紹消滅事故的經驗和建議：「李平同志等提出防止事故辦法，建議把路簽上加『密』字」、「『三勤兩檢』是防止事故的好辦法。」這場報導活動，中心突出，旗幟鮮明，尖銳潑辣，有始有終，協助路局推動運輸生產秩序的迅速恢復。

通過對《人民鐵路》早期辦報活動的研究，可以看出，該報已經能夠根據不同報導內容的需要，比較熟練地掌握和運用一些效益高的報導方式，例如「對比式報導」，在同一版上或相近的時間內，就同一問題，有褒有貶。這種報導方式的優點是對比強烈，孰是孰非一目了然，給讀者留下很深的印象。再如「配套式報導」，遇有大型的報導活動或重要的報導內容，報紙一般都能調動幾種適宜的手段，協同作戰，常常是消息配言論再附一幅插圖或小資料，就實論虛，由遠而近，既有聲勢又形象具體，使讀者對某一問題（事件）能獲得一個比較清楚、完整的認識。

「鐵路員工自己的報紙」

《人民鐵路》重視通訊員隊伍的建設。創刊前，他們就建立起基層通訊小組，被批准作為通訊員的同志，由報社發給聘書。創辦一週年後，為了進一步加強和壯大通訊員隊伍，中共鐵路局黨委做出專門的決定，要求「各單位宣傳部門，必須把做好通訊工作，作為自己重要工作任務之一。各級領導機關及宣傳部門應該關心通訊工作，組織領導通訊工作。在組織方面，各分局、段設立五人至七人的報導委員會或中心小組，站、廠、隊，及其他業務部門，設立通訊小組，每月至少開一次會，具體研究報導內容、報導計畫。」⑧同時指出：「為了加強報紙的指導性，茲決定分局、辦事處、總支、段的黨、政、工、團的宣傳部長、宣傳科長、總支的宣傳委員，為當然的特約通訊員。如因機構不健全，則由書記或副書記擔任之。」並且強調「每月必須寫一篇有內容，有分析，有指導意義的稿件。」

《人民鐵路》經常在報上刊佈〈希望寫這樣內容的稿〉、〈目前寫稿要點〉這類通知性的短文，向通訊員介紹報導要點，指導通訊工作。創辦新型企業報，是一個新鮮事物，職工要寫稿，不知寫什麼好。因此，從創刊號至第六期，曾連續在顯要的報眼位置登載了〈寫什麼？〉、〈報導什麼？〉、〈目前採訪報導提示〉等。報導要點簡明扼要，通訊員一目了然，如創刊號的〈寫什麼？〉介紹說：「一、寫你自己的工作情形、工作心得、工作經驗。二、寫你克服困難，改進業務。三、寫你本單位的工作計畫，工作成績。四、寫你們的學習，思想改造。……九、寫建議，寫批評。十、寫文藝作品。」有時，為及時配合中心工作開展宣傳報導，報紙就迅速發出〈快寫這樣的稿〉的資訊：「目前，咱們的堵塞現象特別多，希望各地通訊員同志及技術工作同志，找出堵塞的原因和防止辦法，寫成稿子快寄到報社來。」（第二十期）通訊員及時瞭解了報社的報導中心，就能夠有的放矢地組織和撰寫稿件，很好地配合了企業中心工作的開展。

《人民鐵路》還從第

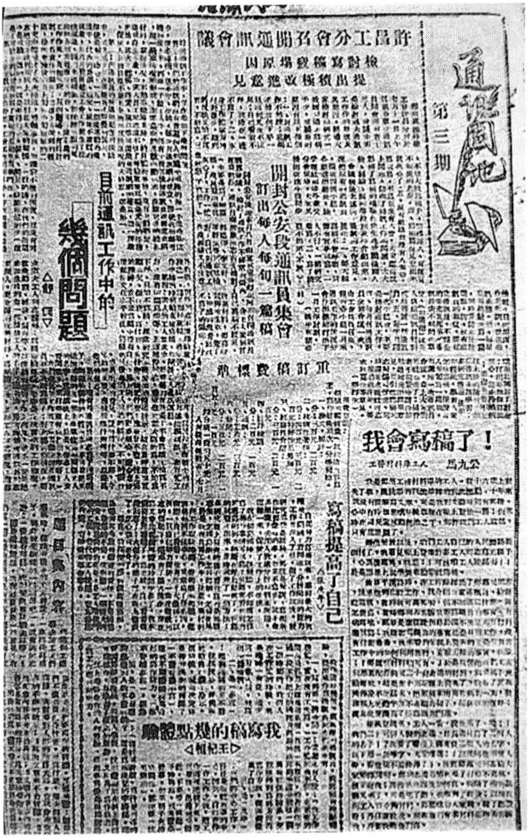
通訊園地 第三期

許昌工分會召開通訊會議

檢討寫稿缺點原因

提出積極改進意見

開封公安段通訊員集會

訂出每人每旬一篇稿

目前通訊工作中的幾個問題

我會寫稿了！

寫稿提高了自己

我寫稿的幾點體驗

▲《人民鐵路》的《通訊園地》專頁。

八期開始，闢《通訊園地》專頁，不定期發行，熱誠地幫助通訊員提高寫作能力和思想水準。鐵路員工們誠懇地說，「我雖不會寫稿，可希望（報社）幫著我們學著寫」，「我們識字少，給報上寫了稿，希望很快地告訴裡面哪裡有缺點，好改進。」⑨《通訊園地》後來改為《通訊工作》。它們的特點是：既有步驟地介紹新聞寫作的一般常識，又有針對性地講解本企業中實際問題的採寫方法。例如，《通訊園地》曾刊載了〈寫稿要有中心〉、〈一條新聞必須具有五個條件〉、〈寫稿要具體〉、〈題目與內容〉這樣一些新聞寫作的基本知識。經常刊載〈寫稿注意三點〉這樣詳細談表揚、建議和批評三類稿件具體採寫方法的文章，說明報社在培訓通訊員時很注意理論聯繫實際。同時，還有一個特點是大量刊載通訊員談體會的文章。一些胼手胝足的工人師傅，以自己有生以來第一次寫稿的切身體會和通過鍛煉得到提高的事實，說明新聞工作並不神秘，從而吸引更多的員工來參加辦報工作。一位曾發表過〈今天和過去的對比〉（第十三期）一文的老工人，後來興奮地撰文說：「我會寫稿了！」在早期的幾年中，《人民鐵路》培養、鍛煉了一大批通訊員，有的同志被抽調到報社從事專業新聞工作，其中一位養路工出身的通訊員還成為報社的副總編輯。

鐵路員工成為報紙的主角，使《人民鐵路》辦成一張群眾喜聞樂見、通俗化的報紙，有了雄厚的客觀條件和群眾基礎。

不斷爲「通俗化」努力

作為一份直接面向廣大基層群眾的企業報紙，「通俗化」應是基本的辦報方針。《人民鐵路》對通俗化問題，勇於探索，經歷了一個逐步認識的反覆過程。

《人民鐵路》在發刊詞中曾明確提出要辦一張「鐵路員工自己的報紙」，但怎樣才能達到這個目的？當初報社還沒能清楚地認識到：除發動群眾辦報以外，是否徹底貫徹通俗化方針是關鍵所在，而實現通俗化的關鍵，又在於採編人員必須牢固地樹立群眾觀念。因此，儘管報紙考慮工人讀者的需要，在形式上做了努力，如要求來稿「文字一定要通俗，事情一定要具體」（創刊號〈寫什麼？〉）；寫文藝稿，提出：「業務、技術的內容，也可以拿文藝形式來表現」（第九期）；同時，也不時地刊載一些圖畫故事、形象化的生產圖表等等。創刊半年後，由於沒有從根本上解決通俗化的問題，報紙仍然「沒有做到通俗淺顯，新鮮活潑，內容充實，簡短有力，保持工人階級本色」，也就不能「為大眾喜聞樂見」。⑩

產生這一問題的原因，從客觀看，是因為報社的編採人員來自部隊和地方報社，他們對企業、讀者情況不熟悉，報紙面向的對象完全變了，對如何辦一張「鐵路員工自己的報紙」沒有經驗。主觀上，報社沒能及時轉變思想，確立辦報方向，明確通俗化應是《人民鐵路》的辦報方針，仍然習慣沿用辦「地方大報」的一般工作思路、作風和宣傳方式方法，來辦這張新型企業報。

經過半年多的實踐，報社意識到這個問題的嚴重性。不首先解決編採人員思想上的「群眾化」，就不能搞好報紙的「通俗化」。因此，《人民鐵路》開展了「工作大檢查」活動，對與群眾觀點相悖的個人英雄主義、自由主義、自以為是的狹隘經驗主義，對從地方帶來影響報紙通俗化的工作作風、方式方法，發動群眾開展了嚴肅認真的批評和自我批評。經過三個月的思想交鋒，從思想上基本統一了編採人員辦通俗化報紙的認識。接著，報社提出了「學習大眾化」的口號，強調指出：「報紙方針、任務不夠明確，內容不夠豐富，形式不夠通俗，這一連串的問題都需要我們學習大眾化的問題。」他們在廣泛徵求鐵路員工意見的基礎上，對採編、通聯等方面工作提出了改進措施，使報紙在通俗化的道路上邁進一步。

報紙創辦兩年後，仍然存在「職員不願看，工人看不懂」的現象。報社又一次全面檢查了報紙在通俗化問題上改進情況，並在第一七〇期以〈改進我們的報紙工作〉為題發表社論，進一步強調了報紙的通俗化問題：「再不設法積極轉變，就很難把我們的報紙提高一步。」社論重點從報紙的內容和形式兩方面檢查了不通俗的具體表現，在內容上，「一般指示、佈置、號召等大塊文章多，現場職工的具體活動少，典型的系統報導更少」；在形式上，版面存在著「七拐八彎，看了前半段好不容易找到後半段」，「文字標題上，文文雅雅，面孔死板，用語上很不生動和缺少活氣」等問題。

要從根本上解決這些問題，社論提出，「要求每篇稿件更能切合實際，通俗生動，短小精悍，並能具體解決工作中存在的問題。對工作關係不多、不急需的長篇大論儘量少用；……而大量採用職工們對實際工作實際生活實際思想中具體的、深刻的、生動的反映和寫作。」其次，「在用語上、標題上要儘量的生動活潑，使人一看就明白，一聽就懂，文字要盡可能的口語化，在版面上要盡可能的加以固定，在排版上既要注意到活潑好看，更要注意到大方明白。」

《人民鐵路》在整頓內部的思想後，這次又側重從報紙的內容到形式兩方面來加強通俗化，說明報紙經過兩年的實踐日臻成熟，對通俗化的認識日趨完整。經過這次改進活動，《人民鐵路》在通俗化方面有了長足的進步。

不久，《人民鐵路》又採取了新措施，來鞏固和擴大通俗化工作的成果。從第二三〇期開始，為了集中力量精編報紙，刊期由週三刊改為週二刊。為了方便職工閱讀，將字體由「小五號」改為「老五號」，並以〈請大家讀下面的消息和文章〉為題，在報眼處設置了新穎的「要目」專欄，標明重要的消息刊載在哪一版，讓讀者一目了然。同時，發表了〈啟事〉再次表示：「往後一定要通俗化，讓認字的能看懂，不認字的能聽懂，在編排上畫要多，……稿子要短小，用工人自己的話寫，要登工人自己的意見，自己的事。」

《人民鐵路》經過持續不斷地反思和反覆探索、實踐，對於堅持通俗化的辦報方針，最終獲得了比較完整的認識，報紙面貌煥然一新，鐵路員工稱《人民鐵路》是「自己的報紙」。

在批評和自我批評中進步

《人民鐵路》往往採取公開見報的方式，開展對報紙工作的批評和自我批評。在創辦的最初三年，每年都搞一版創刊週年《紀念特刊》。在《特刊》上發表的報社負責人或編輯部的長篇紀念文章中，除極扼要地概述全年的工作成績外，以主要篇幅來檢討不足之處，談存在的問題和改進的措施。問題大多是根據路局和群眾的批評、意見認真歸納整理所出，清清楚楚地列明一、二、三。例如，在〈一年來的採通工作〉一文中，用一半篇幅明確、具體地列舉了「與通訊員聯繫不夠」、「調研不深入」、「典型報導和連續報導不夠」等六個方面的問題。每一問題都有事例、有分析、有認識，同時對下一步的工作，逐項向讀者彙報改進措施。

《人民鐵路》敢於在自家報上攤開「家醜」，讓全路局的員工評說，既反映出報社和同仁有在群眾監督下，辦好報紙的決心，又展現了該報報人們胸襟坦蕩無私的風貌。他們對一篇「失實」報導的處理，就是一個典型案例。

《人民鐵路》一創刊，鐵路員工就從愛護「自己的報紙」的角度，提議「報上的新聞要絕對真實，寫稿時可不能馬虎。」⑪早期的《人民鐵路》比較清醒地注意到這個問題，失實較少，一旦不慎失實，就立即採取補救措施，如向群眾公開承認錯誤，批評教育採編人員，維護了新聞的真實性原則。

一九四九年十月二十五日第三十七期，刊載了一篇記者寫的批評稿，主要內容是說開封苗圃主任吳鳳舉官僚主義嚴重，危害了生產，全苗圃工人意見很大，要求上級處罰他。由於稿件反映的問題與事實不符，見報後，立即在路局「炸了窩」，影響很壞。報社聽到反映後，立即重新深入調查了這一事件，真相是：有人拉攏少數不明真相工人，同敢抓敢管的主任鬧對立，企圖將他趕走，破壞生產。

《人民鐵路》報社決定舉一反三，在採編人員和通訊員中開展了一次「反客里空」⑫作風的教育活動。一九五〇年三月十一日一期，在二版以半版篇幅，發表了數篇文章〈新聞的真實性，從開封苗圃一稿談起〉，記者某某的檢討：「不深入調查、不分析，聽到片面材料就寫了稿」；轉載了周揚的文章〈反對「客里空」作風，建立革命的實事求是的作風〉，並附「小資料」：〈啥叫「客里空」〉。編輯部和記者的文章，對導致稿件失實的每個環節都公開做了認真檢查。失實原因歸納有三點：一是材料來源不可靠，記者偏聽偏信，僅僅是聽了個別工人和工代大會的反映，沒有親自調查。二是沒有執行報社的規定：「稿件一定要經過當地主要負責人審閱」，匆忙見報。三是報社沒有認真把關，採通組負責人「對記者稿件檢查手續不夠，單純的相信記者搜集的材料，就草率地將這篇稿發表了。」記者本人還深刻檢查了導致失實的思想根源：「個人英雄主義在作怪，自滿自足，有了材料急於發表，以為發出來就算完成了任務。」

《人民鐵路》從這一事件中汲取了教訓。為杜絕失實問題再次發生，報社於第六十三期，發表評論〈新聞的真實性，從開封苗圃一稿說起〉，同時要求通訊員「把過去自己所寫的稿子，加以分析檢查，有哪些稿子有與事實有出入的地方，今後應如何糾正」；報社希望「大家都對報紙負責，嚴肅認真」，「共同為新聞真實而努力」。路局黨委對維護新聞的真實性也很重視，報社做過失實檢查的第五天（一九五〇年三月十六日），黨委在〈關於加強《人民鐵路》報的決定〉中，再次明確規定：「凡有關政策的稿件，一定要經過總支或宣教委員會指定的專人進行審查，有關業務部門的得經業務部門審查，但不能因審稿而延誤發稿時間；如果意見有出入的地方，經實地調查瞭解，仍不能一致時，可說明爭論要點，一併交報社，以便轉交領導上研究解決。」⑬

概而言之，《人民鐵路》作為新時期鐵路企業報的主要開拓者、奠基者，其辦報實踐，為鐵路企業報初步確立宗旨、任務和方針等提供了比較完整的方案。其辦報方法和作風，尤為珍貴，對辦好鐵路企業報，足資鏡鑒。

■ 陸續創辦的新型鐵路企業報刊

在鐵路系統，歷史上就有中共地下組織秘密出版報刊的傳統，例如京綏路局於一九二五年曾以鐵路工會的名義創辦《工人三日刊》；吉林通遼鐵路機務段於一九二九年辦過《工運報導》等。抗日戰爭剛剛取得勝利之後，中共北平地

鐵路生活
創刊號
大家來辦

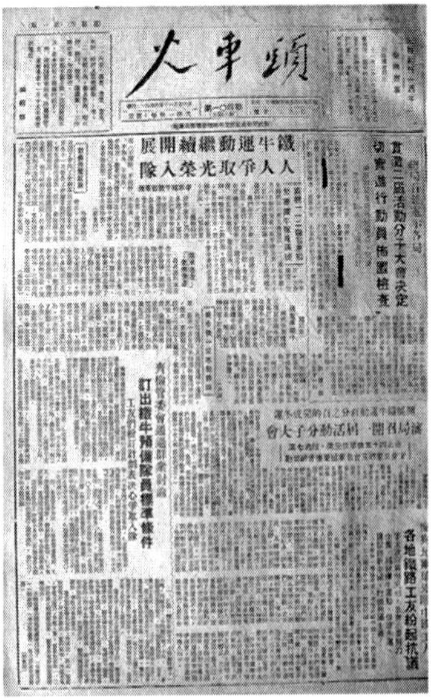
火車頭
鐵牛運動繼續開展
人人爭取光榮入隊

▲東北鐵路總局辦的《鐵路生活》和《火車頭》。

下鐵路工作委員會於一九四五年十月十五日至十二月，在京綏路局裡又創刊面向鐵路員工的《鐵路之友》油印小報，⑭《發刊詞》說：「辦這張秘密小報的目的，即在揭露新聞檢查制度下掩蔽的事實，而思對路局、時局認識有所貢獻。」陸續刊載了〈對美軍進駐平津應有的認識〉、〈鐵路工作者對當前大局應有的認識〉、〈京綏鐵路員工徹底解放〉、〈解放區反攻戰績輝煌〉等文章。

國共內戰時期，隨著國民黨軍隊的敗退，中共控制的鐵路可以公開地辦報刊了。為了一方面要加強管理，鼓勵生產，支援前線；另一方面，要加強共產黨對鐵路工作的領導，密切與群眾的聯繫，把方針政策變為全體鐵路員工的思想和行動，因此必須要有自己的輿論工具。於是，一批鐵路企業報刊在炮火聲中陸續創刊，最早的一批集中出現在東北地區。

一九四六年七月，中共東北局在哈爾濱成立了東北鐵路總局，隨即創刊《東北鐵路總局公報》，主要發佈通令、公告、人事動態等公文性質的內容，做指揮、調度鐵路工作的工具。

一九四七年十月一日，東北鐵路總局（後改為東北行政委員會鐵道部，一九四九年一月後又改回現名）又創刊《鐵路生活》。該刊為半月刊，每期十六開二十多頁，是服務於鐵路業務的路報，直至中華人民共和國成立後還延續出版了一段時間。其內容除偶發社論和領導講話外，主要是計畫安排、工作討論和管理、技術方法推廣等，涉及鐵路日常經營管理的各個方面。

以第二十九期為例，刊載文章有〈一九四九年度機務工作方針與任務〉、〈一年來車務工作和今後的改革〉、〈機車運用效能之計算法〉、〈車輛部門車電工作會議總結〉、〈檢車部門作業示範會總結〉、〈九個月來的財務工作〉、〈九個月來的生計工作〉等十餘篇。《鐵路生活》經常轉載譯自蘇聯鐵路企業報刊的文章，介紹鐵路管理經驗，如〈改進運輸中的計畫工作〉、〈如何傳授先進的勞動方法〉、〈蘇聯新養路法包修班工作組織分工介紹〉等。⑮中國共產黨掌管現代工業企業發端於東北，鐵路又是其中主要部分。《鐵路生活》刊載的這些內容，顯然對中共積累經驗、培養幹部，奠定組織和管理新政權經濟建設的基礎發揮了重要作用。

《鐵路生活》的讀者局限於各路局的基層管理、技術人員。一九四八年十一月二十八日，面向東北鐵路廣大員工的《火車頭》報在哈爾濱創刊。《火車頭》同《西鐵消息》一樣，八開四版，三日刊，由東北行政委員會鐵道部政治部宣教部和職工總會籌委會宣教部合辦。由於「它反映著全路職工的工作、學習、生活、思想各方面的情況和動向」，「受到員工們的歡迎和愛護，對上述各方面也都起著鼓勵推動及實際的指導作用，在全路職工中有其巨大影響」，因此黨委要求「鐵路上的黨的和職工會的各級組織，特別是宣教部門的工作同志，對這個報紙予以重視。應把組織《火車頭》報的通訊、發行和讀報看成本部門經常的主要工作任務之一，並指定專人負責經常檢查。」⑯

一九四九年初，《火車頭》隨東北鐵路總局遷到瀋陽出版。中華人民共和國成立不久，撤銷東北鐵路總局，《火車頭》遂完成階段性使命，轉為瀋陽鐵路管理局的機關報，刊行至今。

東北地區在創辦《西鐵消息》、《鐵道生活》、《火車頭》等以上三種主要路報的同時，哈爾濱、吉林、瀋陽、錦州、遼南等各路局都辦有公報或稱局報，作為指揮鐵路運營的重要工具。公報基本為日刊或雙日刊，十六開八版或四版。一般設有通令、任免、獎懲（罰）、雜報等幾個欄目。除獎懲欄外，與原路局公報的欄目設置基本相同，但繁絮的行政公文明顯減少，主要是關於運營調度業務方面的公文。

新增設的獎懲欄目，對路局員工在工作中的成績和愛路的行為，及時給以鼓勵和表彰，例如：「鞍山機務段員工孫立明已瞭解為人民服務的真理，工作一貫積極，經常早到晚退，最近並自動獻納車刀兩把，此種精神殊堪嘉許，著即表揚，以資鼓勵」；「大石橋工務段養路工友王世祥、楊盛柏及大石橋檢車組馬成雲三人，各獻納電話機一台，望全體工友速向該工友看齊，一致努力。」⑰而對工作不負責任的員工則給以通報懲戒，例如：「皇姑屯機務段司機李家庭，該員於一月十九日乘務九〇七次列車由瀋陽東站開車前即應上水，因並未詳細檢查機車水量，竟冒然臆測開車，以致中途缺水，使機車消火。影響行車，殊屬非是，著予記過一次，以示懲戒。」⑱

公報有時刊有發佈東北行政委員會重要公文的轉載欄，如《瀋陽鐵路公報》刊載了由東北行政委員會主席林楓和副主席張學思、高崇民簽發的「關於鐵路員工免服戰勤及區宴會費、擁軍優屬費不准向群眾派款由」命令，要求立即糾正隨意攤派，加重群眾負擔的惡劣現象。[19]

鐵路所屬工廠也創辦報刊，如哈爾濱鐵路工廠（即後來的哈爾濱車輛廠）辦有八開單張小報《工廠生活》週刊（一九四八年十月十八日）。

戰爭年月，物資匱乏，為節省經費，堅持辦報，遼南鐵路管理局還專門頒佈局長通令，要求「向少數部門頒佈之事項而非全面性的不得刊登公報」，「各站段的情形如有需要報導時，由各站段將稿件擬好送交路局，由局長、主管科長審核後，總務科文書股負責製版印刷之。」[20]

一九四九年一月，中共中央成立中國人民革命軍事委員

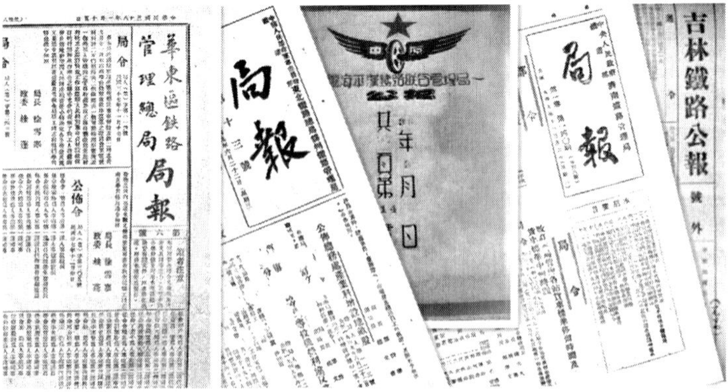

▲一九四九年初，以中國人民革命軍事委員會鐵道部鐵路管理局名義創辦的部分局報。

會鐵道部，統一領導遼瀋、平津、徐蚌三大戰役勝利後鐵路的接收、管理工作。如徐蚌會戰時，中原區創辦《隴海平漢鐵路聯合管理局公報》，指揮接管、調度戰時的鐵路運輸工作。

初期，各地區創辦的路報一般都統稱為《中國人民革命軍事委員會鐵道部〇〇鐵路管理局局報》，中華人民共和國成立後，路報都統稱為《中央人民政府鐵道部〇〇鐵路管理局局報》；後來，有的路局將路報更名或以工會的名義再創辦一份路報，於是，就出現了《鐵路職工》（北平路局）、《職工報》（濟南路局）、《職工通訊》（上海路局）、《鐵路工人》（廣州路局）等。這一時期，由中共領導創辦的各類鐵路企業報，據不完全統計有三十餘種。

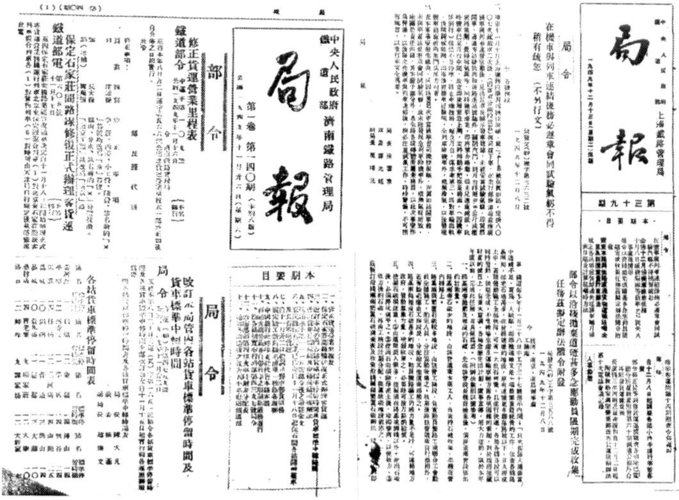

▲中央人民政府鐵道部時期的局報。

綜上所述，在國共內戰時期，共產黨掌管鐵路後就開始籌辦報刊，反映了雖然政權更替，鐵路易主，但鐵路辦報的歷史傳統得以延續。新政權在沒有經驗的情況下進入這一領域，原路報歷經多年積累的辦報得失，對其影響是不言而喻的。同時，可以看出，原路報的基本模式得以傳承，新路報在此基礎上謀求發展。綿綿辦報歷史不能割斷，新由舊生，鐵路企業報刊的發展史也難脫此規律。

同原政權下的路報相比，新興路報體現出五方面顯著特點：一是讀者對象從主要以各級管理人員為主，改為面向廣大鐵路員工；二是從傳達上層旨意為主，轉變為報導基層為重點；三是報刊型式從比較呆板單調，轉變為活潑多樣；四是內容從重視學術研究，改變成通俗化的知識、技能普及；五是由精英辦報轉向加強通聯工作，大力組織通訊員隊伍，發動員工辦報。

晚清肇始的中國鐵路企業報刊，是近代波詭雲譎、滄桑歲月的歷史見證者。它伴隨中國鐵道建設的艱難步伐，走過近半個世紀的風雨歷程後，以中共掌管的鐵路企業報刊開始陸續湧現為標誌，進入新的歷史發展階段。

注釋

①〈通知〉，《西鐵消息》（齊齊哈爾），民國三十七年七月二十七日，第一版。

②編輯室，〈紀念「九一」記者節，開展通訊競賽，選舉模範〉，《西鐵消息》（齊齊哈爾），民國三十七年七月二十七日，第四版。

③鮑樂非、賈伯龍、張金昌、康兆強，〈西鐵消息：第一張鐵路報紙〉，《人民鐵道》（北京），二〇〇六年十二月二十五日，第八版。

④〈停刊的話〉，《西鐵消息》（齊齊哈爾），民國三十八年六月七日，第一版。

⑤〈關於加強《人民鐵路》報的決定〉，《人民鐵路》（鄭州），一九五〇年三月十八日，第一版。

⑥徐辛雷，〈一年的戰鬥〉，《人民鐵路》（鄭州），一九五〇年三月一日，第四版。

⑦〈工務機務職工對本報的希望〉，《人民鐵路》（鄭州），一九四九年二月二十八日，第四版。下段引文出處相同。

⑧同注五。

⑨〈本報召開通訊員會議〉，《通訊園地》第五期，《人民鐵路》（鄭州）。

⑩同注六。以下三段引文出處相同。

⑪〈本報召開通訊員會議〉，《人民鐵路》（鄭州），一九四九年二月二十八日。

⑫「客里空」是蘇聯劇本《前線》中一個慣於弄虛作假、吹牛拍馬的戰地特派記者的名字，原意是空喊家，中文音譯為「客里空」。新聞界借用它泛指新聞報導中虛構、浮誇的現象。

⑬同注五。

⑭北京市地方誌編纂委員會編，《北京志・新聞出版廣播電視卷出版志》（北京：北京出版社，二〇〇五年），頁三〇。

⑮《鐵路生活》，第二九、三二、三九期。

⑯〈通知〔政字第五號〕〉，《鐵路生活》（哈爾濱），民國三十七年十二月三十一日，頁七。

⑰〈獎懲〉、〈雜報〉，《遼南鐵路公報》（鞍山），民國三十七年六月三十日。

⑱〈獎懲〉，《瀋陽鐵路公報》（瀋陽），民國三十八年三月十五日。

⑲〈東北行政委員會命令建鐵字第三號〉，《瀋陽鐵路公報》（瀋陽），民國三十八年三月十五日。

⑳〈遼南局總文字第十六號〉，《遼南鐵路公報》（鞍山），民國三十七年六月七日。

附錄　張嘉璈與鐵道報刊——兼談張嘉璈的鐵道人生及其撰述

民國期間的鐵道部，從一九二八年十月成立到一九三八年一月併入新組建的交通部，歷經十個年頭。其間，孫科、連聲海、葉恭綽、陳公博、汪精衛、顧孟餘和張嘉璈等七人先後任部長。張嘉璈作為最後一任鐵道部長，此前是享譽社會的銀行家，當時外報曾稱：「鐵道部張部長，對於中國經濟建設，有莫大貢獻。德意志公報謂張部長向為金融界權威，蜚聲國際。」①他在金融界浸淫二十四年，率領中國銀行躍居同業之巔，並為建立中國近現代金融理論、銀行體制及實務規則奠基。因此，現在社會對張嘉璈的一般認知，是「現代金融之父」，而往往忽略其在鐵道、交通兩部部長任上的建樹和不凡作為。

張嘉璈任職鐵道、交通兩部前後七年，正值抗日戰爭爆發前後的國難當頭時期。他千方百計整理舊債、籌募新資、整頓舊路、建設新線、積極備戰，組織政府機關、工廠企業遷渝和軍隊、軍用物資

注釋

的運輸等，使鐵道系統能在抗戰中發揮重要作用，「鐵道運輸已公認為抗戰史中最重要一頁」。②有學者稱：「張嘉璈戰時先後主管鐵路、交通部，任職時間較長，在統率交通部門為抗戰服務方面，功不可沒。」③

關於在歷任鐵道部長中，他的業績最為突出，坊間已有據史評論，故不贅述。同其前任均為職業政客或文人出身不同，作為從實業轉戰政界的鐵道部長，張嘉璈的管理手段更豐富，行事方略更落實，其執政凸顯鮮明的個人風格，如重視調查研究和團隊精神建設，並擅於創辦報刊、長於撰述，宣傳施政主張，傳授管理經驗，為搞好經營管理服務。另外，張嘉璈同其他前任還有一點不同——與鐵道事業久有淵源——也助他早入角色，演好鐵道部長的大戲。本文即將論及以上問題，擬略補史料之缺憾。

▲時任南京國民政府鐵道部長的張嘉璈。

■報人出身，結緣鐵道

張嘉璈，一八八九年出生於江蘇嘉定（今上海嘉定區）。一九〇六年留學日本，當年九月作為旁聽生進入東京慶應義塾大學預科學習；一九〇八年四月入本科就讀政治科。留學期間，張嘉璈進修了知名教授堀江歸一的貨幣論和福田德三的純粹經濟學，他們的學說，對其後來的生涯、事業產生了巨大影響。④一九一三年十二月，經梁啓超推薦、應時任中國銀行總裁湯叡之邀，出任中行上海分行副經理，從此進入金融界，其後又調任中行北京總行副總裁兼北京銀行公會會長。一九一六年，年僅二十七歲的張嘉璈，在上海分行任上抗拒北洋政府的「停兌令」而一戰成名，深受金融界敬重。因他能力超群、業績卓著，一九二八年後被公推為中國銀行總經理。但因其素有辦一獨立商業銀行的宏願和行為，為蔣介石集團所不容。一九三五年被排擠出中行後，張嘉璈先後婉拒出任南京政府中央銀行副總裁、實業部部長，而於十二月十二日就任鐵道部部長。他說：「我以國難當前，毫不遲疑，選擇鐵道部。一則可以貫徹在中行時代所抱輔助鐵道建設之志願，二則希望實行中山先生建築十萬里鐵路之大計畫。」⑤

全面抗戰爆發後，鐵道、交通兩部合併為新的交通部，張繼續出任部長，為振興中國鐵路和交通事業恪盡職守，直至一九四二年底辭職。抗戰勝利後，曾短時間任東北行營經濟委員會主任委員、中央銀行總裁職。一九四九年四月，他離開大陸，經香港先去澳洲，後去美國從事經濟研究和教學。一九七九年病逝於美國，終年九十歲。

其實，張嘉璈人生的第一份工作是辦報。一九〇九年初，因無力續繳日本留學費用，他中途輟學，肄業歸國，擬申請官費再赴美留學。但因政府「規定清華畢業生方能取得官費」，無奈之下，他「遂即留在北京謀食。」其時，晚清政府新成立的郵傳部擬刊發《交通官報》，「正在物色一富有新知識，而長於撰述之留學生，主持其事。」經友人推薦，他被選中並擔任總編輯。此間，他還兼職爲《帝國日報》撰寫時評並參與了《國民公報》的創辦和編輯工作。《國民公報》是中國近代立憲派團體國會請願同志會的機

論述

論鐵路之統一　張嘉璈

中國貧弱之大原由於政治之錯綜紛糾法制之紊亂無紀此盡人所共曉矣故居今日而欲轉危爲安轉弱爲强舍整飭紀綱統一行政末由此又稍知政治者所同認矣近年以來統一之論紛起唱之者不一其人當行者不一其事此非好爲集權之說實以出於國家行政之不得不如是也吾國昔日之行政官自爲謀省自爲政同一事也因人而有異同因省而有差別譬之軍備此省之服制部勒異於他省此隊之服制部勒異於他隊抑更有甚者前人所辦之事使易一人也不數日間必舉而更張之盡反其所爲此其行政之無規律無系統至是而極環顧列國其號稱國家行政者無不整齊嚴肅全國一律上下機關息息相通內外聲氣呼應靈便是以每舉一事以一部長官居指揮之地影響所屆必及全國上下如指臂之相使內外無……之敏活不貳大可羨哉抑不特此也使事事……

論述

論中國難行鐵路公債之原因　張嘉璈

中外不同之點亦多矣風俗也人情也法制也國勢也無不懸若逕庭雖然此有不得不異之故風俗人情之不同限於自然法制國勢之不同本之歷史若此之類蓋雖欲不異而不可得者也顧其最不可解者有可以同不必不同抑且不能不同而竟不同者今日中國國民政治經濟之思想是已外國國民之政治思想爲國家政治而中國國民之政治思想爲行省政治外國國民之經濟思想爲世界經濟而中國國民之經濟思想爲國家經濟何以謂之國家政治與行省政治外國之行政上下併力內外一心對內則視同一己不分畛域對外則界限顯分不稍退讓故曰國家政治中國之行政省之與省視若秦越內治則各自爲謀不顧大局外交則鬭濟省界不相扶持故曰行省政治何以謂之世界經濟與國家經濟外國之資金內外相通有餘則輸之國外不足則貸之他國流通之範圍及於世界故曰世界經濟中國國民之思想閉關自守

▲青年張嘉璈為《交通官報》撰寫的關於鐵道問題文章。

關報，其宗旨是鼓吹提前召開國會，促使清政府接受君主立憲的主張。梁啓超等著名立憲派人士爲它撰稿，成爲立憲運動的大本營。張嘉璈爲其「翻譯每日之路透電，及每二日撰寫社論一篇。」⑥青年張嘉璈初出茅廬，就彰顯其具有報人的天賦。

《交通官報》創刊於一九〇九年（清宣統元年）七月十五日，先月刊後改爲半月刊，係晚清政府統轄全國船政、路政（含鐵路）、郵政、電政的郵傳部機關報。其主要欄目和內容是：御旨、論述、奏摺、公牘、法制、約章、報告、譯著、交通沿革等。張嘉璈除主編外還執筆撰寫了多篇論述類文章，如〈論船政與國家之關係及列國之政策〉（第二期）、〈列國運河與交通上之關係〉（第三期）、〈世界六大國船政現狀〉（第十一期）、〈論中國難行鐵路公債之原因〉（第十六期）、〈論鐵路之統一〉（第十八期）等。每篇都洋洋灑灑數千言，旁徵博引，說理明晰，讓人信服。例如，論〈鐵路公債〉一文說：「際此產業競爭之世，一國之開發事業之振興端賴資金，而一國商力之厚薄又視乎其資金之能運用與否以爲衡，故乏資金者既不能不借之外國而富餘者亦不可不輸出以生利。」指出發行公債乃國際通行做法，但「乃以貧弱之中國，而國民所抱之思想反欲抗世界之趨勢，獨閉關保守以自固，豈非至愚哉？嗚呼！此中國國民思想界之現象而世界各國所未有者也。」該文又詳解「鐵路公債」：

造路借款共分二種：一曰內國公債，一曰外國公債。東西各國每興辦一事而歲入不足則必起內國公債。蓋起債則國庫之負擔不增，人民死藏之資金可以利用；人民以是而獲利，國家以是而興業。況在鐵道事業則猶有一定之收入，不特歲息可得即原本亦可期旦夕償還。本利既償，國家之歲入可增而人民之負擔以輕，利國利民莫此為甚。

但「利國利民」的「內國公債」卻難以發行，該文剖析說，除政府原因外，「國民政治思想之誤謬」也是發行的障礙——「但知有一省而不知有一國，本省之事激於桑梓之義尚能慨然出資創辦，使出省一步，不問其事業之若何即視若非吾份內事矣。江蘇鐵路江蘇人造之，浙江鐵路浙江人造之，兩湖鐵路決不委之粵人，廣東鐵路決不委之湘人。」「於是一省有一路，一路有一鐵路公司，各各獨立，不相聯絡」——可謂一針見血，切中弊端。「內國公債」難以發行，怎麼辦？該文認爲：「夫既如是，無已唯有興辦外國公債之一途。外國公債之有利於國家也，各國財政學者固已闡明無遺，而徵諸各國之事實亦莫不成效卓著。」張嘉璈在鐵道部長任上，之所以能大刀闊斧地整理舊債、籌募新資，並勝過歷任部長的作爲，其思想和動力可能正發端於此。

張嘉璈在《交通官報》，「因獲對於各種交通問題密切研究之機會，曾建議當局派遣視察人員，實地考察華北各路，以期有所改進。」⑦他由此意識到實踐的重要。凡事欲圖改進，需先調查研究的思想種子，在他心中萌芽。張嘉璈晚年回顧這段歷史時說，當總編輯「儘管待遇優厚」，但時常感到「編輯工作，雖極忙碌，不免紙上談兵，閉門造車。對於實際工作，殊屬隔閡。」一年後的一九一〇年七月，「適路政司首長深知我之志趣，並非安於現狀而不思有所表現，特調我至該司辦事，以便派赴各路實地考察。」於是，張嘉璈開始由理論研究轉變到接觸鐵路交通具體事務，結束了短暫的報人生涯，踏上在政商兩界博弈的漫長歷程。

張嘉璈初涉職場，就與鐵道交通結緣，可謂是「新」部長「老」鐵道。尤其是，他曾對鐵道問題有過較深入、系統的調查研究。那些洋洋灑灑、縱橫中西的論文——竟出自年方二十歲青年之手——今天細讀仍令人歎爲觀止！這段經歷影響了他的一生。在中國銀行期間，他對爲鐵路建設融資情有獨鍾，他曾在親撰的〈中國銀行民國二十一年營業報告〉中說：

> 金融界自以前各鐵路投資成績不良以後，對於鐵路放款，均裹足不前。長此交通事業不能進步，內地物產，益難流通，更足以促進農村之衰落。適浙省當局擬建策杭江鐵路，先造杭州至蘭谿一段，借款三百六十萬元，本行即首先擔任二百七十萬元。本年擬延長至江山，需續借款二百五十萬元，本行再擔任一百九十萬元。預定二十三年正初全路完成。本行不惜冒險投此鉅資，所冀政府當局，變更對於鐵路之觀念，認為一種國家社會事業，不認為收入之源泉；同時希望社會各界與吾同業共同奮起，抱不能再任政府蹂躪鐵路投資之決心，以挽救經濟衰落之危機。（報告第七頁）

一九三四年七月，他向鐵道部建議，由「中國銀行與英商滙豐銀行共同承銷鐵道部發行之中英庚款六厘公債，英金一百五十萬鎊，作爲完成粵漢鐵路樂昌至株洲一段未完工程之用。」同年十月，他又建議鐵道部「邀請浙江、江西兩省政府，共同組織浙贛鐵路聯合公司，由鐵道、財政兩部發行鐵路建設公債一千二百萬元」，再由中行負責，採取聯合其他銀行借款「作爲築路薪工及收購地產等費用」，另外再由中行與外商簽約墊借材料的辦法，解決了兩種借墊款的公債本息。⑧

事後，張嘉璈說粵漢鐵路與浙贛鐵路兩筆借款，乃係「以銀行力量，實行輔助鐵路建設政策具體化的開始。」他應約爲杭江鐵路正式建成通車題詞說：「今後中國建設事業，千頭萬緖，尤以鐵路爲最關緊要。必須鐵路通達，然後教育文化方可進行，人才方易深入內地，貨物方易營運貿遷。所謂生聚訓育之資，與鐵路實有深切之關係。」⑨

當能直接參與鐵道建設的時機到來時，他先是堅辭蔣介石，繼而婉拒汪精衛邀其就任中央銀行副總裁或實業部部長，不畏時艱地赴任鐵道部部長。尤其是，張嘉璈在中國銀行、鐵道部和交通部任職的每一階段，調查研究和辦報活動都如影隨形，始終重視研究工作並對辦報刊充滿熱情而又見解獨到，這段專業報人經歷的影響更是不言而喻。

■ 整頓《鐵道公報》，創辦新刊

南京政府鐵道部成立後，奉首任部長孫科命，從一九二八年十二月初始刊行《鐵道公報》（月刊，後簡稱《公報》），孫科親撰發刊詞。作爲鐵道部的機關報，其宗旨、內容與當時氾濫於官場的各類公報基本無異，欄目有插圖、法規、命令、公牘、會議錄、專載、統計、鐵路消息、附錄等。出版至十三期改爲三日刊，將每期欄目縮減，除命令、公牘、國內鐵道消息等三、四個欄目相對固定外，原來的其他欄目視情況不定期刊出。到張嘉璈接任部長時，刊期和欄目設置形式隨部長的更換又曾經歷過兩次較大的變動。葉恭綽續任部長後，一九三二年春，從第二四六期始改爲週刊，較爲固定的欄目爲命令、公牘、統計、附錄。時間不長，顧孟餘任部長後，認爲「以本部公事繁多，公報所載，當有不另行文之件，如每週出刊一次，殊感遲緩」，故於一九三二年六月一日出版的第二六二期又改爲日刊，內容篇幅較前簡略。⑩

從《公報》的幾次變動可以看出，歷任部長到任都拿《公報》開刀，說明均不同程度地重視《公報》的作用，將其作爲統領鐵道部工作的重要工具。但「雖屢經變改，考其內容，訖無少異」，⑪部內不滿此狀況。

張嘉璈「履任後，對於部務無不力圖刷新，關於改善公報辦法，亦經詳加研究。」他們認為：「日刊（引者按，指公報）之效力，不獨對於本部各項政令，可以每日公佈，即對外貢獻亦稱敏捷，此日刊性質之公報，自有存在之價值。」⑫問題是，雖然幾次變動力圖革新，但都只是做了形式上的改變，實質內容基本沒有變化，影響其效力的發揮。為此，張嘉璈主持開展了一系列改革。

首先，將《公報》中每期幾十頁繁冗的統計欄目移除，另外刊行一專門發佈統計資訊的刊物。張嘉璈作為成功的企業家，深知掌握業務資料、分析營業狀況為運籌經營的第一要義，而公開發佈這些資訊，也有利於路內和社會各界及時瞭解鐵道部的實際狀況，取得內外的理解和支持。但是，枯燥的統計數字畢竟是很專業的資料，讀者群相對狹窄，將其辦成專門刊物，不僅方便專業人員研讀，也使《公

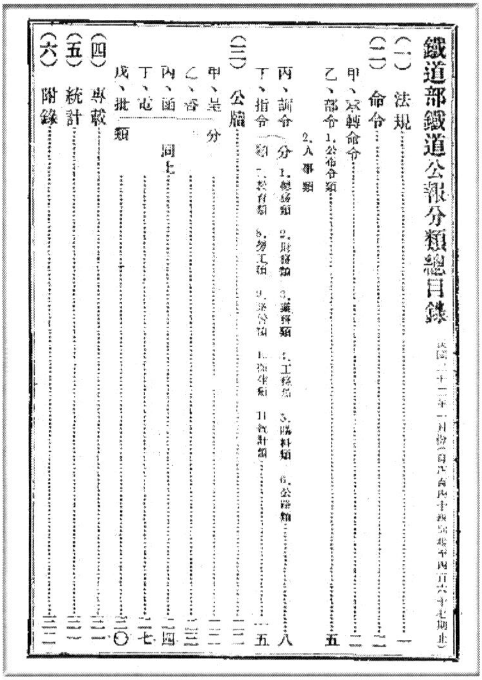

鐵道部鐵道公報分類總目錄 （民國二十二年[illegible]期止）

(一) 法規……一
(二) 命令……二
甲、[illegible]轉命令……二
乙、部令 1.公布令類 2.人事類……五
丙、訓令 分 1.總務類 2.財務類 3.業務類 4.工務類 5.材料類 6.公路類……八
丁、指令 類 7.教育類 8.勞工類 9.警務類 10.衛生類 11.統計類……一五
(三) 公牘……一二
甲、呈 分……一二
乙、咨……一三
丙、函 同上……一四
丁、電……一七
戊、批類……二〇
(四) 專載……二一
(五) 統計……二一
(六) 附錄……二二

▲《鐵道公報》內容目錄。

報》能有更多的篇幅刊載鐵路系統各專業的內容，辦成綜合性的刊物。在中國銀行期間，他就曾主持創辦了《中國銀行星期報告》、《中國銀行營業報告》、《金融統計月報》、《中外商業金融彙報》等專門刊載經營業務統計資料的報刊，對於指導經營和建立社會信譽，效用顯著，深獲各界好評。因此，到部伊始，他就於一九三六年一月創辦了《中華民國國有鐵路統計月刊》。

▲《中華民國國有鐵路統計月刊》，創刊於一九三六年一月。

《中華民國國有鐵路統計月刊》中英文對照，每期六十頁上下，均為各類經營圖表，計有：本期統計提要、營業收支統計、載運旅客統計、貨物運輸統計、各站運輸物產噸數統計、旅客列車統計、貨物列車統計、平均列車載重及機車載運客量、貨車在站停留統計、機車用煤統計、車輛用油統計、員工統計等，涵蓋鐵路運營的各方業務。通過這些裝載豐富資料的圖表，客觀地反映每個月的運營狀況。該刊每六個月匯總後，還另出一半年專刊。

第二，刪除統計欄目，騰出空間後，《公報》根據當前實際工作的需要，適時地增開新欄目。先增設了與鐵路日常經營緊密相關的業務通令欄目，其中含：普通、客車、貨運、貨等、行車、配車、軍運等子欄目內容，後又增設了聯運通令，以協調、調度複雜的聯運關係。《公報》一減一增，其內容更加充實和契合工作實際，面貌發生明顯變化。

第三，在改革《公報》的同時，鑒於「日刊因出版時間短促，篇幅簡少，對於長篇研究文字未能按期登載」；而「鐵路事業，為專門學術，此項科學，已為近世研究交通事業者所重視。一切路政計畫，公事進展，本部職責所在，似有儘量貢獻於專門研究者之義務。」⑬所以，決定辦一面向社會的學術性定期刊物來補此缺憾。於是，《鐵道建設季刊》又於一九三六年四月創刊。

《鐵道建設季刊》有中、英文兩種版本，公開發行。有廣告稱：「本刊為介紹國內鐵路建設狀況之唯一專著，內容充實，切合時要，研究鐵道事業者，尤宜人手一卷。」英文《字林西報》（一九三七年一月二十一日）所刊〈讀鐵道建設季刊後之感想〉一文說，張嘉璈等人的文章「對於中國發展鐵路事業的進展情形頗多闡發」，通過這些文章使外界認識到：以中國遼闊的國土和眾多的人口，目前的鐵路「實太缺乏，但此種問題，實不限於興築新路；大規模的整頓原有各路，及謀鐵路信用之恢復，亦在其內，且同其重要。」同時，外界通過該刊，對一年來中國鐵路運營狀況的變化，感到振奮：中國客運收入，「一九三〇年度，共收四千八十萬元；但一九三五年度，已達四千五百六十萬元；一九三六年度，又達六千一百五十萬元。」「其貨運噸數亦由一九三〇年之兩千五十萬噸增至三千二百七十萬噸。凡此種種，均足鼓勵積極鐵路政策之推進。而尤令人滿意者，張部長所定之計畫，已與此旨至相符合矣。」⑭創辦該刊，時值張嘉璈千方百計「謀鐵路信用之恢復」之際。因此筆者認爲，除上述「研究學術」的動因外，張嘉璈還意圖通過該刊和《中華民國國有鐵路統計月刊》，讓外界進一步瞭解詳情，作爲配合落實「整理舊債、舉借新資」措施的輿論工具。

據載，當時的外媒說：「中國現由令譽卓著，最爲世人敬佩之前中國銀行總經理張嘉璈先生出掌路政，吾人實不勝歡迎之至。……相信必收改革及經濟之實益也。」⑮對其任職期間的鐵道部工作好評如潮，如英文《南京大陸報》稱：「中國鐵路效能，近年頗有突飛猛進之勢，益以外債業務，日臻穩固，故對於中國鐵路之投資，此時已引起各國金融界之深切注意」；「在上年之間（引者按，指一九三六年），政府已擬有幾種借款之整理辦法，且經債權人方面之同意接受，可見國外金融界對於中國整理債務之誠意，已有普遍之認識，而今日之鐵道部，自經努力於借款之整理之後，其信譽亦已大著，較之國民政府奠都南京之初，已不可同日而語。」⑯顯然，該刊作爲向外界展示鐵道部內情的視窗，對中國鐵路逐漸恢復在金融界的融資信用，提振國內外尤其是外國政府、金融界對中國鐵道建設的信心，發揮了積極作用。《字林西報》稱：「該項季刊，洵為當今第一等刊物。」⑰

張嘉璈主持改革《公報》，實際是以《公報》整頓為契機，統籌規劃鐵道部的報刊體系。《公報》整頓結束後，又先後創辦了《鐵道半月刊》和《鐵道生活》。

■《鐵道半月刊》應運而生

鑒於《鐵道公報》「皆登載政令及路務消息而已。於我同仁之身心修養、學術研究，概無予焉，其功用乃等於編年案牘，匯刻卷宗，只供檢查，無裨考鏡；蓋公報性質，體例如斯，取材單純，難饗眾意，勢使然也。」因此，鐵道部決定「統籌兼顧，於每日刊行之鐵道公報外，另印鐵道半月刊一種，使政令之承宣，與學術之研究，並行不背（悖），相得益彰。」⑱

於是，中國鐵道報刊歷史上第一份以鐵道部機關名義創辦，以「講習學術，增進友情」，「修養身心，交換知識」為宗旨，以內部員工為主要讀者對象的綜合性期刊——《鐵道半月刊》，於一九三六年五月十五日在南京應運而生。

該刊版幅為大三十二開，每期五十頁上下，張嘉璈以其字「公權」題寫刊名，封面初為素印，第一卷第十二期始改爲圖片彩封。創刊初，外界可以訂閱，後以「特種原因，乃限制於部路」。由於各界「紛紛來函訂閱」，「足證國人對於鐵道事業之注意」，至第二卷第七期時，「取消『專供部路同人閱讀』字樣」，公開發行，發行量從兩千份突增至後來的萬份左右。⑲

《鐵道半月刊》的常設欄目有：插圖（刊載部路重要活動、鐵路建設、沿線風光等圖片）、評論（包括警策之文字的「小評」和關於路政設施之長篇論評的「論叢」兩部分）、專載（每期選載有關調查、考察、路政計畫、工程進展及財務、工務、車務、機務、警務、總務、衛生、造林、教育等各方面之記述性文章）、要聞（有本部政要、部路要訊、國外路事消息等三個子欄目）、統計（刊載鐵路運營的主要經營指標圖表）、讀者之聲、附錄，內容涉及鐵道部日常實際工作的各方面。其中，通過刊載部路適時發生的簡要新聞、員工文體活動報導等，溝通了內部資訊，通過介紹國外鐵道方面的動態，開闊了員工的視野，從而補充了《公報》無法刊載的重要內容，起到《公報》無法實現的作用。

該刊內容的明顯特點是：爲落實路政重點工作鳴鑼開道，出謀劃策，如〈對於鐵路與公路聯絡問題之檢討〉、〈整理中國鐵路統計之我見〉、〈本部設立全國鐵道沿線導遊局之重要〉、〈改進鐵路編制暨執行預算之我見〉、〈中國工程師之責任〉、〈恢復鐵路債信〉（以上見第一卷第一、三、四、六期）等類似文章，發表在每期的評論和專載欄目裡，非做空泛的學術探討和理論介紹，而是有的放矢。

另外，出專輯、特刊，配合指導中心工作，茲舉一例。當時正值整理舊債、籌募新資以整頓舊路、建設新線的時期，因鐵路材料管理混亂、浪費嚴重，而引發外界批評。張嘉璈發現後，指出問題有兩點：第一點是「鐵路上辦理材料不好。其原因有二：一是負責人的實際舞弊，致影響上下間辦理材料的人員的廉潔問題；二是材料帳目的不清楚，不集中，材料名稱的不統一，致無法解決管理上的困難問題。第二點，是我們鐵路上所用的材料太浪費，以致物力無謂損耗，虛糜路帑。」[20]為此，鐵道部於一九三七年一月下旬召集各路用料、供料的會計、稽核代表來部舉辦「研討班」。然後將研討期間學習的關於整理材料的意義、原則、方法及典型案例等資料彙集成〈整理鐵路材料特輯〉（第二卷第八期）出版，推動和指導全路的材料整理工作。還適時地刊出過〈鐵路沿線經濟調查專輯〉（第二卷第四期）、

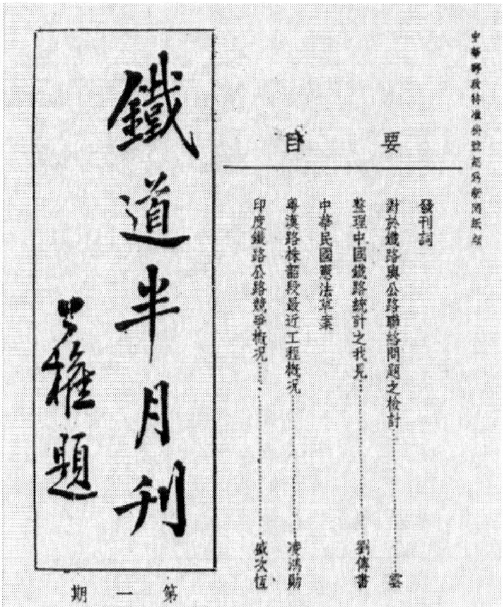

▲《鐵道半月刊》，創刊於一九三六年五月十五日。

〈防止行車事變特輯〉（第二卷第十一期）等。

《鐵道半月刊》因時勢所迫，刊行歷史僅有兩年多，中間還曾經歷三次變革，且均發生在一九三七年的四至六月間。一是借從第二卷第七期改爲公開發行之機，更換編輯者，由官辦——研究室三組，改爲民辦——鐵道經濟學會。聲稱：「爲改進本刊編輯起見，移交鐵道經濟學會（引者按，公開發佈時，該刊編輯者爲「鐵道經濟學社」）負責進行，但由本部秘書廳研究室監督發行，以昭慎重。」㉑經查閱，鐵道部當時的體制中沒有發現這個「學會」或「學社」，想必是因公開發行需「慎重」起見而出此策，實際編輯者仍是研究室三組。

二是在創刊週年到來之際，「編輯同人因感《鐵道半月刊》篇幅有限，不能多載長篇論著」，遂於一九三七年五月一日的第九期起，「增加篇幅改爲《鐵道月刊》」。㉒

▲《鐵道半月刊》於第二卷第九期起更名為《鐵道月刊》。

三是至一九三七年七月第十一期時，該刊發佈鐵道經濟學社與全國鐵道協會的聯合啓事說，鑒於該刊「與全國鐵路協會主辦之《鐵路雜誌》（引者按，創辦於民國初期，原名《鐵路協會月刊》，一九三五年六月改爲現名，月刊），均係研討路政，闡明鐵道技術，旨趣既屬相同，內容亦複類似，茲爲節省讀者腦力與充實內容起見。」《鐵道月刊》與《鐵路雜誌》合併，仍名《鐵道月刊》，並表示將合力辦好刊物，㉓《鐵道月刊》由此成爲兩個「群團組織」的刊物，此舉也應視爲張嘉璈整頓公報系列工作的一環。

但隨後八一三淞滬會戰就爆發，鐵道部隨南京政府先後遷往武漢、重慶，動亂環境下已不具備辦刊條件，合力辦刊的願望落空了，這期《鐵道月刊》竟成爲與《公報》相輔而行的這份鐵道部核心刊物的絕唱——此後被迫停刊。

■ 從《讀者之聲》到《鐵道生活》

張嘉璈此前在中國銀行曾成功主持創辦了十來種報刊，其中《中行月刊》、《中行生活》是兩份在中行內外影響較大的核心刊物，對中行的企業文化建設收效甚豐。先辦的《中行月刊》，側重於學術研究，續辦的《中行生活》則是反映中行員工「公私生活」的園地。任職鐵道部，張嘉璈挾其多年的經商經驗經營路政，辦報刊也「好戲重演」。他借整頓《公報》之機，先辦《鐵道半月刊》，而關於員工「公私生活」的刊物，則從辦一個欄目人手試水，時機成熟後又轉爲獨立的定期刊物。

一九三六年十一月出版的《鐵道半月刊》第一卷第十二期「本刊徵文啓事」，首次提出「公私生活之稿件」問題——「爲增進讀者興趣起見，自一卷十二期起，除印刷力謀精美，內容欲求充實外，並擬增加身心修養，旅行雜記，以及其他有關公私生活之稿件」——爲辦新欄目預熱。到年末的第十四期，在刊尾發佈〈讀者注意〉啓事，宣佈本刊特闢「讀者之聲」：

我們的鐵道半月刊，已經出到好幾期了，因為部路同人的愛護，內容一天增加一天，材料一天充實一天，我們當編輯的，當然有說不出的感佩！不過我們有一個感想：覺得半月刊一天一天學術化、研究化、專門化、參考化，與大多數同人的日常生活，不免一天一天疏遠起來，因為全體同人中間，研究高深學理的，究竟還不十分多，為多數同人的趣味起見，一方面除了一本初衷，從理論上、研究上，繼續闡明鐵道的學術思想、專門技能以外，我們想從民國二十六年（一九三七）起，在本刊增加篇幅，特闢「讀者之聲」，專來表現我們全體鐵路員工的一切公私生活。

讀罷此文，筆者感到似曾相識，特轉載張嘉璈爲《中行生活》創刊撰寫的代發刊詞〈一封行員的信〉如下：

我們的中行月刊已經出到第四卷了，內容一天完備一天，材料一天充實一天，我們十分的佩服，不過我們有一個感觸：覺得月刊一天一天的學術化、研究化、參考化，與本行的日常生活，不免一天一天疏遠起來。你想全行同事中間，有幾個研究高深經濟，……所以鄙人建議：不如拿月刊專從研究方面用功，辦成一很有聲色的經濟雜誌，闡明本行的經濟思想經濟政策，另辦一份小小的雜誌，專來表現本行全體同仁的一切公私生活，我想一定可以得到多數行員的歡迎。……鄙人希望這份雜誌編制的精神：第一要眞實，第二要活潑，第三要親切。㉔

兩文對照，可明確看出闢讀者之聲與創辦《中行生活》完全是一個套路。「讀者注意」的宗旨與《中行生活》幾乎一字不差，不過換掉對象——本行全體同仁——「成爲表現全體鐵路員工一切公私生活的園地」；編制精神也同出一轍，啓事聲稱：「我們抱定編制的精神：第一要眞實，第二要活潑，第三要親切。」並闡釋說：「天下愈平凡的事情，愈能見其眞實；愈微小的動作，愈能見其活潑；愈恬淡的態度，愈能見其親切。」由此又一次證明，張嘉璈的早年經歷對其執掌路政影響之深廣！

讀者之聲的欄目內容主要是個人日常生活之回憶與寫眞、服務上發生之感想與心得、閱讀書籍之報告與介紹、對本刊之希望與意見等方面，「富有興趣之輕快簡短文字」。㉕如首開該欄的第二卷第一期的文章有：〈對於新年之觀感〉、〈由舊說到新〉、〈工作與興趣〉、〈事非經過不知難〉、〈貢獻兩點聯運上改良意見〉、〈希望多得練習機會〉、〈服務與戰爭〉、〈服務日記之興趣〉、〈羅馬叛變記〉、〈一個職員記述〉等。作者爲部機關和所轄各路的員工。

讀者之聲開辦後，受到員工歡迎，直到開印前，「遠道遞寄的稿件，還是絡繹不絕，眞是琳琅滿目，美不勝收。」編輯部原計劃每期給本欄三頁的版面，「因爲來稿的踴躍」，版面逐漸擴大，最多時有十四頁。由於這些稿件「大多能暢所欲言，言之有物，不獨活潑自由地發揮個人各個的意見，並且各就實務上，充分發表了各人服務的感想，無形中在本刊方面，造成一個小小的中心基礎。」㉖在這種情況下，將其

鐵道生活
第一期
民國二十六年五月一日出版
從「讀者之聲」到「鐵道生活」
本期要目

▲《鐵道生活》創刊於一九三七年五月一日。

辦成一份獨立刊物的條件已經逐漸成熟。於是，利用《鐵道半月刊》在一九三七年四月一日改爲公開發行的時機，注明「專供部路同人閱讀」的內部刊物《鐵道生活》於同日創刊。

以〈從「讀者之聲」到《鐵道生活》〉爲題的發刊詞說：「本刊的前身是鐵道半月刊的讀者之聲。」其主旨，是「作爲同仁交換意見、發抒所感、切磋學術的媒介。」同時指出：「使本刊成爲部路同人間富於營養的精神糧食，這是本刊第一個亟求實現的使命」；由於我國鐵道建設「處於非常時期」，「必須部路同人上下一心，精誠合作，團結而成爲一效率最高之有機體，此後才可講求如何使新路建設能有一日千里的開展？已有舊路，如何可有盡善盡美的管理？各路的債務，如何可有徹底的整頓？如何而使中外資本得以源源而來？這是我們第二個亟求實現的使命。」顯然，創辦《鐵道生活》，是爲凝聚團隊意識、振奮員工精神，從而完成鐵道部在非常時期的任務服務。

《鐵道生活》，月刊，十六開版幅，初始版面爲十六頁，後幾期陸續增爲三十二頁、五十六頁、七十二頁。內容是原讀者之聲的擴張，並增加了文藝性的作品、鐵道知識、員工日常工作和生活的新聞；每期還刊出體育特訊欄目，報導部路開展國術、乒乓球、網球等比賽的消息。

同《鐵道半月刊》與《公報》相輔而行一樣，《鐵道生活》與《鐵道半月刊》也相伴而生，可謂血肉相連的姊妹：《鐵道半月刊》公開發行，《鐵道生活》誕生；《鐵道半月刊》改爲月刊的同時，《鐵道生活》因「月出一冊，所登消息，亦有過遲之感，似均不足以副讀者之望」，從一九三七年五月一日第三期改爲半月刊。但只過了一個月，也因淞滬會戰爆發，僅僅辦到第四期就被迫終刊。

■ 從編譯室到研究室

擅於通過報刊來輔助其推動工作，重視調查研究對事業發展的作用，並且將兩者有機結合，是張嘉璈職業生涯的顯著特點。他初入職場就有路政調查的歷練，在中國銀行期間，他由組建調查室（部）到廣攬精英創辦經濟研究室，負責調查經濟動向、研究經濟思想和政策，並撰寫文章、編辦報刊予以揭載、發佈，此舉被認爲開金融界先河——「首創經濟研究室，後來各銀行紛紛設立」㉗——曾在社會影響很大，受到廣泛讚譽。

鐵道部原來沒有專門的研究機構，編辦報刊由秘書廳負責。張嘉璈到任後，從外聘專業精英入手，逐步落實其開展研究和辦刊並行的施政措施。

首先，張嘉璈將在中國銀行期間結識的故舊潘光迥聘任秘書廳主任秘書。潘光迥（一九〇四—一九九七年）是民國期間一知名人物，江蘇（今上海）寶山人，清華四大哲人之一潘光旦的胞弟，畢業於達特茅斯大學商學院，後獲紐約州立大學研究院商學博士學位。一九三〇年被商務印書館總經理王雲五聘爲秘書、協理並負責研究所工作。一九三三年底，張嘉璈率中國銀行研究人員赴西北考察時，潘結伴同行調研商務印書館西北工作，由此與張結識，並對張及中國銀行的工作極爲仰慕，張亦欣賞潘的人品、學識。後來，潘曾撰〈中國銀行服務生活的「八段錦」〉一文發表在《中行生活》第二十三期，爲中國銀行勾勒出「企業精神」的雛形。張到任鐵道部不久就聘潘爲秘書廳主任秘書，執掌秘書廳，並兼有財務司幫辦、人事委員會委員、新路建設委員會委員等多個職務。㉘張因公外出，不能出席紀念週例會時，往往由潘代其演講，可謂是張在鐵道部的發言人。鐵道部合併爲交通部後，潘仍追隨張，先後任交通部人事司長、總務司長、公路運輸總局代局長、招商局副總經理等職。張從交通部辭職不久，潘便去香港做生意了。五〇年代末，他作爲香港獅子會總監，於一九六二年創立香港第一個眼庫，並任眼庫董事局主席、會長達三十六年，推動了香港衛生公益事業；一九六八年到香港中文大學任教授，現在香港中文大學設有「潘光迴博士獎學金」。

▶鐵道部秘書廳主任秘書潘光迴。

其次，張嘉璈電邀在中國銀行後期的秘書兼《中行生活》主編薛光前回國，召其至麾下。薛光前（一九一〇—一九七八年），亦爲民國名人，江蘇青浦人。張嘉璈回憶與其相識時說：「光前兄天資聰穎，求知好學，知過必改，一心向上。自畢業東吳大學後，在上海總商會任事。余於《上海總商會月刊》讀到其所寫文字，明白通暢，娓娓動人。」㉙遂於一九三二年，先臨時聘其爲中國銀行股東會做記錄，發現其「文理清通」而被正式聘爲中國銀行任助理秘書，協助秘書董孝純負責張嘉璈的文案和編輯《中行生活》。薛光前工作「成績斐然」，由此獲張嘉璈讚賞和信任。其間，他還兼職上海新聞社社長，主編《一九三三年之上海教育》。

一九三五年，在張嘉璈離職中國銀行前夕，赴義大利留學，「臨行前，承公權先生召見，勉勵有加，准予停薪留職，並補助川資美金一千元。」他在義學習期間，曾任中國駐義大利使館兼職雇員，因其才能突出，得到大使和當時在義考察國防的著名軍事家蔣百里的賞識，破格晉升爲部屬正式雇員的「主事」職位。他獲羅馬皇家大學政治經濟學博士學位後，本擬繼續留任使館工作，但應張嘉璈電邀，毫無遲疑回國到鐵道部服務。「歸國之前，道出奧、德、比、英諸國」，專門考察了上述國家鐵路系統的人事管理制度；歸國後，「行裝甫卸，卒而命筆」，撰寫〈各國鐵路人員考績制度概況〉刊載在《鐵道半月刊》第一卷第十三期卷首。其後，他又隨張嘉璈到交通部任秘書，兼主編中英文對照的《交通文摘》，還編撰出版《交通行政》、《怎樣推行驛運》等書，並曾簡任駐義大利使館大使銜代辦、巴黎和會中國代表團顧問等。其間，曾隨蔣百里從事軍事外交，與其交誼篤厚，著有《蔣百里的晚年與軍事思想》一書。晚年勤於撰述，著有《故人與往事》、《八年對日抗戰中之國民政府》、《掃珍集》等在臺

灣出版。其回憶錄《困行憶往》——其中有任職鐵道部來龍去脈的記述——還請老長官張嘉璈爲書題簽，兩人保持了一生的友誼。㉚

潘光迥與薛光前，是張嘉璈施政鐵道部期間的兩位重要助手、謀士，頗受倚重，張的一些重大決策的推出和實施，都有他們的參與。對於潘、薛這樣有傳奇色彩的人物，坊間逸文不少，但關於其在民國鐵道部期間的作爲及與張嘉璈的淵源，卻仍付闕如或語焉不詳，故本文多加幾筆。

薛光前於一九三六年九月中旬回到中國，十月中旬，鐵道部即宣佈改組秘書廳。㉛實際上，秘書廳的改組早在六月份已進行，但對外卻一直沒有公開，此時對外公佈，顯然是張嘉璈在等合適人選到位。改組的成果是組建了研究室，明確規劃出鐵道部成立以來沒有的研究職能：「將原有之機要室、統計室、編譯室、圖書室，改爲機要室及研究室。機要室計分兩組，掌管一切機要文件；研究室計分四組：第一組掌管調查研究事項，第二組掌管統計事項，第三組掌管編輯事項，第四組掌管圖書及收發事項。」

從其組織結構可看出，研究室是按研究問題的邏輯順序構成：調查爲先，統計其後，接著撰文刊載報刊，最後發行於市。事先運籌可謂縝密：「分而使各組各盡其個別之機能，合而以收全部研究之功效。」㉜引人矚目的是：歷史上從鐵道首腦機關到所轄各機構、各路局均設有的、主要是爲編輯各級公報的編譯室，爲研究室第三組所代替，不僅僅是名稱的替換，而是將其嵌入研究的鏈條中。

由此，中國鐵道歷史上的第一個專事研究的機構誕生。研究室由潘光迥主持，薛光前任鐵道部專員兼秘書廳研究室第三組組長。㉝研究室可謂張嘉璈爲其二人量身定制的舞臺。因潘、薛二人均深解張嘉璈做研究、辦報刊的箇中三昧，所以，張嘉璈親自掌管研究工作的意味濃厚。

研究室的主要任務是研究「鐵道與各種問題各種事業關係，對某一問題某一事業發生之前因後果、演化之來蹤去跡的種種原理」，做「全部的明晰的徹底的瞭解」，以「應付客觀上環境之需要」。㉞由此可看出，張嘉璈意將研究室辦成鐵道部的智庫。

研究室組建後，首先發生明顯變化的是《鐵道半月刊》。此前，該刊由秘書廳編譯室負責編輯，由圖書室負責發行。編輯部有三人：主編陳逸雲和葉向晨、汪競英。據載，陳逸雲（一九〇八—一九六九年），字山椒，廣東東莞人，是民國期間聞名遐邇的奇女子。一九三六年從美國留學歸來後，任鐵道部專員兼《鐵道半月刊》主編。早年曾作爲記者隨軍北伐，後投身於抗戰中的婦女慰勞抗戰將士、戰地服務中，曾受命爲女青年軍總隊長，領少將銜。她能詩能畫，有《逸雲詩詞遺稿》存世。薛光前從第一卷第十一期接手《鐵道半月刊》，第十二期該刊封面換爲彩色圖片，版面編排佈局顯得眉清目秀、美觀緊湊，內容較前豐富多彩：原每期評論專欄僅有一、二篇文章，如今則爲多篇，而且多爲有實例有分析、論述的調查研究類文章。以第十二期爲例，刊有〈非常時期鐵路之運價問題〉、〈鐵道商業化與沿線經濟調查〉、〈粵漢鐵路運輸粵鹽湘米及萍醴煤炭之研究〉等。

翻閱新版《鐵道半月刊》，會感到濃濃的調查研究氣息撲面而來。一九三七年二月十六日出版的第二卷第四期爲「鐵路沿線經濟調查特輯」，是研究室成立後組織全路開展的首次大規模調查的初步成果彙集。鐵道部歷史上曾經由業務司調查科組織臨時「經濟調查隊」，分八條路線，於一九二九年五月至一九三四年四月間，斷續地對京粵、西蘭等線開展調查並形成部分報告，爲「認識計畫路線經濟狀況，作爲興築鐵路之準備」。而研究室組織的這次調查，目的是「發展鐵路營業，實行鐵路商業化，並參加國民經濟建設運動」；調查對象是全國鐵路沿線的社會發展狀況、主要物產的運輸等。㉟同前者相比，其不僅目的不同，規模更深廣，內容更系統，組織也更嚴密。

對此調查，研究室事先做了周密的安排：一是，「鑒於鐵路沿線經濟狀況有長期調查與研究之必要，故於秘書廳研究室成立之始，即決定每路設置經濟調查員一名，專責擔任此種調查工作。經將調查員資格嚴格規定，交由各路遴選派充」，由此組建起鐵道部日常堅持開展調查研究的「常設機構」。㊱二是，於一九三六年十二月二十一日，「召集各路調查員到部先做短期訓練」。張嘉璈親自在調查員訓練班做了「如何調查鐵路沿線經濟」的報告，潘光迴等部內各方專家，分別對調查的意義、原則、原理、具體內容以及如何填表、繪圖、形成報告的操作方法等都做詳細的講解。

經過一個多月的調查，首批成果出爐並通過「特輯」發佈。分別是鐵路沿線的農業、工業、商業組織及商情、特產、礦產、投資機會、水路競爭、客運等七個方面的調研報告。此後，研究室除對上述專案繼續調查外，還「對於與鐵道營業及國民經濟之發展有關事項」做深入調查研究。同時，「責令各路調查員將鐵路沿線主要經濟變動情形隨時調查呈報，俾得研究變動原因，及其對於鐵道營業上的影響。」㊲

在潘光迥主持下，研究室的「研究成果，供當局採納」，使其能「與行政打成一片」，顯然為實現張嘉璈提出的「鐵道商業化」目標發揮了重要作用。其中，薛光前主編的《鐵道半月刊》作為媒介、載體，對推動、宣傳研究工作和落實成果的作用也不可替代，其所主持部門的開拓精神，也獲讚譽。秘書廳前負責人樊守執撰文說：「本部秘書廳研究室第三組方面，最近一年以來，開始改革鐵道公報，開始編印鐵道季刊，開始編印鐵道半月刊，最近又開始編印鐵道生活，此種開始的精神，真值得欽佩！」㊳

■ 鍾情鐵路，筆耕不輟

張嘉璈幼年讀私塾，少年入李鴻章創設的近代新式學堂上海廣方言館學習，青年中晚清秀才。曾師從名儒沈信卿、唐蔚芝研習國學，傳統文化根底深厚。早年擔任《交通官報》總編輯時就文筆縱橫，顯露出組織文字的過人才華。用文字來及時表達個人對社會、對團體、對工作熱點問題的所思所想，成爲他指導工作、得心應手的方法。

據查閱，在《鐵道半月刊》（含《鐵道月刊》），張嘉璈發表了〈和平是戰爭，戰爭是和平〉、〈鐵路之新需要與新責任〉、〈鐵道員工應如何努力以盡國防之責任〉、〈「繼往開來」與「自強不息」〉、〈利用外資發展中國鐵道〉（以上連續發表在第一卷第十一期至第十五期）、〈鐵道員工的新年新精神〉、〈以決心爲完成事業之前提〉、〈如何調查鐵路沿線經濟〉、〈鐵路救國〉、〈整理鐵路材料之使命〉（以上發表在第二卷第一、三、四、六、八期）等文章。在該刊共刊行的二十六期（即第一卷十五期加第二卷十一期）中，計有十三篇文章。有意思的是，其中十二篇是刊載在薛光前接手主編的十六期（即第一卷第十一期至終刊的第二卷第十一期）中。而且，除去終刊前幾期沒有刊載張的文章外，基本上每期卷首都有一篇。但此前的十期中，卻只刊有張嘉璈的一篇〈交通大學畢業典禮訓詞〉，還是經由整理他的演說內容而來的。

這些文章，有的是對國際國內形勢的分析、宣講，意圖樹立鐵路員工的大局觀；有的是對鐵道部當前主要任務的闡釋，鼓動實現目標；有的是對某些重點工作的具體要求，以期圓滿完成。文中既有理論，又有實例，深入簡出，不乏說服力，且常常閃爍睿智的思想火花，如〈和平是戰爭，戰爭是和平〉中，針對鐵路員工對時局常感「局促不安」的普遍現象，他說：「須知道，國家與人身一樣，人身的五臟六腑，必須天天和微生蟲奮鬥，不稍休息才能保持健康。國家的能生存，也必須仗著大家一致去奮鬥，時刻去奮鬥，才能救亡圖存。」形象地闡釋了「戰爭與和平」的關係以穩定民心。在〈鐵道員工應如何努力以盡國防之責任〉中，他以自己對鐵道事業的理解，鼓舞人們努力為備戰和戰時服務。他說，「鐵道事業，在平時爲交通之命脈，在戰時爲行軍之利器」。他認爲「鐵道對國家之責任」有三：除「便利旅客」和「暢通貨運」外，由於「軍隊之組織，譬如一座機器，鐵道交通，即爲此機器中間之一轉輪。兵法云：兵貴神速。如何使軍隊軍實之運輸，不失機宜」，「利便軍運」則「實爲鐵道之責任」。「平時應時時考究設備，訓練員工，於物資精神，並加準備，使其設施能盡軍事運輸之職機，此即鐵道員工全體所負之任務」，而「一旦事變非常，即須抱定決心，盡力軍運，爲國犧牲，在所不惜。」

在《鐵道生活》的短短四期生命中，張嘉璈連續三期發表的三篇文章，則是從精神層面，通過講做人、做事的道理來宣導員工，如〈以精神毅力求取外界之同情與援助〉、〈鐵道建設與新生活運動〉、〈生活與職業的貫通〉等。文章往往現身說法，平和親切，不乏感染力。

張嘉璈長於思索，勤於筆耕。在中國銀行時，洋洋灑灑數萬言的每年度《營業報告》，均出自他手。當一二八事變剛過，上海還處於混亂之際，他就開始「閱覽各種雜誌及各種材料，爲編中行營業報告之備，費兩星期脫稿。當作成文時，均晨四時起床執筆，至十時可成一篇。」㊴任職鐵道部、交通部，除爲報刊撰寫文章外，他「公餘之暇，每日執筆，無日停止」㊵，終將多年對於中國鐵道建設問題的深入研究和實踐中獲得的認識、理解和心得，撰寫成《中國鐵道建設》一書。

該書原以英文起草，出版頗費周章。張嘉璈「將全稿托董君顯光（引者按，即著名新聞人董顯光）帶美，並致函胡適之兄，托其協助出版。另函托《時代雜誌》發行人亨利·魯斯（Henry Roninson Luce）代爲審閱，並請夏君筱芳（引者按，即商務印書館經理夏筱芳）代爲接洽一切。」㊶該書以 *China's Struggle for Railway Development*（《中國鐵道建設的奮鬥》）名在紐約出版後，張嘉璈將英文原版書寄贈著名出版家、商務印書館總經理王雲五。王閱過，「深覺其內容精深巨集博，堪稱我國有關鐵道事業罕覯之作」，「本書所述，悉屬體驗之言，尤非尋常著作可比擬。因將譯稿付梓。」㊷中文版名爲《中國鐵道建設》，王雲五親署書名並撰〈王序〉，於一九四五年十一月和一九四六年七月，由商務印書館分別在重慶和上海出版。

該書因何要「出口轉內銷」?·曾是張嘉璈中行下屬且爲晚年交往密切的友人給出答案：「其動念

由於主綰鐵道、交通兩部時，深知抗戰勝利以後，鐵道建設爲國家復興之樞紐。無論政治秩序之重建，文化水準之提高，國民經濟之發展，無一不惟鐵道之恢復與擴建是賴。奈我國經此次長期抗戰，民力疲弊，國庫空虛，環顧世界各國，其能有餘力資助他國者，僅美國一國而已。中國爲及時開始復興大業，爭取國際地位，惟有以戰後鐵道建設之重要，向美國朝野呼籲，以期不失時機，取得援助。因之該書以英文起草。」㊸

全書計六編，第一編綜述自同治五（一八六六）年至民國二十四（一九三五）年的七十年間，我國鐵道事業發展史略。其間，外則列強掠奪不已，尤以日本之陰謀爲甚；內則科學知識落伍、資本匱乏，鐵道事業舉步維艱，前車可鑒。第二編講述「中國鐵路新借款之籌募」的產生以及各路與外資借款的具體情況。第三、四、五編，記敘了在「恢復債信及戰時準備」、「抗戰中之鐵路運輸」和「抗戰中之新路建設」等三個歷史階段裡，鐵道建設的舉措及成效，皆爲作者實際經驗的記載。前後歷經七年，恰爲前此七十年的十分之一。從字裡行間可以看到：在這短促的

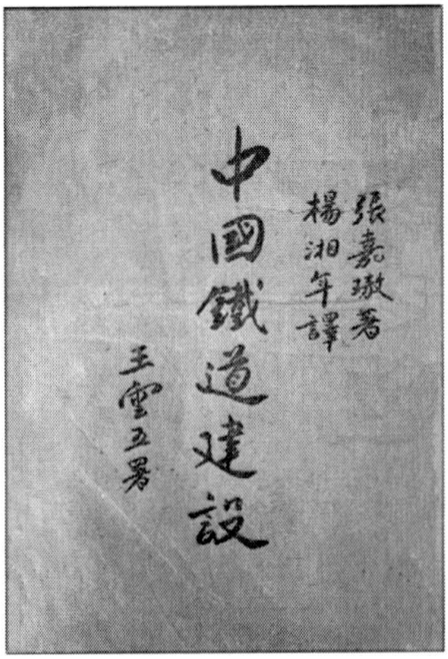

▲張嘉璈著作《中國鐵道建設》，一九四五年十一月出版。

時空下，竟能讓久經涸塞之外資財源，在一年半內，就排除一切障礙，使其暢流；在七年中，建設鐵路兩千二百六十三英里，約等於過去七十年總里程百分之二十三強；抗戰期間，鐵道運輸供應之困難，後方新路建設推動之艱苦，如王雲五所感歎：「尤非豐於素養，老成謀國之士，曷能應付！」第六編「戰後鐵道之發展」，實爲作者寫作此書的目的和內容的重點。抗戰勝利後，百廢待舉，鐵道建設應首當其衝。作者集其服務金融和鐵道交通幾十年的經驗，精心籌畫，主張統一整理舊債，以樹立中國債信，從而吸引外資、籌措新路建設和舊路改造所需的材料，爭取用十年時間，修築鐵路一萬四千三百英里。並且主張，鐵路的建築應與沿線資源的開發，同時並進，「足證識見之卓越，步驟之切實」。[44]

《中國鐵道建設》較詳實地記述了中國鐵道前七十年的發展歷程，其中史料豐富——尤其是有關外債和抗戰期間的部分——自然是一部重要的鐵路史料。其與類似著作不同之處在於，一是其中有半數的內容爲作者親身體驗，因此，資料更詳實；二是回眸「七十年」的中國鐵道，實際是由借債形成的外資密集型的產業，將那一時期的鐵道史，稱作借債史亦不爲過——凡涉及鐵道建設問題——幾乎時時處處都會有債款因素的存在。而由金融家出身的作者來記述、闡釋這一問題，顯然會更準確、更科學，也就更可信。所以，該書對後人研究鐵道交通問題也就更具參考價值。

張嘉璈起稿於一九四〇年秋，時任交通部長。在戰時的環境下，歷經三個寒暑，終於一九四二年十二月十四日收筆殺青。恰在其時，他剛遞出辭呈，即將離開他為之奮鬥過的鐵道事業。這肯定不是巧合，而是其將就此做一總結，將自己的所思、所為、所感呈交社會，最後再為中國鐵道事業盡一份力量。因此，此書可謂集其「鐵道人生」之大成的著作。

綜上所述，張嘉璈任職鐵道部長之所以成效卓著，同他重視調查研究、擅於利用輿論工具宣傳鼓動的管理措施，顯然是分不開的。外界曾評價，稱其能一掃官僚作風，「擬定種種改革方針，以渠治商之經驗而治鐵路」。㊺他的這一施政特點正反映了外界評價的一個側影。張嘉璈晚年接受美國紐約聖若望大學亞洲研究中心孫中山史料研究室錄音訪問時，也自我總結、評價了鐵道部長任內的作為。當被問到「在鐵道部長任內，感覺最滿意的成就是什麼」時，他說，第一「我將管理中國銀行的方法，用在中國政府機關裡，使中國政府機關的效率提高」；第二「我先整理了鐵道外債恢復國外的信用。整理中，將許多債權國的權力除去，打破了外國在中國鐵路沿線一帶的勢力範圍。第三點，我介紹一款新的籌款方法，就是向外國佘借材料和一切設備，向中國銀行界借當地人工和國產材料用款，故為一種新的中外共同投資方法。第四，開始建築新的鐵路，比如說將杭江鐵路延長到江西，同粵漢鐵路接軌，另外京贛鐵路，這些新路修築的目的，主要在幫助抗戰。」㊻張嘉璈經商、治政的許多經驗，值得今天研究、鑒鏡，而他主持創辦的報刊，也見證、記載了這一歷史過程，爲後人留下珍貴的史料。

本文只論及張嘉璈在鐵道部期間創辦報刊及於此相關的若干問題，他到交通部後又立即創辦了《抗戰與交通》、《交通季刊》、《交通文摘》等刊物，其中雖有鐵道方面的內容，但因其已是涵蓋鐵路、公路、航運、航空、郵政、電政等內容的「大交通」的刊物，鐵道僅爲其一部分，故本文沒有論述。

張嘉璈一生筆耕不輟，撰述甚多，除他經辦的報刊外，發表在社會許多報刊雜誌上。但據查閱，張嘉璈著書寥寥僅三數本，但有兩書影響較大。除《中國鐵道建設》外，還曾著有《通貨膨脹的曲折線——一九三九至一九五〇年中國的經驗》一書。該書一九五八年由美國麻省理工學院出版，英文原名爲 *The Inflation Spiral: The Experience in China, 1939–1950*. 該書爲國際金融界所關注，是研究那一時期中國通貨膨脹問題的權威著作之一。張嘉璈用這兩本書，來代表他人生兩段——金融、鐵道——重要經歷，可見他一生鍾情、熱愛鐵道事業了！今天的人們在讚譽「金融家」張嘉璈的時候，也應給這位愛國的「鐵道事業家」張嘉璈多一些關注。

注釋

①〈各報對於中國鐵路建設之評論〉，《鐵道半月刊》（南京），民國二十六年一月十六日；轉譯自〈德國報界對於中德購料借款合同之觀感〉，英文《士林西報》，一九三六年十二月二十四日。
②張嘉璈，〈緒言〉，《中國鐵道事業》（重慶：商務印書館，民國三十四年）。
③李占才，〈張嘉璈與抗戰交通〉，《民國檔案》（南京），一九九六年，第一期。
④段瑞聰，〈張嘉璈・訪問義塾的外國人〉，《三田評論》（日本），二〇一八年八、九月合併號。
⑤姚崧齡編著，《張公權先生年譜初編（上冊）》（臺北：傳記文學出版社，一九八二年），頁一四四。
⑥同注五，頁十一—十五。
⑦同注五，頁十一—十五。本段其他引文出處相同。
⑧同注五，頁一三七。
⑨〈編者〉，《中行生活》（上海），民國二十三年一月一日。
⑩〈鐵道部公報改革之經過〉，《鐵道半月刊》（南京），民國二十五年五月十五日。
⑪〈發刊詞〉，《鐵道半月刊》（南京），民國二十五年五月十五日。
⑫同注十。
⑬同注十。
⑭轉譯自：〈各報對於中國鐵道建設之評論（二）〉，《鐵道半月刊》（南京），民國二十六年二月。
⑮同注三。
⑯〈中國鐵路成效大著〉，英文《南京大陸報》，一九三七年一月九日；轉譯自：〈各報對中國鐵道建設之評論（二）〉，《鐵道半月刊》（南京），民國二十六年二月。
⑰同注十四。
⑱同注十一。

⑲〈本刊恢復公開發行啟事〉，《鐵道半月刊》（南京），民國二十六年四月。
⑳張嘉璈，〈整理材料之使命〉，《鐵道半月刊》（南京），民國二十六年四月。
㉑同注十九。
㉒〈《鐵道半月刊》改輯月刊、《鐵道生活》改輯半月刊聯合啟事〉，《鐵道月刊》（南京），民國二十六年五月一日。
㉓〈《鐵道月刊》與《鐵路雜誌》合併編輯啟事〉，《鐵道月刊》（南京），民國二十六年七月一日。
㉔〈一封行員的信〉，《中行生活》，民國二十一年五月十五日。
㉕〈本刊特闢「讀者之聲」〉，《鐵道半月刊》（南京），民國二十五年十二月一日。
㉖編者，〈前奏〉，《鐵道半月刊》（南京），民國二十六年一月一日。
㉗〈理財專家張嘉璈（上）〉，《甦報》（上海），民國三十六年四月十九日。
㉘〈本部高級職員任免升調〉，《鐵道半月刊》（南京），民國二十五年八月十六日。
㉙姚崧齡編著，《張公權先生年譜初編（下冊）》（臺北：傳記文學出版社，一九八二年），頁一三七〇。
㉚薛光前，《困行憶往》，（臺北：傳記文學出版社，一九八二年）。
㉛〈本部秘書廳改組〉，《鐵道半月刊》（南京），民國二十五年十月十六日。
㉜潘光迥，〈鐵道部秘書廳研究室之新年新展望〉，《鐵道半月刊》（南京），民國二十六年一月一日。
㉝〈本部高級職員任免升調〉，《鐵道半月刊》（南京），民國二十五年十一月十六日。
㉞同注三二。
㉟〈本部舉辦鐵路沿線經濟調查三個時期〉，《鐵道半月刊》（南京），民國二十六年二月十六日。
㊱同注三五。
㊲潘光迥，〈研究室舉辦經濟調查之要義〉，《鐵道半月刊》（南京），民國二十六年二月十六日。
㊳樊守執，〈開始〉，《鐵道生活》（南京），民國二十六年五月一日。
㊴耿慶強整理，許全勝校訂，《張嘉璈日記（續）》，《歷史文獻》（上海：上海圖書館歷史文獻研究所編，二〇一七年），第二十輯，頁一八一。

㊵同注五，頁三二八。

㊶同注四〇。

㊷王雲五，〈王序〉，《中國鐵道事業》（重慶：商務印書館，民國三十四年）。

㊸同注五。

㊹同注四二。

㊺〈中英公司年會報告：新任鐵道部長〉，《鐵道半月刊》（南京），民國二十五年七月十六日。

㊻張公權，〈「張公權先生答客問」刊誤補述〉，《傳記文學》（臺北），一九七七年四月號，頁一三〇。

一、中國近代
鐵路企業報刊名錄
（1903–1949）

序號	報刊名稱	刊期	創辦地、創辦企業	創、停刊時間	備　注
1	哈爾濱日報（俄文）	日	哈爾濱東清鐵路公司（管理局）	1903.6–1920	
2	遠東報	日	哈爾濱東清鐵路公司（管理局）	1906.3–1920.2	
3	鐵路公言報	週	廣州黃沙商辦粵路總公司	1907.3	
4	遠東鐵路生活（俄文）	週	哈爾濱東省鐵路管理局	1908.2–1917.10	
5	桂報		廣西鐵路公所	1908.7	
6	旅客	週	上海滬寧鐵路公司	1908.9–1909.1	又名《旅客星期報》
7	湘路新誌	月	長沙粵漢鐵路總公司湘路集股會事務所	1909.10–1911.5	
8	通信晚報		上海滬寧鐵路公司	1910.11	
9	粵路叢報	月	廣州黃沙商辦粵路總公司	1911.1–1929.3	原《鐵路公言報》
10	交通部直轄京漢鐵路管理局公報	日	北京京漢鐵路管理局	1913.7–1920.11	原《京漢鐵路管理局局報》，1914.1改現名
11	交通部直轄津浦鐵路管理局公報	日	天津津浦鐵路管理局	1913.10–1920.12	原《津浦鐵路管理局局報》，1914.1改現名
12	交通部直轄廣九鐵路管理局公報	月	廣州廣九鐵路管理局	1914.1–1920.10	
13	交通部直轄滬寧鐵路管理局公報	月	上海滬寧鐵路管理局編查處	1914.4	
14	交通部直轄滬寧滬杭甬鐵路管理局公報	月	上海滬寧滬杭甬鐵路管理局編查科	1914.5–1920.9	

（接續下頁）

序號	報刊名稱	刊期	創辦地、創辦企業	創、停刊時間	備　注
15	京張張綏鐵路管理局公報	週二	北京京張張綏鐵路管理局	1914.5–1920.10	
16	京奉鐵路公報	月	天津京奉鐵路管理局編查課	1916.1–1920.12	
17	交通部直轄株萍鐵路管理局月報	月	株洲株萍鐵路管理局	1917.1–1920.10	
18	鐵路員工報（俄文）	日	哈爾濱東省鐵路管理局	1917.12–1920	原《哈爾濱日報》（俄文）更名
19	西部鐵道管理局報	月	興安省西部鐵道管理局	1917–1919	
20	四鄭鐵路局局報	月	奉天（瀋陽）四鄭鐵路管理局	1918	
21	前進報（俄文）	日	哈爾濱東省鐵路俄國職工聯合會	1920.2	
22	四洮鐵路同人協進會季刊	季	奉天（瀋陽）四洮鐵路管理局同人協進會	1920.7–1931.6	
23	鐵路公報•滬寧滬杭甬線	旬	上海滬寧滬杭甬鐵路管理局	1920.9–1929.10	1926.12至1927.6曾休刊
24	鐵路公報•京綏線	旬	北京京綏鐵路管理局	1920.11–1927.4	又名《京綏鐵路管理局公報》
25	鐵路公報•京漢線	旬	北京京漢鐵路管理局	1920.12–1926	
26	中東鐵路通訊（俄文）	週	哈爾濱東省鐵路管理局	1920–1924	
27	長春管區鐵道月報	月	長春管區鐵道監理官事務局	1920–1921	
28	吉長鐵路管理局公報	月	長春吉長鐵路管理局	1920	
29	鐵路公報•京奉線	旬	天津總站京奉鐵路局編查課	1921.1–1924	
30	鐵路公報•津浦線	旬	天津津浦鐵路管理局	1921.1–1925	又名《津浦鐵路管理局公報》

31	鐵路公報 •吉長線	旬	長春吉長鐵路管理局公報所	1921.1	
32	鐵路公報 •吉長吉敦線	旬	長春吉長吉敦鐵路管理局	1921.1	又名《吉長吉敦鐵路公報》
33	鐵路公報 •廣九線	月	廣州廣九鐵路管理局庶務科辦報所	1921.1	
34	鐵路公報 •四洮線	旬	奉天（瀋陽）四洮鐵路管理局公報所	1921.3	又名《四洮鐵路公報》
35	廣三鐵路局局報	月	廣州廣三鐵路管理局總務課編查股	1921.3	
36	五月特刊		上海滬寧滬杭甬鐵路國民黨特別黨部	1921.5	
37	鐵路公報 •粵漢川鐵路湘鄂線	月	武昌粵漢川鐵路湘鄂段管理局	1921–1924	
38	局報	月	黑龍江管區鐵道監理官事務局	1921	
39	鐵路公報 •隴秦豫海線	旬	北京隴秦豫海鐵路總公所	1922.10–1924.8	
40	京漢罷工日報	日	漢口京漢鐵路總工會	1923.2.8	油印，2月13–14日被封
41	南潯鐵路月刊	月	九江南潯鐵路總公司	1923.3–1933.12	1927.3曾更名《南潯鐵路月報》
42	鐵路公報 •膠濟線	旬	青島膠濟鐵路管理局文書課	1923.6–1938.11	又名《膠濟鐵路管理局公報》
43	江南半月刊	半月	蕪湖商辦江南鐵路公司	1923.12–1948.9	63期始更名《江南鐵路半月刊》；曾在1936.6–1945停刊
44	東省鐵路統計年刊	年	哈爾濱東省鐵路經濟調查局	1923–1929	

（接續下頁）

序號	報刊名稱	刊期	創辦地、創辦企業	創、停刊時間	備　注
45	鐵路公報•湘鄂線	月	武昌粵漢鐵路湘鄂管理局	1924.3	原《鐵路公報•粵漢川鐵路湘鄂線》
46	東省經濟月刊	月	哈爾濱東省鐵路管理局經濟調查局（中方）	1925.3–1930.3	
47	東省雜誌（俄文）	月	哈爾濱東省鐵路管理局經濟調查局	1925.3–1934	
48	工人三日刊	三日	張家口京綏鐵路總工會	1925.5.1	
49	呼海鐵路月刊	月	哈爾濱呼海鐵路管理局總務處文藝課	1925.9–1933.1	1932.10改為《呼海鐵路旬刊》
50	經濟週刊（俄文）	週	哈爾濱東省鐵路管理局經濟調查局	1925–1934	《東省雜誌》附刊
51	東省鐵路路警週刊	週	哈爾濱東省鐵路管理局路警處	1926.11–1928	
52	京奉鐵路機務處技術員學會會刊	不定	北京京奉鐵路管理局機務處	1926–1928	
53	鐵路公報•北寧線	旬	天津北寧鐵路管理局總務處編譯課	1927.9–1930.12	原《鐵路公報•京奉線》
54	東省鐵路運輸公報	週	哈爾濱東省鐵路管理局商務處	1927–1928	
55	津浦之聲	月	浦口津浦鐵路管理局	1928.1–7	自第8期始改為《津浦鐵路公報》
56	湘鄂鐵路公報	半月	武昌粵漢鐵路湘鄂段管理局	1928.1–1930.9	原《鐵路公報•湘鄂線》；1929年第二卷起改為週刊
57	膠濟鐵路運輸統計月報	月	青島膠濟鐵路管理局車務處	1928.1–1935	自1934年起改為《膠濟鐵路運輸統計》半年刊

58	奉海週報	週	遼寧奉天（瀋陽）奉海鐵路公司	1928.12–1929.1	後更名《瀋海鐵路月刊》
59	平漢鐵路公報	旬	漢口平漢鐵路管理局	1928.5–6	原《鐵路公報•京漢線》
60	鐵路公報•平綏線	旬	北平平綏鐵路管理局	1928.6	原《鐵路公報•京綏線》
61	漢平新語	月	漢口漢平鐵路管理局	1928.7–1929.2	第9期又改原名《平漢鐵路公報》；1930.5重新編期號
62	津浦鐵路公報	月	浦口津浦鐵路管理局總務處編查科	1928.8–1930.9	第10期改為旬刊，第24期又改回月刊
63	津浦三日刊	三日	天津國民黨津浦鐵路特別黨部宣傳科	1928.9–1937.8	後改為《津浦週刊》、《浦聲週刊》
64	津浦半月刊	半月	天津國民黨津浦鐵路特別黨部宣傳科	1928.11	曾有2期更名《津浦月刊》
65	運輸統計	年	長春吉長鐵路管理局運輸處	1928	
66	粵漢鐵路叢刊	月	武昌粵漢鐵路管理局	1929.4	原《粵路叢報》
67	瀋海鐵路月刊	月	瀋陽瀋海鐵路公司總務處編譯課	1929.6–1931.7	《奉海週刊》停刊又復刊改現名
68	鐵路旬刊•平綏線	旬	北平平綏鐵路管理局	1929.7–1930.10	原《鐵路公報•平綏線》
69	平綏	半月	北平國民黨平綏鐵路特別黨部籌備委員會宣傳科	1929.9–1933.6	1933.7起改為年刊
70	鐵路公報•粵漢線	月	武昌粵漢鐵路管理局	1929.10	
71	京滬滬杭甬鐵路公報	旬	上海京滬滬杭甬鐵路管理局	1929.11–1930.12	原《鐵路公報•滬寧滬杭甬線》

（接續下頁）

序號	報刊名稱	刊期	創辦地、創辦企業	創、停刊時間	備　注
72	北寧鐵路機務處技術員學會會刊		天津北寧鐵路管理局機務處	1929	原《京奉鐵路機務處技術員學會會刊》
73	工運報導		吉林通遼鐵路機務段	1929	
74	津浦週刊	週	浦口國民黨津浦鐵路特別黨部執委會宣傳科	1930.1–1934	原《津浦三日刊》
75	中東經濟月刊	月	哈爾濱中東鐵路管理局經濟調查局（中方）	1930.3–1945	原《東省經濟月刊》
76	北寧鐵路運輸公報	週	天津北寧鐵路管理局運輸處	1930.3–1930.12	原《北寧鐵路車務公報》
77	杭江鐵路工程局月刊	月	杭州浙江省杭江鐵路工程局	1930.5–1932.10	
78	中東半月刊	半月	哈爾濱中東鐵路管理局經濟調查局（中方）	1930.7–1945	
79	新寧鐵路月刊	月	廣州新寧鐵路公司	1930.9–1933.2	
80	鐵路月刊•津浦線	月	浦口津浦鐵路管理局總務處編查科	1930.10–1939	原《津浦鐵路公報》
81	鐵路月刊•湘鄂線	月	武昌粵漢鐵路湘鄂線管理局	1930.10–1932.7	原《湘鄂鐵路公報》
82	鐵路月刊•平漢線	月	漢口平漢鐵路管理委員會總務處編譯課	1930.11–1937.7	原《平漢鐵路公報》
83	火車頭		哈爾濱中東鐵路管理局總工會	1930.11	
84	鐵路旬刊•道清線	旬	焦作道清鐵路管理局編譯課	1930.12–1932.6	
85	粵漢要刊	月	武昌粵漢鐵路管理局粵漢鐵路促成會	1930–1933	
86	訓練半月刊	半月	浦口國民黨津浦路特別黨部執委會訓練科	1930	後更名《訓練月刊》
87	武長株萍半月刊	半月	武昌國民黨武長株萍鐵路特別黨部籌委員會宣傳委員會	1930	

88	鐵路月刊•膠濟線	月	青島膠濟鐵路管理局總務處編查科	1931.1–1938.11	原《鐵路公報•膠濟線》
89	鐵路月刊•北寧線	月	天津北寧鐵路管理局文書課	1931.1–1938.6	原《鐵路公報•北寧線》
90	鐵路月刊•廣韶線	月	廣州粵漢鐵路南段管理局總務處	1931.1–1933	原《鐵路公報•粵漢線》
91	津浦鐵路日刊	日	浦口津浦鐵路管理局	1931.1–1937	
92	膠濟日刊	日	青島膠濟鐵路管理局總務處	1931.1–1937	
93	北寧日刊	日	天津北寧鐵路管理局總務處文書課	1931.1–1937	
94	鐵路月刊•浙贛線	月	杭州浙贛鐵路管理局	1931.1	
95	鐵路月刊•南潯線	月	九江南潯鐵路管理局	1931.1	
96	鐵路月刊•京滬滬杭甬線	月	上海京滬滬杭甬鐵路管理局文書課	1931.1	原《京滬滬杭甬鐵路公報》
97	京滬滬杭甬鐵路日刊	日	上海京滬滬杭甬鐵路管理局	1931.3–1937	
98	鐵路月刊•正太線	月	石家莊正太鐵路管理局總管理處	1931.4–1933.7	又名《正太鐵路月刊》
99	開豐汽車公司月刊	月	遼寧開原開豐鐵軌汽車股份有限公司	1931.4	後改為《開豐鐵軌汽車公司月刊》
100	兩路黨聲	半月	上海國民黨京滬滬杭甬鐵路特別黨部	1931.5	
101	隴海鐵路潼西段工程月刊	月	鄭州隴海鐵路潼西段工程局	1931.7–1935.1	
102	杭江鐵路運輸公報	週	杭州杭江鐵路工程局運輸課	1931.11–1934.9	後更名《杭江鐵路運輸週刊》

（接續下頁）

序號	報刊名稱	刊期	創辦地、創辦企業	創、停刊時間	備　注
103	隴海鐵路週刊	週	鄭州隴海鐵路管理局編譯課	1931–1932.12	
104	隴海旬刊	旬	鄭州國民黨隴海鐵路特別黨部執委會宣傳科	1931.6–1935.12	1932.1後停刊，1933.11復刊
105	北寧黨務週報	週	天津國民黨北寧鐵路特別黨部籌備委員會	1931–1932	
106	膠濟鐵路黨義研究會會刊	不定	青島膠濟鐵路國民黨特別黨部黨義研究會	1931–1932	
107	道清日刊	日	焦作道清鐵路管理局編譯課	1931–1934	
108	平漢鐵路日刊	日	漢口平漢鐵路管理委員會編譯課	1931	
109	東北鐵路同人協進會月刊	月	東北鐵路同人協進會	1931	
110	平綏日刊	日	北平平綏鐵路管理局	1931	
111	平綏畫報		北平平綏鐵路管理局	1931	
112	湘鄂鐵路車務公報	月	武昌粵漢鐵路湘鄂段管理局車務處文牘課	1932.1–1933	
113	平綏月刊	月	北平平綏鐵路管理局	1932.1	原《鐵路旬刊•平綏線》
114	隴海日報	日	鄭州國民黨隴海鐵路管理局特別黨部	1932.2	
115	鐵路旬刊•粵漢湘鄂線	旬	武昌粵漢鐵路湘鄂段管理局	1932.8–1936	又名《湘鄂鐵路旬刊》
116	京滬滬杭甬鐵路車務週刊	週	上海京滬滬杭甬鐵路管理局	1932.10–1935.12	油印，至113期後改為鉛印
117	協力月刊	月	北平平漢鐵路管理局車務見習所學生自治會	1932.10–1934.8	

118	杭江鐵路月刊	月	杭州浙江杭江鐵路工程局總務課	1932.11–1934.4	1934.5改為《浙贛鐵路月刊》
119	粵漢鐵路旬刊	旬	廣州粵漢鐵路管理局	1932–1936.12	原《鐵路月刊•廣韶線》
120	中東鐵路管理局通報（俄文）		哈爾濱中東鐵路管理局	1932	
121	平綏鐵路會計統計年報	年	北平平綏鐵路管理局	1932	
122	粵漢鐵路株韶段工程月刊	月	株洲株韶鐵路工程局	1933.1–1936.9	
123	隴海鐵路機務月刊	月	鄭州隴海鐵路管理局機務處	1933.1–1937.7	第3卷起改為《機務月刊》
124	鐵路月刊粵漢線南段附廣三線	月	廣州粵漢鐵路南段管理局總務處	1933.2	
125	平綏	年	北平平綏鐵路管理局	1933.7	
126	平綏路聞	不定	北平平綏鐵路管理局總務處文書課	1933.7–1935	
127	機務月報	月	浦口津浦鐵路管理局機務處	1933.7–1937.3	又名《機務譯報》；自2卷1期起改為《機務季刊》
128	潮汕鐵路季刊	季	廣東潮汕鐵路有限公司	1933.9	
129	正太鐵路消費合作社社務匯刊		石家莊正太鐵路管理局消費合作社	1933.12	
130	隴海月刊	月	鄭州隴海鐵路管理局總務處編譯課	1933–1937	原《隴海日刊》
131	京滬滬杭甬鐵路管理局工作概況	季	上海京滬滬杭甬鐵路管理局	1933–1934	
132	蕪乍半月刊	半月	蕪湖江南鐵路公司蕪乍線	1933–1934	

（接續下頁）

序號	報刊名稱	刊期	創辦地、創辦企業	創、停刊時間	備　注
133	路工半月刊	半月	鄭州隴海鐵路管理局工會	1933–1937.7	
134	正太工務處統計年報	年	石家莊正太鐵路管理局工務處	1933	
135	浙贛鐵路月刊	月	杭州浙贛鐵路管理局	1934.5–1937.12	
136	改進專刊	不定	天津北寧鐵路管理局改進委員會	1934.10–1937.3	
137	浙贛鐵路運輸週刊	週	杭州浙贛鐵路管理局運輸課	1934.10–1935.3	原《杭江鐵路運輸公報》
138	鐵路月刊•粵漢鐵路湘鄂段	月	武昌粵漢鐵路湘鄂段管理局	1934–1936.7	原《鐵路月刊•湘鄂線》
139	大華晨報		鄭州國民黨隴海鐵路特別黨部	1934–1937	
140	廣九	季	廣州廣九鐵路管理局	1935.4–1937	前身為《廣九月刊》
141	浦聲	週	浦口國民黨津浦鐵路特別黨部	1935.9–1937	原《津浦週刊》
142	隴海鐵路西段工程局兩月刊	雙月	西安隴海鐵路西段工程局	1936.6–1937.6	
143	工程記載匯刊		衡陽粵漢鐵路株韶段工程局	1936.6	
144	粵漢鐵路旬刊	旬	武昌粵漢鐵路管理局總務處文書科	1936.8–1936.12	原《鐵路月刊粵漢線南段附廣三線》、《鐵路旬刊粵漢湘鄂線》、《粵漢鐵路株韶段工程月刊》合併
145	平漢日刊	日	漢口平漢鐵路管理局	1936	原《平漢鐵路日刊》

146	津浦鐵路審計辦事處工作報告	月	浦口津浦鐵路審計辦事處	1936	
147	兩路半月刊	半月	上海國民黨京滬滬杭甬路特別黨部暨職工會	1936	後改為《兩路旬刊》
148	粵漢三日刊	三日	武昌粵漢鐵路管理局總務處文書課	1937.1–1940	原《粵漢鐵路旬刊》改為《粵漢三日刊》和《粵漢月刊》
149	粵漢月刊	月	武昌粵漢鐵路管理局總務處文書課	1937.2–1948.12	原《粵漢鐵路旬刊》
150	鐵道半月刊	半月	杭州浙贛區鐵路工會	1937.2–1948.8	
151	隴海週刊	週	西安隴海鐵路管理局總務處文書課編譯股	1937.9–1948.7	由原月刊、日刊合併，1938.4改旬刊
152	京綏日刊	日	北京京綏鐵路管理局	1937.10–1945	原《平綏日刊》，日偽佔領後更名
153	平漢工會週刊	週	漢口平漢鐵路管理局工會	1937	
154	平漢農林		漢口平漢鐵路管理局林場	1937	
155	隴海鐵工	半月	西安隴海鐵路抗敵後援會車上服務團	1938.6	
156	北寧鐵路管理局局報	日	天津北寧鐵路管理局	1938	
157	衡桂週刊	週	衡陽湘桂鐵路衡桂段管理局	1939.1–1940.12	又名《湘桂鐵路管理局公報》
158	戰時工人	半月	江西玉山浙贛鐵路抗敵後援會	1939.11–1942.3	後改為月刊
159	張家口鐵路局報	月	張家口鐵路局	1939–1942	

（接續下頁）

序號	報刊名稱	刊期	創辦地、創辦企業	創、停刊時間	備　注
160	北京鐵路局局報	月	北京鐵路局	1939–1942	
161	敘昆週刊	週	昆明敘昆鐵路管理局	1939	
162	滇緬鐵路月刊	月	昆明滇緬鐵路工程局	1940.1–1940.10	
163	指導通訊		江西玉山國民黨浙贛路特別黨部編輯委員會	1940–1941	
164	湘桂週刊	週	衡陽湘桂鐵路公司鐵路管理局	1941.1–1942.10	原《衡桂週刊》
165	黔桂半月刊	半月	貴陽黔桂鐵路工程局	1941.5–1943	
166	滇緬鐵路西祥公路月刊	月	昆明滇緬鐵路西祥公路工程局總務課	1941.6–12	
167	工作與學習	雙月	天水寶天鐵路工程局技術同人會	1942.3–1945.11	
168	寶天路刊	月	天水交通部寶天鐵路工程局	1942.10–1944	
169	隴海黨訊	月	西安國民黨隴海鐵路特別黨部	1942.10	
170	紫山村訊	月	衡陽湘桂鐵路理事會同人讀書會	1942.11–1944.6	
171	黔桂職工	月	貴陽國民黨黔桂鐵路特別黨部	1943.6	
172	粵漢半月刊	半月	衡陽國民黨粵漢鐵路特別黨部	1943	
173	京滬滬杭甬鐵路貴陽員工通訊	不定	重慶京滬滬杭甬兩路員工通訊處	1944.8	又名《兩路員工通訊》
174	工地簡訊		天水寶天鐵路工程局	1944.9	為工地民工辦

175	交通部平津區特派員辦公處公報	日	北平交通部平津區特派員辦公處	1945.10–1946.5	
176	*鐵路之友		北平鐵路中共地下工委	1945.10	
177	濟南鐵路管理局日報	日	濟南鐵路局秘書室	1945.11–1948.2	
178	太原鐵路管理局局報	日	太原鐵路管理局	1945.11	後改為《太原鐵路管理局日報》
179	*鐵路工人報		張家口鐵路工廠工會	1945	
180	局報	月	新京（日）滿鐵調查局	1945	
181	鐵力月刊	月	西安隴海鐵路管理局員工福利會	1946.1–1948.6	
182	鐵工	半月	杭州浙贛區鐵路管理局工會	1946.1	原《戰時工人》復刊
183	路工	月	廣州廣九鐵路管理局工會	1946.4	
184	運務週報	週	上海京滬區鐵路管理局運務處	1946.5	
185	交通部平津區鐵路管理局公報	日	天津交通部平津區鐵路管理局	1946.6–1947.9	後改為《交通部平津區鐵路管理局日報》
186	京滬旬刊	旬	上海中國國民黨京滬區鐵路特別黨部	1946.7–1948.11	原《兩路旬刊》復刊
187	粵漢半月刊	半月	衡陽粵漢區鐵路管理局秘書室	1946.7–1949	原《粵漢月刊》復刊
188	交通部瀋陽鐵路管理局公報	日	瀋陽交通部瀋陽鐵路管理局	1946.7–1948.7	
189	滇緬半月刊	半月	昆明滇緬鐵路管理局	1946.7	原《滇緬鐵路西祥公路月刊》復刊
190	*東北鐵路總局公報	日	哈爾濱東北鐵路總局	1946.7	

（接續下頁）

序號	報刊名稱	刊期	創辦地、創辦企業	創、停刊時間	備注
191	電友	月	上海京滬區鐵路管理局廠務處電氣課	1946.7	
192	建設	月	浦口國民黨津浦區鐵路特別黨部	1946.8–1947	
193	交通部東北運輸總局公報	週	瀋陽交通部東北運輸總局	1946.8	
194	湘桂黔旬刊	旬	桂林湘桂黔鐵路管理局	1946.9	
195	平漢旬刊	旬	漢口平漢區鐵路管理局	1946	原《鐵路月刊•平漢線》復刊
196	*西鐵消息	三日	齊齊哈爾西滿鐵路分局	1947.1–1949.6	後改為3日刊
197	京滬週刊	週	上海京滬鐵路管理局	1947.1–1949.2	
198	浙贛路訊	日	杭州浙贛鐵路管理局出版委員會	1947.1–1949.4	
199	隴海鐵路	半月	鄭州隴海鐵路管理局	1947.1	原《隴海週（旬）刊》
200	*遼南鐵路公報	雙日	鞍山遼南鐵路管理局總務科	1947.4–1949	
201	平漢半月刊	半月	漢口平漢區鐵路管理局	1947.4–1949.1	原《平漢旬刊》
202	路燈半月刊	半月	浦口津浦區鐵路工會直屬浦口支部	1947.7	
203	浙贛路訊畫刊	半月	杭州浙贛鐵路管理局出版委員會	1947.8–1948.11	《浙贛路訊》副刊
204	浙贛路月刊	月	杭州浙贛鐵路管理局	1947.9	原《浙贛月刊》
205	*鐵路生活	半月	哈爾濱東北鐵路總局	1947.10	

206	正路旬刊	旬	漢口國民黨平漢鐵路特別黨部	1947.10	
207	隴海工人月報	月	徐州隴海鐵路局工會徐州分會	1947.10	
208	交通部平漢區鐵路管理局北段管理處公報	雙週	漢口平漢區鐵路管理局北段管理處	1947–1948.12	
209	路工	月	臺北臺灣省鐵路工會	1947–1948	又名《路工月刊》
210	晉冀路警		太原晉冀區鐵路管理局警務處	1947	
211	川滇滇越兩路旬刊	旬	昆明川滇滇越兩路管理局秘書室	1948.1	
212	平漢路刊	三日	漢口平漢鐵路管理局	1948.1–1949.1	原《平漢半月刊》
213	*鐵路建設		河北晉察冀邊區鐵路管理局編	1948.5	
214	昆鐵旬刊	旬	昆明交通部昆明區鐵路管理局	1948.7–1949.11	
215	社聲	月	武昌粵漢區鐵路管理局會計處	1948.7–1949	
216	平津鐵路雜誌	月	北平交通部平津區鐵路管理局	1948.10–12	
217	*工廠生活	週	哈爾濱鐵路工廠	1948.10	
218	*火車頭	三日	東北行政委員會鐵道部政治部	1948.11.26	
219	*瀋陽鐵路公報	日	瀋陽鐵路管理局	1948.12	
220	*局報	日	哈爾濱中國人民革命軍事委員會鐵道部東北鐵路總局哈爾濱鐵路管理局	1948	
221	*吉林鐵路公報	日	吉林鐵路管理局總務處文書科	1948	

（接續下頁）

序號	報刊名稱	刊期	創辦地、創辦企業	創、停刊時間	備　注
222	*隴海平漢鐵路聯合管理局公報		鄭州中原區隴海平漢鐵路聯合管理局	1949.1	
223	*華東區鐵路管理總局局報	雙日	濟南華東區鐵路管理總局	1949.1	
224	*局報	三日	濟南中國人民革命軍事委員會鐵道部濟南鐵路管理總局	1949.1	
225	*統計月報	月	瀋陽中國人民革命軍事委員會鐵道部瀋陽鐵路管理局秘書室統計科	1949.1	
226	*瀋陽鐵路參考資料	月	瀋陽中國人民革命軍事委員會鐵道部瀋陽鐵路管理局	1949.1	
227	*局報	日	齊齊哈爾中國人民革命軍事委員會鐵道部齊齊哈爾鐵路管理局	1949.1	
228	*職工報	雙日	濟南華東區鐵路局職工總會籌委會	1949.2	
229	*人民鐵路	週二	鄭州中國人民革命軍事委員會鐵道部鄭州鐵路管理局	1949.2	
230	*鐵路職工	週	北平中國人民革命軍事委員會鐵道部北平鐵路管理局	1949.5	
231	*局報	日	天津中國人民革命軍事委員會鐵道部平津鐵路管理局	1949	
232	*局報	日	鄭州中國人民革命軍事委員會鐵道部鄭州鐵路管理局	1949	

233	*局報	日	太原中國人民革命軍事委員會鐵道部太原鐵路管理局	1949	
234	*局報	日	吉林中國人民革命軍事委員會鐵道部吉林鐵路管理局	1949	
235	*局報	日	錦州中國人民革命軍事委員會鐵道部錦州鐵路管理局	1949	
236	*局報	日	上海中國人民革命軍事委員會鐵道部上海鐵路管理局	1949	
237	*職工通訊	週	上海鐵路管理局職工會	1949	
238	*鐵路工人	週	廣州中國人民革命軍事委員會鐵道部廣州鐵路管理局	1949	

〔注〕

1.據北京國家圖書館、上海圖書館等國內若干地方圖書館和清華大學、北京大學、北京交通大學等院校圖書館藏資料及私人收藏資料整理，並收錄了《1833–1949全國中文期刊聯合目錄》中的有關條目；按創辦時間為序排列。

2.標“*”者，為中國共產黨領導的鐵路企業報刊。

3.日偽時期，華北淪陷區路局的有些報刊係由原路報更名，為體現其連續性，仍收錄其中，如《京綏日刊》等。

4.一九四九年中華人民共和國成立以前的鐵路企業報刊，數量龐大、蕪雜，而且基本沒有詳實的歷史記載，又因年代久遠，資料散置各處，本表僅可稱為不完全統計，且條目資訊肯定亦存桀誤之處，請識者指正。

二、南滿鐵道和日偽鐵路企業報刊名錄（1907–1945）

序號	報刊名稱	刊期	創辦地、創辦企業	創、停刊時間
1	滿洲日日新聞	日	大連（日）南滿洲鐵道株式會社	1907.11–1945
2	南滿洲鐵道株式會社社報（日文）	日	大連（日）南滿洲鐵道株式會社	1907–1945
3	滿鐵自修會雜誌	月	大連（日）南滿洲鐵道株式會社自修會	1909–1914
4	支那礦業時報		大連（日）南滿洲鐵道株式會社地質調查所	1913–1936
5	滿鐵讀書會雜誌	月	大連（日）南滿洲鐵道株式會社讀書會	1913–1927
6	北支那貿易統計年報	年	大連（日）南滿洲鐵道株式會社	1917
7	調查時報		大連（日）南滿州株式會社總務部調查課	1920–1944.2
8	運輸之研究		大連（日）南滿洲鐵道株式會社運輸部	1922–1923
9	地方經營	季	大連（日）南滿洲鐵道株式會社地方部	1922–1926
10	東支鐵道經濟年鑒	年	哈爾濱（日）滿鐵哈爾濱事務所	1922
11	東支鐵道年報	年	哈爾濱（日）滿鐵哈爾濱事務所運輸課	1923–1939
12	調查彙報		哈爾濱（日）滿鐵哈爾濱事務所調查課	1923
13	地方經營統計年報	年	大連（日）滿鐵地方部庶務課	1923–1938
14	哈爾濱事務所調查時報		哈爾濱（日）滿鐵哈爾濱事務所	1923–1926
15	大連鐵道事務所所報		大連（日）鐵道事務所	1923–1927
16	廣軌		奉天（日）滿鐵奉天列車區	1923

（接續下頁）

序號	報刊名稱	刊期	創辦地、創辦企業	創、停刊時間
17	滿洲經濟統計月報	月	大連（日）南滿洲鐵道株式會社調查課	1924–1940
18	北京滿鐵月報	月	北京（日）滿鐵公所研究室	1924–1929
19	大連臨床	雙月	大連（日）滿鐵大連醫院	1924–1945
20	柔克		大連（日）南滿洲鐵道株式會社婦人協會	1925–1926
21	鐵道之研究		大連（日）南滿洲鐵道株式會社技術研究所	1925–1945
22	書香	月	大連（日）滿鐵大連圖書館	1929–1945
23	滿蒙事情	月	大連（日）南滿洲鐵道株式會社	1930–1931
24	滿鐵支那月志	月	上海（日）滿鐵上海事務所研究室	1930–1932
25	獨逸國有鐵道統計年報	年	大連（日）滿鐵鐵道部	1930–1934
26	本邦木材需要狀況	季	大連（日）滿鐵經濟調查會	1932–1936
27	奉天鐵路管理局局報	月	奉天（偽）鐵路管理局	1932–1934
28	業務改善資料	月	大連（日）南滿洲鐵道株式會社總裁室能率班	1932–1942
29	協和	月	大連（日）南滿洲鐵道株式會社社員會	1932–1943
30	炭の光	月	撫順（日）滿鐵撫順炭礦	1932–1937
31	築豊炭礦業會月報	月	撫順（日）滿鐵炭礦庶務課	1932–1935
32	社報	日	新京（偽）滿洲炭礦株式會社	1932
33	滿洲貿易年報	年	大連（日）南滿洲鐵道株式會社	1932
34	鐵道報	月	大連（日）鐵道事務所	1933.1–5
35	勞務時報		大連（日）南滿洲鐵道株式會社	1933–1936

36	北滿研究	月	哈爾濱（日）滿鐵哈爾濱事務所	1933–1945
37	鐵路（道）總局報	日	奉天（偽）滿洲鐵路（道）總局	1933–1945
38	北滿鐵路統計年刊	年	奉天（日）滿鐵北滿經濟調查局	1934
39	貨物運送月報	月	北平（偽）華北交通株式會社	1934–1940
40	電氣彙報	月	大連（日）南滿洲鐵道株式會社鐵道部電氣課	1934
41	同軌	月	奉天（日）滿洲鐵道總局總務處文書課	1934.2–1945
42	滿洲**グラフ**（日文）		大連（日）南滿洲鐵道株式會社總務部庶務課	1934–1942
43	滿鐵衛生研究所彙報		大（日）連南滿洲鐵道株式會社衛生研究所	1935–1937
44	齊齊哈爾鐵道局報	月	齊齊哈爾（偽）鐵道局	1935–1945
45	錦縣鐵路局報	月	錦縣（偽）鐵路局	1935
46	大連埠頭工人賃年報	年	大連（日）滿鐵庶務部統計系	1935
47	販賣統計月報	月	大連（日）滿鐵商事部庶務課調查系	1935–1936
48	北支事務局報	週	大連（日）滿鐵北支事務局	1935
49	北支畫刊	月	北平（日）滿鐵北支事務局	1935–1939
50	社友	月	大連（日）南滿洲鐵道株式會社社友會	1936–1945
51	販賣時報	月	鞍山（日）滿鐵昭和製鋼所	1936
52	牡丹江建設事務所所報	月	牡丹江（日）滿鐵牡丹江建設事務所	1936
53	驀進	月	奉天（偽）鐵道局輸送課	1936

（接續下頁）

序號	報刊名稱	刊期	創辦地、創辦企業	創、停刊時間
54	北經調查		哈爾濱（日）滿鐵北滿經濟調查所	1936
55	地質調查所報告	季	大連（日）滿鐵地質調查所	1936–1940
56	北滿經濟調查所新著資料月報	月	哈爾濱（日）滿鐵北滿經濟調查所	1937–1943
57	北支經濟統計季報	季	北平（日）滿鐵北支事務局	1937–1942
58	北支經濟統計季報	季	天津（日）滿鐵天津事務所調查課	1937–1942
59	表彰並懲戒統計年報	年	奉天（日）滿鐵鐵道總局人事局人事課	1937–1940
60	倉庫貨物統計年報	年	奉天（日）滿鐵鐵道總局調查局	1937–1945
61	倉庫貨物統計月報	月	奉天（日）滿鐵鐵道總局調查局	1937–1945
62	大連圖書館埠頭沙河口分館統計月報	月	大連（日）滿鐵大連圖書館	1937–1941
63	齊齊哈爾鐵道監理所報		齊齊哈爾（偽）鐵道局監理所	1937
64	上海滿鐵季刊	季	上海（日）滿鐵上海事務所	1937
65	愛路	月	奉天（偽）滿洲鐵道總局	1938–1939
66	北支經濟統計季報	季	大連（日）南滿洲鐵道株式會社北支事務局	1938.4
67	調查部秘極資料速報	不定	大連（日）滿鐵大連圖書館資料室	1938–1939
68	北支那內國貿易統計半年報	半年	大連（日）滿鐵北支經濟調查所鐵道調查部	1938
69	北支那外國貿易統計半年報	半年	大連（日）滿鐵北支經濟調查所鐵道調查部	1938
70	北京鐵路局報	日	北平（偽）鐵路局	1938–1939

71	新輪	月	北平（偽）華北交通株式會社人事局	1939.6–1944
72	濟南鐵路局報	日	濟南（偽）華北交通株式會社	1939.1–1945.3
73	華北交通株式會社社報	日	北平（偽）華北交通株式會社總務局	1939–1942
74	興亞	月	北平（偽）華北交通株式會社社員會	1939
75	華北之自動車		北平（偽）華北交通株式會社	1939
76	社報	日	上海（偽）華中鐵道株式會社	1939
77	北支	月	北平（偽）華北交通株式會社資業局	1939–1943
78	東滿經濟月報	月	牡丹江（偽）鐵道局總務課資料系	1939–1940
79	保健統計月報	月	奉天（偽）滿洲國鐵道總局	1939
80	北窻	雙月	哈爾濱（日）滿鐵哈爾濱圖書館	1939–1945
81	大連圖書館增加圖書速報	不定	大連（日）滿鐵大連圖書館	1939–1940
82	愛路指導者	月	奉天（日）滿鐵殖產局愛路課	1939–1945
83	工務月報	月	北平（偽）華北交通株式會社工務部	1939–1941
84	鐵道技術研究所調查報		大連（日）南滿洲鐵道株式會社技術研究所	1939–1942
85	大連鐵道工廠報	月	大連（日）鐵道工廠	1939–1940
86	部報	季	大連（日）南滿洲鐵道株式會社調查部	1939–1942
87	奉天鐵道局報	月	奉天（偽）鐵道局	1940–1942
88	哈爾濱鐵道局局報	月	哈爾濱（偽）鐵道局	1940–1942

（接續下頁）

序號	報刊名稱	刊期	創辦地、創辦企業	創、停刊時間
89	保健及共濟 統計月報	月	北平（偽）華北交通株式會社	1940–1942
90	旅行情報	月	新京（偽）滿洲鐵路株式會社	1940
91	電氣月報	月	北平（偽）華北交通株式會社 電氣局	1940–1944
92	鐵道人		哈爾濱（偽）鐵道局人事課	1940
93	岸壁	月	大連（日）滿鐵大連埠頭事務所 岸壁會	1940
94	工作研究		北平（偽）華北交通株式會社	1940
95	滿洲の自動車	月	奉天（偽）鐵道總局自動車局	1941–1945
96	東滿經濟事情		牡丹江（偽）鐵道局	1941
97	撫順碳礦 業務報	月	撫順（日）滿鐵撫順碳礦	1941
98	北支經濟 統計月報	月	大連（日）南滿洲鐵道株式會社 調查部	1941
99	調查彙報	季	鞍山（日）滿鐵昭和製鋼所	1941–1944
100	獨リ戰 綜合週報	週	大連（日）滿鐵調查部北方 調查室	1941–1943
101	資料彙報	月	奉天（偽）滿洲國鐵道總局 調查部	1942
102	雜誌重要記事 索引		大連（日）南滿洲鐵道株式會社 調查部	1942–1943
103	北支經濟 調查所雜誌	月	大連（日）南滿洲鐵道株式會社 調查部	1942
104	關係社會 統計月報	月	大連（日）南滿洲鐵道株式會社	1942
105	大連埠頭局 業務統計年報	年	大連（日）滿鐵大連埠頭局	1942–1944

106	華鐵月刊	月	上海（偽）華中鐵道株式會社共榮會	1943.9
107	北支經濟統計月報	月	北平（日）滿鐵北支經濟調查所	1943
108	愛路報	月刊	上海（偽）華中鐵道股份有限公司	1945.5–8
109	第八大連總段事務所報	月	大連（日）滿鐵第八大連總段事務所報	1945
110	局報	月	新京（日）滿鐵調查局	1945
111	大連埠頭局報	週	大連（日）滿鐵大連埠頭局	1945

〔注〕

本表為不完全統計。主要根據北京國家圖書館、上海圖書館和遼寧省、吉林省、黑龍江省、哈爾濱市、大連市圖書館所藏資料整理。

時期				報刊屬性	報刊名
晚清		郵傳部	1903–1906	外商	哈爾濱日報 南滿洲鐵道 社報
晚清		郵傳部	1907–1911	民營 官營 官商合營	粵路叢 湘路新 桂報
民國	北洋政府	交通部	1912–1913	國營	○○鐵路管
民國	北洋政府	交通部	1914–1919	國營	交通部直轄 管理局
民國	北洋政府	交通部	1920–1928	國營	鐵路公報
民國	南京政府	鐵道部	1929–1937	國營	鐵路月刊 ○○鐵路
民國	南京政府	交通部	1938–1945	國營	刊名自 ○○鐵路 ○○週 ○○三日
民國	南京政府	交通部	1946–1949	國營	交通部○○ 理局公 ○○週 ○○半月 ○○月

附表

汽笛嘶鳴半世紀：中國近代鐵路企業報刊史 / 馬學斌
著. -- 臺北市：傳記文學, 2020.03
面； 公分

ISBN 978-957-8506-91-6 (平裝)

1.鐵路 2.報業 3.歷史 4.中國

557.258 109002827

汽笛嘶鳴半世紀 中國近代鐵路企業報刊史

著　　者：馬學斌
出 版 者：傳記文學出版社股份有限公司
社　　長：成嘉玲
副 社 長：溫洽溢
責任編輯：林承慧
封面設計：張文馨
內頁美編：張文馨

地　　址：11670 台北市文山區羅斯福路六段 85 號 7 樓
電　　話：(02) 8935 - 1983
傳　　眞：(02) 2935 - 1993
E-mail ：nice.book@msa.hinet.net；biogra-phies@umail.hinet.net
郵政劃撥：00036910・傳記文學出版社股份有限公司
登 記 證：局版臺業字第〇七一九號
經 銷 商：聯合發行股份有限公司
地　　址：23145 新北市新店區寶橋路235巷6弄6號2樓
電　　話：(02) 2917-8022
印　　刷：全凱數位資訊有限公司

定　　價：380元
出版日期：2020 年 3月

ISBN 978-957-8506-91-6